ग्लोबल मीडिया टेलीविजन

ग्लोबल मीडिया टेलीविजन

विजय शर्मा

इशिका पब्लिशिंग हाउस
जयपुर दिल्ली

इशिका पब्लिशिंग हाउस

ए -25, "गणेश सदन", गली न. 4, आदर्श बस्ती,
बी.एल. हाउस के पास, टोंक फाटक,
जयपुर-302018 (राजस्थान) भारत
फोन : 0141-2761280, Mob. 9887532741
Email: ishikapublishinghouse@yahoo.in

दिल्ली कार्यालय : 102, प्रथम मंजिल, 'सत्यम हाउस'
4324/3, अंसारी रोड़, दरियागंज, नई दिल्ली - 110 002
फोन : 011-45652440

ISBN: 9788189471705

टाइपसेटिंग : बी.एस. कम्प्यूटर्स, जयपुर

मुद्रक : थॉमसन प्रेस, नई दिल्ली

प्रस्तावना

एक इलेक्ट्रॉनिक मीडिया के क्षेत्र में टेलीविजन की एक अलग पहचान है। एक दृश्य-श्रव्य साधन होने की वजह से यह काफी लोकप्रिय व प्रभावशाली है। टेलीविजन प्रसारण के क्षेत्र में आरंभिक प्रयोग 1920 के दशक में संयुक्त राज्य अमेरिका और यूरोप में किए गए। इन प्रयोगों में यांत्रिक स्कैनिंग डिस्क का प्रयोग किया गया जो तस्वीर को पर्याप्त तेजी से क्रमवीक्षण (Scan) नहीं कर पाता था। इसके कुछ वर्ष बाद सन् 1923 में विद्युत टेलीविजन ट्यूब का आविष्कार किया गया। अगले कुछ वर्षों के दौरान ही पिक्चर ट्यूब, इलैक्ट्रॉनिक कैमरा और टी.वी. होम रिसीवरों का आविष्कार किया गया तथा 1930 के दशक में राष्ट्रीय प्रसारण निगम ने न्यूयॉर्क में एक टी.वी. स्टेशन की स्थापना की और बीबीसी ने लंदन में एक टी.वी. स्टेशन की स्थापना की जिसके द्वारा नियमित रूप से कार्यक्रम प्रसारित किए जाने लगे। इसी समय इंग्लैण्ड व अमेरिका के अलावा जर्मनी व फ्रांस में भी टी.वी. स्टेशन स्थापित किए गए।

इस प्रकार धीरे-धीरे टेलीविजन का विस्तार व प्रसार होने लगा लेकिन सन् 1939 में द्वितीय विश्वयुद्ध छिड़ जाने से टेलीविजन में आगे विकास की गति अवरुद्ध हो गई हालांकि नाजियों के कब्जे वाले जर्मनी में राजनीतिक प्रचार के उपकरण के रूप में टेलीविजन का व्यापक प्रयोग जारी रहा। नाजी पार्टी के कार्यक्रमों को टेलीविजन पर प्रसारित किया जाता रहा किन्तु जर्मन टेलीविजन के इतिहास के प्रथम अध्याय की महत्वपूर्ण घटना 1936 के बर्लिन ओलंपिक का टेलीविजन प्रसारण था। किन्तु 1940 के दशक की समाप्ति और 1950 के दशक का आरंभ होने तक अधिकांश विकसित देशों में आम जीवन का अंग बन चुका था। उदाहरण के लिए, 1948 में, संयुक्त राज्य अमेरिका में लगभगम 41 टी.वी. केन्द्र थे जिनको प्रसारणों का अभिग्रहण करके लगभग 5 लाख से भी अधिक रिसीविंग सेट पूरे अमेरिका के 23 शहरों में टी.वी. कार्यक्रम पहुंचा रहे थे। एक

दशक के भीतर ही इस आंकड़े में जबरदस्त इजाफा हुआ और संयुक्त राज्य अमेरिका में टी.वी. केन्द्रों की संख्या बढ़कर 533 तथा घरेलू रिसीवरों की संख्या 55 मिलियन तक पहुंच गई। कनाडा, जापान और यूरोपीय देश इस संबंध में कोई अधिक पीछे नहीं थे।

15 सितम्बर, 1959 को भारत में टेलीविजन की शुरुआत हुई। आकाशवाणी भवन के एक हिस्से में बनाए गए छोटे स्टूडियो का उद्घाटन डॉ. राजेन्द्र प्रसाद ने किया। दूरदर्शन के प्रथम निर्देशक 'शैलेन्द्र शंकर' थे। प्रथम ट्रांसमीटर 500 वाट का था और यह बीस किमी. के दायरे में प्रसारण को सुनिश्चित कर सकता था। 1960 में स्वतन्त्रता-दिवस समारोह का सीधा प्रसारण दूरदर्शन से किया गया था। शुरुआत में टी.वी. को खरीद कर देख पाना असम्भव सा कार्य था क्योंकि उपकरण बहुत महंगे थे। ऐसे में सामुदायिक सेटों से दिल्ली व आस-पास के क्षेत्रों में कार्यक्रम देखे जाते थे। ये सेट यूनेस्को के अनुदान से मिले थे और इन सेटों के साथ दर्शकों के टेलीक्लबों की स्थापना की गई थी, जहाँ नियमित दर्शक सदस्य टेलीविजन कार्यक्रम का लाभ उठाते थे।

विजय शर्मा

अनुक्रमणिका

प्रस्तावना — *v*

1. इलेक्ट्रॉनिक मीडिया — 1
2. टेलीविजन का उद्‌भव एवं विकास — 15
3. टेलीविजन और टेलीविजन चैनल्स — 28
4. टेलीविजन कार्यक्रमों की शैली — 45
5. उपग्रह टेलीविजन प्रसारण — 67
6. टेलीविज़न प्रसारण — 81
7. भारत में सूचना प्रौद्योगिकी का विकास — 113
8. ग्लोबल मीडिया एवं टेलीविजन रिपोर्टिंग — 158
9. ग्लोबल टेलीविजन रिपोर्टिंग की विभिन्न विधाएँ — 177
10. ग्लोबल मीडिया और टेलीविज़न साक्षात्कार — 201

1

इलेक्ट्रॉनिक मीडिया

इलेक्ट्रॉनिक मीडिया तकनीकी विकास की देन है। इस समय यह काफी प्रभावशाली है। अब लोग प्रिन्ट मीडिया की जगह इलेक्ट्रॉनिक मीडिया को ज्यादा महत्व देने लगे हैं। इलेक्ट्रॉनिक माध्यम द्वारा समाचार या सूचनाओं का आदान-प्रदान दृश्य-श्रव्य माध्यम द्वारा होता है जिसके कारण लोगों पर इसका ज्यादा प्रभाव पड़ता है।

इलेक्ट्रॉनिक मीडिया : आशय एवं परिभाषाएँ

इलेक्ट्रॉनिक मीडिया का आशय मीडिया का वह रूप होता है जिनमें संचालन और नियंत्रण इलेक्ट्रॉनिक यंत्रों एवं बिजली के सहारे हुआ करता है, इलेक्ट्रॉनिक मीडिया कहलाते हैं। टी.वी., रेडियो, इन्टरनेट आदि इलेक्ट्रॉनिक मीडिया के महत्वपूर्ण प्रतीक हैं। गुणधर्म के रूप में देखा जाए तो इन माध्यमों में कहीं न कहीं उपकरणों हेतु बिजली का कोई न कोई स्वरूप प्रयुक्त किया जाता है और उसी का आधार लेकर प्रस्तुति में केवल श्रव्य या दृश्य-श्रव्य का सम्मिलित स्वरूप दिखाई देता है। साथ ही इलेक्ट्रिक ही वह मूल आधार है जो अपनी प्रयुक्ति से भिन्न-भिन्न रूपों को धारण करती है।

इलेक्ट्रॉनिक मीडिया का आशय विभिन्न विद्वानों द्वारा दी गई इसकी परिभाषाओं से समझा जा सकता है, जो निम्न प्रकार हैं–

लेनिन ने इलेक्ट्रॉनिक मीडिया की परिभाषा इस प्रकार दी है–'रेडियो बिना कागज और बिना दूरी का समाचार पत्र है।'

सत्यजीत रे के अनुसार–"एक फिल्म चित्र है, फिल्म शब्द है, फिल्म आंदोलन है, फिल्म नाटक है, फिल्म संगीत है, फिल्म एक कहानी है। फिल्म हजारों अभिव्यक्ति के परिपूर्ण श्रव्य एवं दृश्य आख्यान है।

प्रो. सी.बी. पीटर के अनुसार–"भारतीय सांस्कृतिक संदर्भ में सिनेमा शायद सबसे अधिक लोकप्रिय और सबसे अधिक शक्तिशाली संचार-माध्यम है और हिन्दी फिल्में सुनिश्चित रूप से दूसरी भाषाओं की फिल्मों की तुलना में अधिक लोकप्रिय हैं।"

डॉ रोजर्स के अनुसार–"चलचित्र किसी क्रिया को उत्प्रेरित करने के लिए एक उत्तरोत्तर अनुक्रम में प्रक्षेपित छायाचित्रों की एक लंबी शृंखला द्वारा विचारों के संप्रेषण का एक माध्यम है।

संचार के उपर्युक्त माध्यमों की जननी 'इलेक्ट्रॉनिकी' आज विश्व को अपने घेरे में बांध चुकी है। इलेक्ट्रॉनिकी में इलेक्ट्रॉन (Electron) का व्यवहार एवं विद्युत परिपथ (Electric Circuit) में इलेक्ट्रॉन प्रवाह के कारण उत्पन्न विद्युत धारा होती है।

इलेक्ट्रॉनिक मीडिया के वैज्ञानिक पक्ष

आजकल इलेक्ट्रॉनिक मीडिया अपनी व्यापकता को बनाए हुए है क्योंकि इसके प्रचलन में एक ओर दृश्य-श्रव्य माध्यम दोनों के पहलू मिलते हैं वहीं दूसरी ओर इलेक्ट्रॉनिक युक्तियों का वैज्ञानिक एवं तकनीकी पक्ष निम्न प्रकार वर्णित हैं–

(i) इलेक्ट्रॉनिक युक्तियों द्वारा प्रकाशीय प्रतिबिंब को विद्युत धारा में और विद्युत धारा को प्रतिबिंब कंपनदर्शी के क्रम में रूपांतरित किया जा सकता है।

(ii) इलेक्ट्रॉनिक तरीकों से बहुत कम ऊर्जा द्वारा विद्युत, प्रकाश एवं अन्य राशियों को नियंत्रित किया जा सकता है।

(iii) इलेक्ट्रॉनिक युक्तियों की क्रिया एक ही दिशा में होती है।

(iv) अगर इनमें क्रिया के साथ कोई अनुक्रिया होती है तो वह त्वरित गति से होती है।

(v) इलेक्ट्रॉनिक युक्तियों की आयु एवं प्रयुक्ति अधिक होती है और इनमें टूट-फूट, क्षरण आदि गतिविधियाँ कम होती हैं।

इलेक्ट्रॉनिक युक्तियाँ विभिन्न स्वरूपों में कार्यविधियों का संपादन करती हैं—रेक्टिफिकेशन, एम्प्लीफिकेशन, नियंत्रण और उत्पादन। इलेक्ट्रॉनिक युक्तियों के कारण ही निम्नलिखित उपादान प्रभावी कार्य कर पाते हैं—

टेलीग्राफिक संदेश	टेलीफोन
टेलीप्रिंटर	कम्प्यूटर
इंटरनेट	ई-मेल
मल्टी मीडिया	रेडियो
टेलीविजन	टेपरिकॉर्डर
वीडियो	मोबाइल

प्रिंट एवं इलेक्ट्रॉनिक मीडिया : तुलनात्मक अध्ययन

इलेक्ट्रॉनिक मीडिया और प्रिंट मीडिया को एक नजरिए से नहीं देखा जा सकता। जहाँ दोनों का स्वरूप एक दूसरे से अलग है वहीं कार्यप्रणाली और कार्य-संस्कृति भी अलग-अलग हैं।

वस्तुतः कहा जाए तो सम्प्रेषण के मध्यकालीन माध्यम की आधुनिक अभिव्यक्ति इलेक्ट्रॉनिक मीडिया के रूप में हुई है। आज खबरों में अपेक्षाकृत सजीवता आयी है। संप्रेषण के इस रूप में संचार व पत्रकारिता के विधि पक्ष मिले-जुले थे। यूँ तो संप्रेषण की क्रिया मनुष्य के उद्‌भव के साथ ही चलती आई है पर प्रिंट-मीडिया ने इनका स्वरूप परिवर्तित कर दिया। संचार के पक्षों को इसने सरल एवं व्यापक प्रस्तुति दी। आज एक से एक समाचार-पत्र, पत्रिकाओं आदि में रंगीन एवं चित्ताकर्षक मुद्रण, प्रस्तुति के आयामों को लेकर छापा जाता है। आज प्रिंट-पत्रकारिता के परिप्रेक्ष्य में वे समस्त गतिविधियाँ आ जाती हैं जो समाचार-विचार, टिप्पणियों, समीक्षाओं, व्याख्याओं आदि के माध्यम से मुद्रित स्वरूप में व्यापक जन-समुदाय तक पहुँचती है। मनुष्य अपने आविर्भाव के साथ ही यह जानने को उत्सुक रहा है कि उसके आस-पास क्या और क्यों घटित हो रहा है। यही कारण है कि संसार की प्रत्येक गतिविधि को पत्रकारिता के क्षेत्र में बांधा जा सकता है। समाज में छापेखाने के साथ ही लेखन के विविध आयाम यांत्रिक क्षेत्र में प्रविष्ट होकर छापेखाने के माध्यम से प्रस्तुत होने लगे। इन्हीं के माध्यम से प्रिंट पत्रकारिता का जन्म हुआ। अपने सरल रूप से पत्र-पत्रिकाओं का प्रकाशन शुरू होकर क्रांतिकारी स्वरूप में प्रविष्ट हो गया। यांत्रिक परिप्रेक्ष्यों

से लेखन का जुड़ाव एक क्रांतिकारी घटना थी। एक व्यक्ति के विचार एवं लेखनी अनेक व्यक्तियों तक पहुँचने लगी तो उससे आयामों को भव्यता मिलने लगी।

जब पत्रकारिता का यही स्वरूप रेडियो, टेलीविजन, इंटरनेट, वीडियो, केबल आदि के माध्यम से मुखरित होने लगा तो इसमें लिखित के साथ ही दृश्य एवं श्रव्य माध्यम भी जुड़ गए इससे यह प्रक्रिया सजीव हो उठी। आज दुनिया में पत्रकारिता के बढ़ते परिप्रेक्ष्यों के साथ-साथ प्रिंट एवं इलेक्ट्रॉनिक दोनों का ही दबदबा है पर अपनी-अपनी माध्यम विशिष्टताओं और युक्तियों के चलते पत्रकारिता के पक्ष व्यापकता को प्राप्त हो रहे हैं। आइए देखें कि प्रिंट एवं इलेक्ट्रॉनिक माध्यमों में क्या भिन्नताएं हैं?

प्रिन्ट एवं इलेक्ट्रॉनिक माध्यम में अन्तर

प्रिंट माध्यम	इलेक्ट्रॉनिक माध्यम
1. समाचार एवं प्रस्तुति मुद्रित स्वरूप में होती है।	1. प्रस्तुति दृश्य-श्रव्य रूप में होती है।
2. प्रस्तुति को केवल पढ़ा जा सकता है। चित्र यदि मुद्रित है तो किसी भी दृश्य के एक पक्ष को पाठक देख सकता है।	2. दृश्य-श्रव्य स्वरूप में समाचार को देखा एवं सुना जा सकता है। साथ ही दृश्य स्वरूप में घटना एवं प्रस्तुति को पूरे स्वरूप में घटित होते देख सकते हैं।
3. मुद्रित तथ्यों को आगामी संदर्भों हेतु सुरक्षित रखा जा सकता है।	3. तथ्यों को सुरक्षित रखते हेतु अवसर प्रचुर नहीं।
4. प्रिंट माध्यमों हेतु साक्षरता आवश्यक है।	4. दृश्य-श्रव्य माध्यम में निरक्षर व्यक्ति भी तथ्यों को देख सुनाकर समझ सकता है।
5. प्रिंट-माध्यमों की पहुँच सीमित है और प्राप्ति हेतु शुल्क अधिक।	5. दृश्य-श्रव्य माध्यमों की पहुँच व्यापक है और शुल्क नाममात्र का है।
6. समाचार संकलन, चयन, कंपोजिंग, प्रस्तुति, छपाई आदि की प्रक्रियाओं के पश्चात् प्रिंट माध्यम पाठकों के हाथ में आता है इसमें समाचार के घटने और पाठक के प्राप्त होने के बीच एक लंबा अंतराल आ जाता है।	6. आकाशवाणी या दूरदर्शन का पूरा सेटअप सुव्यवस्थित होता है अतः समाचार के घटने के साथ ही उसे व्यापक वर्ग तक पहुँचाया जा सकता है।
7. समाचार-पत्र, पत्रिकाओं हेतु व्यक्ति एक स्थिर प्रवृत्ति के साथ ही समाचारों को देख-पढ़ सकता है।	7. दृश्य-श्रव्य माध्यम में अन्य कार्यों के साथ-साथ भी समाचार देखे-सुने जा सकते हैं।

केबल

केबल एक प्रकार का बिजली का तार होता जो प्लास्टिक से मढ़ा हुआ रहता है। मनुष्य के दैनिक जीवन में केबल एक महत्वपूर्ण अवयव के रूप में अपना स्थान बना चुका है। इस प्रकार मानव जीवन में इनका एक महत्वपूर्ण स्थान बन चुका है। अधिकतर लोग विद्युत का उपयोग करते हैं और अब तो विद्युत का जाल गाँव-गाँव तक फैलता जा रहा है। टेलीफोन अर्थात् दूरभाष के माध्यम से संसार से जुड़ जाने का क्रम भी बहुत तेजी पर है। मानव जीवन की इस आवश्यकता पूर्ति में अगर सबसे अधिक महत्व है तो उस तार का जो तंतुवाही या प्लास्टिक आदि से ढका रहता है और अपने भीतर विद्युत एवं समाचार-संदेश प्रवाही बनकर लोगों के घरों से जुड़ा होता है। बिजली कंपनियाँ केबल का इस्तेमाल विद्युत प्लास्टिक से मढ़े हुए तार जो पहले इसी काम में आता था। दूरदर्शन के आविष्कार के पश्चात् आपके हमारे टेलीविजन यन्त्रों को श्रव्य-दृश्यों और पाठ्य-दृश्यों का आनन्द प्रदान करने के लिए बड़े काम की वस्तु बन गया है। यदि आप दूरदर्शन के अलग-अलग प्रक्षेपण केन्द्रों से संबंध स्थापित रखना चाहते हैं (जिसके बिना टी. वी. सैट रखने का कोई आनन्द नहीं) तो आपको और हमें केबल की शरण में जाना ही पड़ेगा। पहले में भारी-भारी केबल समुद्रों के बीच होकर दूर देशों तक समाचार-संदेश प्रवहन के लिए डाले जाते थे, घरों में लगे दूरभाषों को सक्रिय रखने के लिए केबल की भूमिका काफी महत्त्वपूर्ण थी। विद्युत प्रवाह हेतु यह शुरू से ही उपयोगी रहा है।

आज इन्टरनेट से लेकर टी.वी. तक केबल से जुड़ गए हैं। इससे इलेक्ट्रॉनिक मीडिया का विस्तार मिला है। इसका उपयोग टेलीविजन सेटों या नेटवर्क कार्ड के माध्यम से कम्प्यूटर में किया जाता है। आज केवल के माध्यम से भारतवर्ष में स्थापित सभी देशों और विदेशी टी.वी. चैनलों का प्रसारण कार्य चल रहा है। सभी मुख्य शहर केबलों से जुड़े हुए हैं। इन टी.वी. चैनलों पर ज्ञान-विज्ञान, खेल-कूद, व्यापार-उद्योग, सिनेमा, स्वास्थ्य, ज्योतिष, भजन-कीर्तन, शिक्षा के कार्यक्रम प्रसारित किये जाते हैं। केबल संयुक्तीकरण ने इण्टरनेट के कार्यक्रमों की उपलब्धि प्रत्येक व्यक्ति के लिए सम्भव कर दी है।

सभी भाषाओं में दूरदर्शन चैनलों के द्वारा कार्यक्रम तैयार किये जाते हैं तथा उनका प्रसारण होता रहता है। चाहे रात हो या दिन, प्रसारण निरंतर चलता

रहता है। टी.वी. चैनलों पर होने वाले सभी कार्यक्रमों में सामान्यतः मनोरंजन के लिए निर्मित कार्यक्रमों का प्रसारण अधिकाधिक होता है, परन्तु ज्ञानवर्द्धक कार्यक्रमों का भी अभाव नहीं होता, लेकिन बिना केबल माध्यम के इन्हें देख पाना संभव नहीं है। इस प्रकार हमारे मनोरंजन क्षेत्र से लेकर ज्ञान के क्षेत्र तक केबल बहुत महत्त्वपूर्ण हो गया है।

मल्टीमीडिया

प्रतिवेदनों या सूचनाओं की विभिन्न संरचनाएँ या स्वरूप ही मल्टीमीडिया कहलाता है। मल्टीमीडिया के तहत पाठ्यांश, शब्दों, चित्रों, आरेखों, ध्वनि तथा वीडियो आकृतियों के सम्मिलित स्वरूप को देखा जा सकता है। नवीन तकनीक ने सुदूर स्थानों से भी इन सभी के संग्रहण की सुविधा उपलब्ध करा दी है। इसके सम्प्रेषण के तीन साधन प्रयोग में लाए जाते हैं–रेडियो या प्रकाश तरंग, ताम्र या प्रकाश तन्तु और पाठ्यांश, श्रव्य या दृश्य (स्थिर या गतिशील)।

इन साधनों हेतु तीन प्रकार के टर्मिनल प्रयोग में लाए जाते हैं–स्थिर अथवा गतिशील, टी. वी. ट्यूब अथवा प्रेक्षण पटल और पी.सी. अथवा नोटबुक कम्प्यूटर।

इसके टर्मिनल में वीडियो, ध्वनि, आकृति, पाठ्यांश, गतिशील आकृति, सी.डी. रोम और वीडियो कैमरा आदि का प्रयोग किया जाता है।

मल्टीमीडिया का एक महत्त्वपूर्ण पद्धति है इसलिए कम्प्यूटर के उपयोग से विभिन्न साधनों को एक ही साथ उपयोग में लाया जा सकता है। इसी तरह टेलीविज़न भी एक महत्त्वपूर्ण यन्त्र है जिसके द्वारा चित्र व ध्वनि एक साथ देखे और सुने जा सकते हैं। कम्प्यूटर द्वारा इनका प्रयोग करने के लिए विशिष्ट प्रकार के हार्डवेयर और सॉफ्टवेयर की ज़रूरत होती है। आजकल कम्प्यूटर का जो रूप है उसमें इसका प्रयोग विशेष रूप से किया जा रहा है।

स्वरूप

मल्टीमीडिया प्रमुखतः दो प्रकार का होता है जो निम्न प्रकार वर्णित हैं–

1. रेखीय–मल्टीमीडिया का यह रूप शुरू-शुरू में सामने आया था। इसमें उपयोगकर्ता केवल ध्वनि, चित्र आदि का उपयोग कर सकता था तथा इन

पर उनका नियन्त्रण या हस्तक्षेप नहीं रहता था। जैसे टी.वी. पर प्रसारित किए जाने वाले कार्यक्रम तथा वीडियो शो।

2. अन्योन्य—ऐसी मल्टीमीडिया में उपयोगकर्ता भी सहभागिता कर सकता है तथा अपनी इच्छानुसार मल्टीमीडिया के तहत प्राप्त विभिन्न तरह के माध्यमों का चुनाव करने में सफल हो सकता है। जैसे—डिज़िटल लाइब्रेरी, अन्योन्य प्रशिक्षण कार्यक्रम, इलेक्ट्रॉनिक खेल आदि।

अन्योन्य का वर्गीकरण

इस मल्टीमीडिया को भी निम्नलिखित रूप से वर्गीकृत किया गया है—

1. रेखीय प्रस्तुतीकरण मल्टीमीडिया जिसमें उपयोक्ता केवल समय पर नियन्त्रण कर सकता है।

2. मेन्यू के अन्तर्गत दिए गए विकल्पों में से उपयोक्ता आवश्यकतानुसार चयन की सुविधा प्राप्त कर सकता है। यह भी एक सीमित सुविधा है।

3. मल्टीमीडिया का नवीनतम स्वरूप हायपरमीडिया (Hypermedia) उपयोक्ता को एक प्रणाली के अन्तर्गत अधिगम का अवसर प्रदान करता है। इसके अन्तर्गत किसी मल्टीमीडिया पृष्ठ में उपलब्ध विषयों पर क्लिक करके प्रयोक्ता इच्छानुसार विविध प्रकार की सूचनाएँ प्राप्त कर सकता है। इसके प्रयोग से प्रयोक्ता को असीमित सूचनाओं के संग्रह में से वांछित सूचनाएँ शीघ्रता से प्राप्त करने की क्षमता प्रयोक्ता को प्रदान की जाती है। इन्टरनेट इसका सजीव उदाहरण है। इसमें सूचनाएँ हायपरमीडिया लिंक (Hypermedia Link) के अन्तर्गत संगृहीत की जाती हैं जो कि इसके प्रत्येक पृष्ठ पर उपलब्ध रहती हैं। प्रथम पृष्ठ पर इनकी संख्या अधिक होती है। नेटवर्क पर उपलब्ध संगृहीत पाठ्यांश हायपरटेक्स्ट कहलाते हैं। इनका मल्टीमीडिया के साथ सम्मिलित स्वरूप ही हायपरमीडिया कहलाता है।

मल्टीमीडिया में प्रयुक्त कम्प्यूटरों का तुलनात्मक विवरण

	मल्टीमीडिया कम्प्यूटर	**मल्टीमीडिया कम्प्यूटर 2**	**मल्टीमीटिया कम्प्यूटर 3**
	MPC	MPC 2	MPC 3
डॉस संस्करण	3.1	3.1	3.1

विण्डोज संस्करण	3.1	विन्डोज 95	विन्डोज 98
मेमोरी	4MB	32MB	64MB
सिस्टम स्पीड	16Mhz	266Mhz	550Mhz.
सी.डी. रोम बफर	—	64K	64K
माउस	Yes	Yes	Yes
वीडियो डिस्पले	640×480	640×480	800×600
पैलेट	256 कलर	16 बिट कलर	32 बिट कलर
साउण्ड कार्ड	8 बिट्स	16 बिट्स	64 बिट्स
मीडि सफ़र	Yes	Yes	Yes

सुसंगत हार्डवेयर

1 विन्डोज 3.1 या उच्च संस्करण
2. 350+MB हार्ड डिस्क ड्राइव
3. डबल स्पीड सी.डी. रोम ड्राइव
4. 486 या उच्च क्षमता युक्त प्रोसेसर
5. साउण्ड कार्ड
6. 8 बिट कलर (256 कलर)

उपरोक्त के अलावा जे.पी.ई.जी. (JPEG) एम.पी.ई.जी. (MPEG) तथा H,261 व सम्बन्धित ग्राफ़िक सॉफ्टवेयरों की भी ज़रूरत पड़ती है।

उपयोग के क्षेत्र—मल्टीमीडिया का स्वरूप कई क्षेत्रों में किया जाता था जैसे—चिकित्सा विज्ञान, इन्टरनेट व इन्टरानेट, ई-कॉमर्स, वीडियोवार्ता तथा सम्मेलन, वाणिज्य तथा उद्योग, अनुसंधान एवं विकास, शिक्षा एवं दूर शिक्षा, पुस्तकालय/संग्रहालय, टी.वी. तथा समाचार और फ़िल्म उद्योग।

इलेक्ट्रॉनिक मीडिया समूह

भारत में अनेक ऐसे इलेक्ट्रॉनिक मीडिया समूह हैं जो पत्रकारिता के क्षेत्र में महत्वपूर्ण स्थान बना लिए हैं। कुछ ऐसे हैं जो पहले प्रिण्ट मीडिया के रूप में सामने और बदले समय व इलेक्ट्रॉनिक मीडिया के प्रभाव को देखकर वे भी इलेक्ट्रॉनिक मीडिया क्रे क्षेत्र में प्रवेश कर गए। आगे कुछ प्रमुख समूहों पर प्रकाश डाला गया है—

इंडिया टुडे

इंडिया टुडे एक पत्रिका का नाम है। यह ग्रुप पहले सिर्फ इसी एक पत्रिका का प्रकाशन करता था लेकिन आज भारत में प्रिंट व इलेक्ट्रिक मीडिया के विविध क्षेत्रों वाले समूह के रूप में जाना जाता है। वर्तमान में इस समूह का कार्यक्षेत्र निम्नांकित क्षेत्रों में फैला हुआ है–

1. पत्रिकाएँ (13) (Magazine) (13)
2. रेडियो चैनल (3) (Radio Channel) (3)
3. टेलीविजन चैनल (2) (Television Channel) (2)
4. समाचार-पत्र (1) (Newspaper) (1)
5. बुक क्लब (Book Club).

इसके समस्त घटकों (Segments) का जुड़ाव देश की बड़ी संख्या में जनमानस को जोड़ता है। 35 मिलियन व्यक्तिगत (35 Million individuals). पत्रकारिता के क्षेत्र में इनका घोष वाक्य है–"विदाऊट फीयर ओर फेवर" (Withourt Fear or Favour).

इंडिया टुडे ग्रुप का टी.वी. समाचार चैनल 'आज तक' दृश्य-श्रव्य पत्रकारिता के क्षेत्र में मील का पत्थर है। 1988 में न्यूजट्रेक (News Track) के माध्यम से एक वीडियो मैगजीन के रूप में शुरू हुआ सफर 1995 में 'आज तक' के रूप में अस्तित्व में आया।

टेरेस्ट्रियल (Terrestrial) नेटवर्क पर इसने राष्ट्रीय स्तर की व्यूअरशिप (Viewership) में एक कीर्तिमान बनाया। इसकी प्रसिद्धि से प्रभावित होकर दिसम्बर 2000 में हिन्दी समाचार चैनल आज तक का प्रसारण 24 घंटे प्रसारित किया जाता है। अपने शुरू होने से साथ ही छः महीनों में यह देश का पहले नं. का न्यूज चैनल बना। ग्यारह महीनों में इसे इंडस्ट्री (Industry) द्वारा सर्वश्रेष्ठ न्यूज चैनल का खिताब दिया गया। इसे अन्य ख्यातिनाम पुरस्कार भी मिले, वे हैं :

1. बेस्ट न्यूज चैनल (2001), (2002), इंडियन टेलीविजन एकेडमी अवाईस द्वारा।
2. सर्वश्रेष्ठ सी. ई. ओ. अवार्ड इंडियन टेली अवाईस द्वारा।
3. आर. ए. पी. ए. अवार्ड।

4. बेस्ट डिस्ट्रीब्यूशन अवार्ड (55% चैनल व्यूअरशिप द्वारा)
5. ओ. आर. जी. सर्वे द्वारा 2003 का श्रेष्ठ न्यूज चैनल।

जी टी. वी. नेटवर्क

जी टी.वी. ग्रुप टेलीविजन प्रसारण का एक बड़ा ग्रुप बन गया है। यह हिन्दी व क्षेत्रीय भाषाओं में विभिन्न प्रकार के कार्यक्रम प्रसारित करता है। इसके चैनल्स में फिल्में, डाक्यूमेंट्रीज, मनोरंजक कार्यक्रम, इवेंट्स, क्लिपिंग्स, समाचार, खेल आदि शामिल हैं।

जी नेटवर्क नें शुरुआती दौर से ही लोकप्रियता हासिल कर ली थी। इसके कार्यक्रमों की गुणवत्ता विश्व प्रसिद्ध है। जी टी.वी. के प्रसारण विश्व के कई देशों में देखे जा सकते हैं जैसे—फिलीपींस, स्पेन, श्रीलंका, यू. के., यू. एस. ए., बांग्लादेश, म्याँमार, चिली, मलेशिया, न्यूजीलैंड इत्यादि।

लोकमत समाचार-पत्र समूह

समाचार पत्र लोकमत बनाने का एक सशक्त माध्यम है। समाचार-पत्रों ने राष्ट्र और समाज का दिशा निर्देश न किया था। लोकमत समाचार-पत्र समूह का शुभारंभ गांधीवादी राजनेता एवं पत्रकार स्वर्गीय श्री जवाहर लाल दर्डा ने 1952 में महाराष्ट्र से किया था। आज यह अखबार संपूर्ण महाराष्ट्र एवं संबद्ध राज्यों में सफलता के शिखर पर पहुँचा है।

दो जुलाई, 1923 को यवतमाल जिले के बाभुलगाँव में एक संपन्न परिवार में जन्मे श्री जवाहरलाल दर्डा जब एक वर्ष के थे, पिता श्री अपोलकचंद का साया उनके सिर से उठ गया। काका श्री सोनचंदजी ने उनका लालन-पालन किया और माता श्रीमती कुसुमाबाई ने आदर्श संस्कारों की गहन शिक्षा दी। माता से प्राप्त संस्कारों को आत्मसात् कर श्री दर्डा जीवन के प्रत्येक क्षेत्र में सफलता की सीढ़ियाँ चढ़ते गए।

लोकमत समाचार-पत्र समूह की सफलता का इतिहास

लोकमत समाचार-पत्र समूह के संस्थापक संपादक स्वर्गीय श्री जवाहरलाल दर्डा प्रखर गांधीवादी नेता, बहुमुखी प्रतिभा तथा चुंबकीय व्यक्तित्व के स्वामी थे। अपनी लोकहिताकांक्षी एवं राष्ट्रहित की विचारधारा से श्री दर्डा ने राजनीतिक

एवं सामाजिक जीवन में जहाँ रचनात्मक योगदान के मानक स्थापित किए, वहीं पत्रकारिता में श्रेष्ठता और दूरदर्शिता का सर्वश्रेष्ठ उदाहरण प्रस्तुत किया है। श्री दर्डा जनसामान्य के 'बाबूजी' के नाम से लोकप्रिय थे। वे राजनीति में नैतिकता के जीवनभर पैरोकार बने रहे, महाराष्ट्र में लोकाभिमुख पत्रकारिता इन्हीं ने शुरू की है।

1952	यवतमाल	यवतमाल में श्री जवाहरलाल दर्डा द्वारा 'लोकमत' साप्ताहिक का प्रकाशन,
1960	यवतमाल	'लोकमत' का साप्ताहिक से द्विसाप्ताहिक के रूप में प्रकाशन,
15 दिसंबर, 1971	नागपुर	'लोकमत' का दैनिक के रूप में रूपांतरण,
15 दिसंबर, 1977	जलगाँव	'लोकमत' के जलगाँव संस्करण का शुभारंभ,
9 जनवरी, 1882	औरंगाबाद	'लोकमत' के औरंगाबाद संस्करण का प्रकाशन,
30 मार्च, 1987	औरंगाबाद	लोकमत पत्र समूह के अंग्रेजी दैनिक 'लोकमत टाइम्स' का शुभारंभ,
15 अगस्त, 1987	अहमदनगर	'लोकमत' के अहमदनगर संस्करण का शुभारंभ,
14 जनवरी, 1989	नागपुर	लोकमत पत्र समूह के हिन्दी दैनिक 'लोकमत समाचार का शुभारंभ,
16 अगस्त, 1992	औरंगाबाद	'लोकमत समाचार' के औरंगाबाद संस्करण का शुभारंभ,
21 अक्टूबर, 1992	नागपुर	'लोकमत टाइम्स' का नागपुर संस्करण लोकर्पित,
25 अक्टूबर, 1993	शोलापुर	दैनिक 'लोकमत' के शोलापुर संस्करण का प्रकाशन,
30 अप्रैल, 1996	नासिक	'लोकमत' का नासिक से ही प्रकाशन,
16 मार्च, 1998	अकोला	'लोकमत' के अकोला संस्करण का लोकार्पण,

1 मई, 1998	मुंबई	महाराष्ट्र की राजधानी मुंबई से 'लोकमत' का शुभारंभ,
12 अक्टूबर, 1998	कोल्हापुर	कोल्हापुर-सांगली-सतारा संस्करण का प्रकाशन,
1 मार्च, 1999	रत्नागिरि	'लोकमत' के रत्नागिरि संस्करण का लोकार्पण (मुंबई में छपाई),
27 जुलाई, 1999	अकोला	हिन्दी दैनिक 'लोकमत समाचार' के अकोला संस्करण का शुभारंभ,
13 सितंबर, 1999	पुणे	महाराष्ट्र की संस्कारधानी पुणे से 'लोकमत' के प्रकाशन का शुभारंभ,
5 अप्रैल, 2000	सूरत	'गुजरात' में 'लोकमत' का पदार्पण, सूरत संस्करण का शुभारंभ (जलगाँव में छपाई)

लोकमत समाचार-पत्र समूह हिन्दी व इंग्लिश के साथ-साथ मराठी भाषा में भी समाचार पत्र प्रकाशित करता है। यह हिन्दी में 'लोकमत समाचार' के माध्यम से, मराठी में 'लोकमत' के माध्यम से तथा अंग्रेजी में 'लोकमत टाइम्स' (Lokmat Times) के द्वारा लगातार उन्नति की ओर अग्रसर है।

नवीनतम प्रौद्योगिकी व पेशेवर प्रबंधन (Professional Management) के माध्यम से महाराष्ट्र, मध्यप्रदेश, छत्तीसगढ़ के एक करोड़ से अधिक पाठक इस अखबार से जुड़े हैं। राष्ट्रीय पाठक सर्वेक्षण के नवीनतम आँकड़ों से पता चलता है कि यह पत्र समूह महाराष्ट्र का शीर्षस्थ मराठी अखबार मानता है। अपने 18 संस्करणों के साथ यह समाचार-पत्र समूह निरंतर विकास के मार्ग पर अग्रसर है।

श्री जवाहर लाल दर्डा और स्वतंत्रता आंदोलन

मात्र सत्रह वर्ष के किशोर श्री जवाहरलाल दर्डा स्वाधीनता संग्राम आंदोलन के सेनानी बन गए। देश को गुलामी से मुक्त कराने के राष्ट्रपिता महात्मा गांधी के आह्वान और देश प्रेम की भावना ने श्री दर्डा को व्यक्तिगत सत्याग्रह के लिए अभिप्रेरित किया। जन-जन में स्वतंत्रता की अलख जगाने हेतु उन्होंने 1940 में 400 मील की पदयात्रा की। महात्मा गांधी से मिलने यवतमाल से वर्धा पैदल जा पहुँचे। 1942 के भारत छोड़ो आंदोलन में भाग लेने की कारण से अंग्रेजी सरकार ने उन्हें एक वर्ष नौ माह जेल में रखा। उन्हें जबलपुर कारागृह

में रखा गया था, जहाँ उन्होंने राष्ट्रभक्त युवा कैदियों का सम्मेलन आयोजित किया और देश सेवा का अक्षुण्ण व्रत लिया। 1944 में कारावास से स्वतन्त्र होते ही श्री दर्डा ने यवतमाल जिले में युवकों को संगठित किया और अंग्रेज सरकार के खिलाफ संघर्ष तेज कर दिया। उन्हीं दिनों श्री दर्डा पर नेताजी सुभाषचंद्र बोस के व्यक्तित्व का भी गहरा असर हुआ। नतीजन, 1944 में उन्होंने यवतमाल में आजाद हिन्द फौज की शाखा स्थापित की। 1945 में यवतमाल में यंग एसोसिएशन की स्थापना कर उन्होंने युवकों को कल्याणकारी कार्यों के लिए संगठित किया। 1946 से 1956 तक श्री जवाहरलाल दर्डा यवतमाल शहर कांग्रेस अध्यक्ष पद के रूप में पार्टी की विचारधारा से जन-जन को जोड़ने में सक्रिय रहे।

दूरदर्शी पत्रकार

'नवे जग' नामक पत्रिका के माध्यम से 1947 में श्री दर्डा ने पत्रकारिता की शुरुआत की। आजादी के पश्चात् आम आदमी की आशा आकांक्षाओं को पूर्ण करने तथा गांधीजी के 'रामराज्य' के स्वप्न को साकार करने के लिए शासनकर्त्ताओं को प्रेरित करते सारगर्भित लेख 'नवे जग' के स्वतंत्रता विशेषांक में प्रकाशित हुए। श्री दर्डा ने यह विशेषांक 15 अगस्त, 1947 को प्रकाशित किया। अपनी विचारोत्तेजक सामग्री तथा तीखे संपादकीय तेवर के चलते 'नवे जग' तब तक लोकप्रिय साप्ताहिक का रूप ले चुका था। उस विशेषांक के संपादकीय की बानगी देखिए : 'जब तक गरीबी, भूख, अशिक्षा तथा सांप्रदायिकता जैसे अभिशापों से देश को मुक्त नहीं कराया जाता, स्वतंत्रता का मूल लक्ष्य तब तक हमें हासिल नहीं हो सकता है।'

लोकमत समाचार-पत्र समूह की स्थापना

'नवे जग' की लोकप्रियता ने बाबूजी के उत्साह को द्विगुणित किया एवं उनके दायित्व बोध को व्यापक बना दिया। 1952 में श्री दर्डा ने 'लोकमत' नामक मराठी साप्ताहिक की नींव रखी। 1960 में 'लोकमत' का सप्ताह में दो बार प्रकाशन शुरू हुआ और 1971 में 'लोकमत' नागपुर से दैनिक समाचार-पत्र के रूप में प्रकाशित होने लगा। कालांतर में 'लोकमत' ने खानदेश संस्करण (15 दिसंबर, 1977 जलगाँव से), औरंगाबाद संस्करण (9 जनवरी, 1982) के साथ लोकप्रियता और सफलता के मानदंड स्थापित किए। 30 मार्च, 1987 में

औरंगाबाद से 'लोकमत टाइम्स' (अंग्रेजी), 15 अगस्त, 1987 से लोकमत का अहमदनगर संस्करण, 14 जनवरी, 1989 से 'लोकमत समाचार' (हिन्दी), 14 सितंबर, 1989 से 'लोकमत' का नासिक संस्करण, 16, अगस्त, 1992 से 'लोकमत समाचार' का औरंगाबाद संस्करण तथा 21 अक्टूबर, 1992 से 'लोकमत टाइम्स' (अंग्रेजी) के संस्करण शुरू हुए और पाठकों से सहज संवाद की प्रक्रिया में जुड़ते चले गए। लोकमत समाचार-पत्र समूह को जन-जन तक पहुँचाने की बाबूजी की प्रतिबद्धता का ही परिणाम रहा कि आज शोलापुर, सांगली, अकोला, कोल्हापुर, सातारा, मुंबई तथा पुणे से प्रकाशित हो रहे 'लोकमत' ने काफी प्रसिद्धि हासिल कर ली है।

2

टेलीविजन का उद्भव एवं विकास

एक इलेक्ट्रॉनिक मीडिया के क्षेत्र में टेलीविजन की एक अलग पहचान है। एक दृश्य-श्रव्य साधन होने की वजह से यह काफी लोकप्रिय व प्रभावशाली है। टेलीविजन प्रसारण के क्षेत्र में आरंभिक प्रयोग 1920 के दशक में संयुक्त राज्य अमेरिका और यूरोप में किए गए। इन प्रयोगों में यांत्रिक स्कैनिंग डिस्क का प्रयोग किया गया जो तस्वीर को पर्याप्त तेजी से क्रमवीक्षण (Scan) नहीं कर पाता था। इसके कुछ वर्ष बाद सन् 1923 में विद्युत टेलीविजन ट्यूब का आविष्कार किया गया। अगले कुछ वर्षों के दौरान ही पिक्चर ट्यूब, इलैक्ट्रॉनिक कैमरा और टी.वी. होम रिसीवरों का आविष्कार किया गया तथा 1930 के दशक में राष्ट्रीय प्रसारण निगम (National Broadcasting Corporation, NBC) ने न्यूयॉर्क में एक टी.वी. स्टेशन की स्थापना की और बीबीसी ने लंदन में एक टी. वी. स्टेशन की स्थापना की जिसके द्वारा नियमित रूप से कार्यक्रम प्रसारित किए जाने लगे। इसी समय इंग्लैण्ड व अमेरिका के अलावा जर्मनी व फ्रांस में भी टी. वी. स्टेशन स्थापित किए गए। इस प्रकार धीरे-धीरे टेलीविजन का विस्तार व प्रसार होने लगा लेकिन सन् 1939 में द्वितीय विश्वयुद्ध छिड़ जाने से टेलीविजन में आगे विकास की गति अवरूद्ध हो गई हालांकि नाजियों के कब्जे वाले जर्मनी में राजनीतिक प्रचार के उपकरण के रूप में टेलीविजन का व्यापक प्रयोग जारी रहा। नाजी पार्टी के कार्यक्रमों को टेलीविजन पर प्रसारित किया जाता रहा किन्तु जर्मन टेलीविजन के इतिहास के प्रथम अध्याय की महत्वपूर्ण घटना 1936 के

बर्लिन ओलंपिक का टेलीविजन प्रसारण था। किन्तु 1940 के दशक की समाप्ति और 1950 के दशक का आरंभ होने तक अधिकांश विकसित देशों में आम जीवन का अंग बन चुका था। उदाहरण के लिए, 1948 में, संयुक्त राज्य अमेरिका में लगभगम 41 टी.वी. केन्द्र थे जिनको प्रसारणों का अभिग्रहण करके लगभग 5 लाख से भी अधिक रिसीविंग सेट पूरे अमेरिका के 23 शहरों में टी. वी. कार्यक्रम पहुंचा रहे थे। एक दशक के भीतर ही इस आंकड़े में जबरदस्त इजाफा हुआ और संयुक्त राज्य अमेरिका में टीवी केन्दों की संख्या बढ़कर 533 तथा घरेलू रिसीवरों की संख्या 55 मिलियन तक पहुंच गई। कनाडा, जापान और यूरोपीय देश इस संबंध में कोई अधिक पीछे नहीं थे।

उपग्रह संचार की प्रक्रिया वर्ष 1962 में पहला संचार उपग्रह अर्ली बर्ड छोड़े जाने के साथ शुरू हुआ। सन् 1965 में इंटेलसैट और सन् 1971 में इंटरस्पुतनिक नामक दो उपग्रह प्रणालियों की शुरूआत हुई जिसके फलस्वरूप टेलीविजन के विकास में क्रांति आ गई। आज दुनिया में लगभग सभी देशों के पास अपना स्वयं का भूकेन्द्र है जो ट्रान्समीशन और रिसेप्शन हेतु उपग्रहों से जुड़े है। संचार उपग्रह से आधुनिक विश्व कनाडा के मीडिया समाजशास्त्री मार्शल मैकलुहन के शब्दों में "वैश्विक ग्राम" में बदल गया है।

सन् 1970 का दशक इस दृष्टि से काफी अच्छा रहा। इस दौरान ऑप्टिकल फाइबर और कंप्यूटर प्रौद्योगिकी का इस्तेमाल करके अपेक्षाकृत अधिक परिष्कृत ट्रान्समीशन तकनीकों का आविष्कार किया गया जापान में एक कंप्यूटर नियंत्रित नेटवर्क विकसित किया गया जिसकी सहायता से घर से बाहर और घरों तक द्वि-दिशिक वीडियो सूचनाओं का वहन किया जा सकता था। ऑडियो-विजुअल कैसेट (श्रव्य दृश्य कैसेट) और वीडियो टेप रिकॉर्डर, क्लोज्ड सर्किट टी.वी., केबल टेलीविजन, पे-टेलीविजन और डीटीएच (डायरेक्ट दूहोम) टेलीविजन से टेलीविजन श्रेत्र से नवीनतम ओर अप्रत्याशित प्रगति हुई है। डीटीएच और डिजिटल कम्प्रेशन प्रौद्योगिक से चैनलों की संख्या में काफी वृद्धि हुई है तथा साथ ही तस्वीर और ध्वनि ट्रान्शमिशन और भी ज्यादा गुणवत्तापूर्ण हो गया।

विकास की यह प्रक्रिया सम्पन्न देशों तक ही सीमित रही। अफ्रीका और एशिया के अधिकांश निर्धन देशों के पास अभी भी अपना स्वयं कर संचार

उपग्रह नहीं है तथा इन देशों में पर्याप्त संख्या में उत्पादन और ट्रान्समीशन केन्द्र तथा रिसीविंग सेट उपलब्ध नहीं है। संयुक्त राष्ट्रसंघ द्वारा घोषित विश्वसंचार वर्ष (1985) के दौरान विश्व के संपन्न और निर्धन देशों के बीच प्रौद्योगिकीय अंतराल को कम करने के प्रयास किए गए किन्तु सूचना प्रौद्योगिकी में और नवीनतम विकास हो जाने (जैसे कि इंटरनेट की शुरुआत होने) से इस अंतर में और अधिक वृद्धि हुई है।

भारत में टेलीविजन का विकास

15 सितम्बर, 1959 को भारत में टेलीविजन की शुरुआत हुई। आकाशवाणी भवन के एक हिस्से में बनाए गए छोटे स्टूडियो का उद्घाटन डॉ. राजेन्द्र प्रसाद ने किया। दूरदर्शन के प्रथम निर्देशक 'शैलेन्द्र शंकर' थे। प्रथम ट्रांसमीटर 500 वाट का था और यह बीस किमी. के दायरे में प्रसारण को सुनिश्चित कर सकता था। 1960 में स्वतन्त्रता-दिवस समारोह का सीधा प्रसारण दूरदर्शन से किया गया था। शुरुआत में टी. वी. को खरीद कर देख पाना असम्भव सा कार्य था क्योंकि उपकरण बहुत महंगे थे। ऐसे में सामुदायिक सेटों से दिल्ली व आस-पास के क्षेत्रों में कार्यक्रम देखे जाते थे। ये सेट यूनेस्को के अनुदान से मिले थे और इन सेटों के साथ दर्शकों के टेलीक्लबों की स्थापना की गई थी, जहाँ नियमित दर्शक सदस्य टेलीविजन कार्यक्रम का लाभ उठाते थे।

यूनेस्को के तत्वावधान में ही 23 दिसम्बर, 1960 से 5 मई, 1961 तक की अवधि में सामाजिक शिक्षण का प्रयोग किया गया। विकासमूलक उपयोग की दिशा में यह पहला कदम रहा। यह प्रयोग लोगों को सूचित करने और उन्हें विभिन्न विषयगत सूचना उपलब्ध कराने को लेकर था। साथ ही इसका यह उद्देश्य भी था कि इससे समाज के लोगों को जहाँ एक ओर नया दृष्टिकोण मिल सकेगा वहीं यह भी आंकलन हो सकेगा कि व्यक्तियों व समाज के मध्य वे कौन से तत्व या दृष्टिकोण हैं जो लोगों को न केवल प्रभावित करते हैं बल्कि उनके सामूहिक व्यवहार व कार्यों पर भी असर डालते हैं।

विकास की शृंखला में 15 अगस्त, 1965 को आल इंडिया रेडियो का एक बड़ा हाल टेलीविजन स्टूडियो में बदला गया। कार्यक्रम निर्माण व प्रसारण की गुणवत्ता को सुधारा गया। समाज, संस्कृति, शिक्षा, समाचार के पक्षों को इससे

जोड़ा गया। 26 जनवरी, 1967 को इंदिरा गांधी ने कृषि-दर्शन कार्यक्रम की शुरुआत की। 2 अक्टूबर, 1972 को मुम्बई में व 26 जनवरी, 1973 की श्रीनगर में दूरदर्शन केन्द्र शुरू किया गया। 29 सितम्बर, 1973 को अमृतसर केन्द्र शुरू हुआ। 27 अप्रेल, 1975 में जालंधर केन्द्र स्थापित हुआ। 9 अगस्त, 1975 को कोलकाता केन्द्र, 14 अगस्त, 1975 को मद्रास केन्द्र तथा नवम्बर, 1975 में लखनऊ केन्द्र शुरू हो गए। अप्रेल, 1976 में दूरदर्शन रेडियो से स्वतन्त्र एवं अलग प्रभाग बना और इसका अपना अलग से महानिदेशालय बना।

जन-सेवार्थ प्रसारण के लिए दूरदर्शन वर्तमान में भारत की राष्ट्रीय प्रसारण सेवा विश्व के सबसे बड़े स्थलीय प्रसारण संगठनों में से एक है। आज दूरदर्शन का प्रमुख चैनल डी. डी. 1 द्वारा प्रसारित कार्यक्रमों को विभिन्न क्षमताओं के 1042 स्थल ट्रांसमीटरों के तन्त्र के जरिए 87% से ज्यादा आबादी देख सकती है। 65 अन्य ट्रांसमीटर दूसरे चैनलों को स्थल समर्थन देते हैं। दूरदर्शन बड़ी संख्या में भारतीय राष्ट्रीय उपग्रहों (इनसेट) और अन्य उपग्रहों के ट्रांसमीटरों का उपयोग स्थलीय ट्रासमीटरों के संचालन और कवरेज बढ़ाने के लिए करता है। दूरदर्शन ने देश के 49 नगरों में कार्यक्रम उत्पादन सुविधाएँ स्थापित की हैं। भारत में उपग्रह टेक्नॉलाजी से सम्बन्धित पहला प्रयोग सन् 1975-76 में किया गया जिसका नाम था 'सेटेलाइट इंस्ट्रक्शनल टेलीविजन एक्सपेरिपेंट' (Settellite Instructional Television Experiment) 'साइट' (SITE)। सामाजिक शिक्षा के लिए यह अपने आप में अभिनव प्रयोग विश्वभर में पहला प्रयास था। 1982 में दिल्ली व अन्य ट्रांसमीटर के बीच उपग्रह द्वारा नियमित सम्पर्क के साथ 'राष्ट्रीय प्रसारण' की शुरुआत हुई। साथ ही दूरदर्शन रंगीन प्रसारण भी करने लगा। दिल्ली में आयोजित हुए एशियाई खेलों के मद्देनजर ये प्रयास शीघ्र व अपूर्व स्वरूप में लागू हुए। 1992 में टेलीविजन सुविधाओं में निरन्तर विकास हो रहा है। दूरदर्शन ने तीन स्तरों वाली बुनियादी सेवा चलाई है जो राष्ट्रीय, प्रादेशिक व स्थानीय स्तर पर कार्य करती है। राष्ट्रीय कार्यक्रम इस प्रकार के होते थे जिन्हें पूरा देश देख व समझ सके जैसे—समाचार, सामयिक वार्ताएं, विज्ञान, सांस्कृतिक पत्रिकाएँ, वृत्तचित्र, सीरियल, संगीत-नृत्य के कार्यक्रम, नाटक व फीचर फिल्म आदि।

क्षेत्रीय कार्यक्रम वे होते थे जिनका प्रसारण राज्य स्तर पर किया जाता

था। इनका प्रमुख प्रसारण केन्द्र राज्य की राजधानी में स्थापित होता है और सम्बन्धित राज्य के सभी ट्रांसमीटरों से रिले किए जाते हैं। क्षेत्रीय कार्यक्रमों में राज्य की दिलचस्पी के कार्यक्रम क्षेत्र विशेष की भाषा व मुहावरों, बोली आदि में प्रस्तुत किए जाते हैं। स्थानीय कार्यक्रम किसी खास स्थान से सम्बन्धित होते हैं और इनमें स्थानीय विषय व स्थानीय लोगों को शामिल किया जाता है। देश की प्रमुख भाषाओं में चौबीसों घंटे उपग्रह चैनल कार्यक्रम प्रसारित किए जाते हैं। ये कार्यक्रम सूचनापरक मनोरंजन, लोकविकास व साक्षरता के विषय पर आधारित होते हैं। साथ ही देश की एकता और अखंडता तथा संस्कृति के सकारात्मक (Positive) पक्षों का समावेश भी व्यापक रूप से होता है। दृश्य-श्रव्य (Audio-Visual) प्रस्तुति होने के कारण दर्शकों पर इनका व्यापक (Wide) प्रभाव पड़ता है।

1984 में दिल्ली में दूसरे चैनल 'मेट्रो' का प्रसारण शुरू हुआ जिसका उद्देश्य महानगर के विविध वर्गों को कार्यक्रम देखने का एक अन्य विकल्प उपलब्ध कराना था। बाद में यह सुविधा मुम्बई, कोलकाता व चेन्नई के दर्शकों को भी सुलभ कराई गई। 1993 में इन चार क्षेत्रों में भू-स्थित ट्रांसमीटरों को उपग्रह से जोड़ा गया ताकि शहरी दर्शकों को मनोरंजन का बेहतर विकल्प उपलब्ध हो सके। देश के अन्य भागों के दर्शकों के लिए भी यह सुविधा वर्तमान में सीधे प्रसारण के रूप में सुलभ कराई गई है। दूरदर्शन ने अपने अन्तर्राष्ट्रीय स्वरूप को भी निखारा है। अन्तर्राष्ट्रीय चैनल, दूरदर्शन इंडिया 1995 से कार्यरत है। इसके प्रसारण एशिया, अफ्रीका व यूरोप के 50 देशों तक पहुँच रहे हैं। अमेरिका व कनाडा हेतु इसके प्रसारण पी. ए. एस.-1 और पी. ए. एस. -4 से किए जा रहे हैं। इसके कार्यक्रम 24 घंटे प्रसारित होते हैं। वर्तमान में दूरदर्शन के दर्शक भी प्रचुर मात्र में हैं। 8 करोड़ के लगभग घरों में वर्तमान में टी. वी. सेट हैं। साथ ही केन्द्र व राज्य स्कूलों, कॉलेजों, हॉस्टलों आदि जगह में लगाए गए हैं। देश की जनसंख्या के एक तिहाई भाग तक दूरदर्शन अपनी पहुँच स्थापित कर रहा है।

टेलीविजन और राष्ट्रीय विकास

भारत में सरकारी टेलीविजन के निम्नलिखित सामाजिक उद्देश्य हैं :

(i) सामाजिक परिवर्तन के उत्प्रेरक अर्थात् सामाजिक परिवर्तनों की गति में वृद्धि करने के एक कारक के रूप में कार्य करना

(ii) राष्ट्रीय अखंडता को बढ़ावा देना

(iii) लोगों में एक वैज्ञानिक सोच विकसित करना

(iv) जनसंख्या नियंत्रण और परिवार कल्याण के माध्यम के रूप में परिवार नियोजन का संदेश प्रसारित करना

(v) पर्यावरण संरक्षण और पारिस्थितिकीय संतुलन को बढ़ावा देना तथा उन्हें बनाए रखने में सहायता प्रदान करना।

(vi) महिलाओं, बच्चों और अन्य सुविधा विहीन वर्गों के कल्याण सहित सामाजिक कल्याण उपायों की आवश्यकता को जन-जन तक पहुंचाना

(vii) खेलों और क्रीड़ाओं में रुचि विकसित करना

(viii) कला और सांस्कृतिक विरासत के मूल्यांकन हेतु उचित मूल्य विकसित करना।

सेटेलाइट टेलीविजन चैनल्स एवं केबल प्रसारण

इस समय सेटेलाइट चैनल व केबल टेलीविजन का प्रभाव काफी बढ़ गया है। ये प्रकारान्तर से एक दूसरे का पर्याय ही है। आज समूचे संसार क्रान्ति अपने चरम पर है। टी. वी. भी इससे अछूता नहीं है। विश्व के सैकड़ों चैनल सेटेलाइट व केबल के माध्यम से आज लोगों के पास तक पहुँच रहे हैं।

सेटेलाइट चैनल्स में तकनीकी पक्ष यह है कि विभिन्न चैनल्स जैसे टी.वी., स्टार प्लस, सोनी, सहारा, डिस्कवरी आदि के कार्यक्रम उनके प्रसारण-स्टूडियो से एक निश्चित फ्रीक्वेंसी पर निश्चित उपग्रह व उसके ट्रांसपोंडर के माध्यम से प्रसारित किए जाते हैं। इन कार्यक्रमों को प्रचलित दूरदर्शन-1 व दूरदर्शन-2 (मेट्रो) की तरह सीधे आम घरों में प्रयुक्त किए जाने वाले साधारण टी.वी. एन्टीना की सहायता से देखना संभव नहीं है।

सेटेलाइट-प्रसारणों के लिए लाइसेंस शुदा केबल ऑपरेटर निर्धारित प्रक्रिया के अनुसार उपकरण व संचार व्यवस्था के तकनीकी व मशीनी उपकरण स्थापित

करता है। इसके तहत मूल रूप से एक डिस्क व विभिन्न चैनल्स हेतु ट्रांसपोंडर होते हैं। हर एक चैनल अपनी निर्धारित स्थिति, फ्रीक्वेंसी व ट्रांसपोंडर के जरिए केबल आपरेटर को प्राप्त होता है। वह इन सिग्नलों को प्राप्त करके उन्हें अपने यहाँ से आप्टिकल फाइबर केबल या अन्य प्रकार की केबल से उपभोक्ता के घर तक पहुँचाता है। पूरी प्रक्रिया के लिए बिजली वितरण की तारों की व्यवस्था की तरह घर-घर कनेक्शन किया जाता है। उपभोक्ता केबल को अपनी टी. वी. सेट से जोड़कर मनचाहे कार्यक्रम को टी. वी. चैनल बदलकर प्राप्त कर सकता है। केबल आपरेटर उपलब्ध कराए जा रहे चैनल्स के आधार पर निर्धारित शुल्क उपभोक्ता से वसूलता है। वर्तमान में मनोरंजन, सूचना, समाचार, फैशन, खेल आदि के सैकड़ों चैनल्स बाजार में है। विभिन्न प्रकार की उपग्रह प्रणालियाँ इन्हें बाजार में दिन-रात उतार रहे हैं। सैकड़ों केबल ऑपरेटर अपने-अपने क्षेत्र में केबल जाल को फैला रहे हैं और इनसे जुड़ने वाले लोगों की संख्या भी दिन-प्रतिदिन बढ़ती जा रही है।

सैटेलाइट व केबल टेलीविजन से उपभोक्ताओं को एक वृहद् परिप्रेक्ष्य मिला है। आज दुनिया दृश्य-श्रव्य सामग्री टेलीविजन चैनल्स पर परोसी जा रही है। खेल से राजनीति तक और समाचार से मनोरंजन तक सभी प्रकार के कार्यक्रम देखे जा सकते हैं। व्यक्ति की स्वयं की इच्छा व आवश्यकता के अनुरूप वह इन चैनल्स को अपनी प्रायिकता के क्रम में प्रयोग कर सकता है। साथ ही वक्त व परिस्थिति के अनुरूप कार्यक्रमों व उनकी प्रस्तुति में भी बदलाव आया है। आज व्यक्ति चाहे तो केवल खेलों पर ही कई चैनल प्राप्त कर सकता है। समाचारों के लिए ही इतनी विविधता है कि घटना के कुछ ही अर्से में देश के चप्पे-चप्पे पर ये चैनल्स सक्रिय हो जाते हैं। डिस्कवरी (Discovery) जैसा चैनल दुनिया के अजूबे व अनबुझे विषयों पर मनोरंजक सामग्री प्रस्तुत करता है। फिल्मों (Films), गानों (Songs), फैशन (Faishon), स्वास्थ्य (Health), धार्मिक (Religious) कार्यक्रमों का भी अम्बार है।

आज केबल टी. वी. प्रसारण क्षेत्र में नामी कम्पनियाँ एवं घराने कार्य कर रहे हैं। निरन्तर बदलते और आधुनिक होते समाज में यह आवश्यक हो गया है कि कम कीमत में अधिकाधिक सुविधाएँ दर्शकों को परोसी जाएँ। यही कारण है कि सेटेलाइट टेलीविजन व केबल टी.वी. एक उद्योग की तरह पनप रहा है।

कार्यक्रमों की बाढ़ में उनकी लोकप्रियता व पहुँच के समीकरण भी बदल रहे हैं। आज उपभोक्ता जहाँ नवीनता की माँग को लेकर आक्रामक हैं वहीं चैनल्स इस प्रभाव में कोई कमी नहीं छोड़ रहे हैं। वे दिन-रात अन्य चैनल्स से शीत-युद्ध में लगे हैं। एक से एक विज्ञापन व प्रसारण नीतियां, डिजिटल प्रसारण, स्टीरियों से लेकर डॉल्बी डिजिटल तक ध्वनि प्रसारण, क्षेत्रीय भाषाओं में राजस्थानी, पंजाबी, असमिया, बांग्ला, मलयाली भाषाओं के प्रसारण व मनोरंजन की नस-नस में रचा-बसा यह संसार उपग्रह से उतर कर केबल के जरिए समाज में चारों ओर छा गया है।

शैक्षिक टेलीविजन

शिक्षा के क्षेत्र में भी टेलीविजन ने महत्वपूर्ण स्थान प्राप्त कर लिया है। भारत में पहली स्कूल टेलीविजन सेवा 1961 में दिल्ली नगर निगम द्वारा चलाई जा रही संस्थाओं के लिए शुरू की गई। स्कूली बच्चों के लिए शैक्षिक टेलीविजन कार्यक्रम अनेक क्षेत्रीय केन्द्रों से प्रसारित किए जाते हैं। ये विभिन्न भाषाओं में औपचारिक व अनौपचारिक दोनों तरह की शिक्षा के लिए प्रसारित किए जाते हैं। ये कार्यक्रम दिल्ली स्थिति केन्द्रीय शिक्षा तकनीकी संस्थान तथा विभिन्न राज्यों में स्थित प्रान्तीय शिक्षा तकनीकी संस्थानों द्वारा तैयार किए जाते हैं। दूर-दराज के क्षेत्रों के भीतर स्तरीय शिक्षा को लाने के लिए विश्वविद्यालय अनुदान आयोग राष्ट्रीय नेटवर्क पर देशभर के लिए अपनी कक्षा के पाठ प्रसारित करता है। इसके अलावा, राष्ट्रीय नेटवर्क पर इंदिरा गांधी मुक्त विश्वविद्यालय के छात्रों के लिए भी पाठ्यक्रम पर आधारित कार्यक्रम प्रसारित किए जाते हैं।

शिक्षा जगत में टेलीविजन का महत्व उस समय और बढ़ गया जब 26 जनवरी, 2000 को 'ज्ञान दर्शन' नाम से अलग स्वरूप में शैक्षिक चैनल्स की शुरुआत की गई। यह उपग्रह चैनल का संचलन मानव संसाधन विकास मंत्रालय के सौजन्य से इंदिरा गांधी राष्ट्रीय मुक्त विश्वविद्यालय करता है। भारत की शैक्षिक दर को बढ़ाने में दूरदर्शन महती भूमिका निभा सकता है। अपनी शुरुआत के साथ ही शैक्षिक परिप्रेक्ष्यों को दूरदर्शन से आयाम देना शुरू कर दिया था। ग्रामीण भारत को उजाले की ओर ले जाने, सरकार की योजनाओं की

जानकारी व जनचेतना जगाने, कृषि, शिक्षा, स्वास्थ्य की नवीनतम जानकारी व उपादेयता के लिए टेलीविजन की भूमिका निःसन्देह उपयोगी रही है। ग्रामीण व विकासात्मक कार्यक्रमों के लिए दूरदर्शन प्रारम्भ से ही सचेष्ट रहा। इस दिशा में शिक्षा के प्रसार के लिए दिल्ली से 1961 में स्कूल टी. वी. कार्यक्रम और 26 जनवरी, 1967 से ग्रामीण कार्यक्रमों की शुरुआत हुई। ये कार्यक्रम शिक्षा, सामाजिक शिक्षा, कृषि जानकारी, स्वास्थ्य, सहकारिता, पंचायती राज्य, विकास आदि को आम दर्शकों तक पहुँचाने के उद्देश्य से बनाए गए हैं।

वैसे भी शैक्षिक कार्यक्रम विभिन्न स्तरों पर होते हैं। इसमें अल्पशिक्षित लोगों से लेकर प्राथमिक शिक्षा से होते हुए विश्वविद्यालय के छात्रों के लिए उच्च शिक्षा तक के कार्यक्रम शामिल हैं। कई क्षेत्रीय दूरदर्शन प्रसारण केन्द्र स्कूली बच्चों हेतु ज्ञानवर्द्धक कार्यक्रम प्रसारित करते हैं। ये विभिन्न भाषाओं में औपचारिक व अनौपचारिक शिक्षा को प्रसारित करते हैं। अक्षर ज्ञान से शुरुआत करके, वैज्ञानिक (Scientific), पर्यावरण (Environmental), भाषा-दक्षता (Language-Efficiency) तक के पहलुओं को इसमें सम्मिलित किया जाता है। इसमें प्रस्तुति इस प्रकार की होती है जिससे बालमन पर अमिट प्रभाव पड़ता है और वे विषयों (Subjects) को आसानी के साथ आत्मसात (Adept) कर सकते हैं। शिक्षण के प्रभावी पक्षों, प्रस्तुति और बाल-मनोविज्ञान (Child-Psychology) तक का इनमें विशेष रूप से ध्यान रखा जाता है। खेल-खेल में शिक्षण (Education with sports) की अवधारणा (Concept) इनमें सर्वाधिक महत्वपूर्ण पहलू होता है। इन कार्यक्रमों का निर्माण दिल्ली स्थित केन्द्रीय शिक्षा तकनीकी संस्थान तथा विभिन्न राज्यों में स्थित प्रान्तीय तकनीकी संस्थानों द्वारा तैयार किए जाते हैं।

छोटे गांवों व दूर-दराज के क्षेत्रों के लिए छात्रों की पहुँच के भीतर स्तरीय शिक्षा को लाने के लिए विश्वविद्यालय अनुदान आयोग राष्ट्रीय नेटवर्क पर देशभर के लिए अपनी कक्षाओं की पढ़ाई प्रसारित करता है। पत्राचार से विभिन्न धाराओं में अध्ययन कर रहे विद्यार्थी इनसे घर बैठे लाभ उठा सकते हैं। इंदिरा गांधी राष्ट्रीय मुक्त विश्वविद्यालय के विभिन्न कोर्सेज के छात्र भी इन कार्यक्रमों में अपने अध्ययन की विषय-वस्तु इनमें सम्मिलित किए जाते हैं। दूरदर्शन के इस माध्यम में यह विशेषता है कि जटिल से जटिल विषय दृश्य व

श्रव्य स्वरूप में होने के कारण कमोबेश कक्षा का सा ही आभास देता है। बहुत से स्तरों पर यह क्लास-रूप टीचिंग को भी पीछे छोड़ देती है क्योंकि छाया चित्रों, कम्प्यूटर तकनीकों, आरेखों, समीकरणों, गणनाओं आदि की सहायता से विषय को बहुत ही सरलीकृत स्वरूप में स्पष्ट किया जाता है।

व्यावसायिक टेलीविजन

अपनी स्थापना के साथ ही वर्तमान तक सरकारी उपक्रमों में दूरदर्शन ही ऐसा उपक्रम है जो निरन्तर लाभ की स्थिति में रहा है। दूरदर्शन की व्यापकता और लोकप्रियता के चलते यह स्वाभाविक है कि व्यक्ति इससे जुड़ता है और यही जुड़ाव दूरदर्शन को लाभ की स्थिति में पहुँचाता है। दूरदर्शन जो भी कार्यक्रम प्रसारित करता है उसके बीच-बीच में विभिन्न प्रकार के विज्ञापन आते हैं। ये विज्ञापन एक निश्चित धनराशि लेकर दिए जाते हैं। जनरुचि के कार्यक्रमों में दर्शकों की संख्या प्रचुर होती है ऐसे में विज्ञापनदाताओं को अपने उत्पादों का विज्ञापन करने से उन्हें एक ओर अपने विज्ञापन के प्रचार में लाभ पहुँचता है वहीं दूसरी ओर उनकी बिक्री में इजाफा होता है फलतः वे दूरदर्शन की ओर खिंचे चले आते हैं। ऐसे में दूरदर्शन का व्यावसायिक स्वरूप और निर्माताओं व विज्ञापन एजेन्सियों की बाढ़ दूरदर्श के लोकप्रिय कार्यक्रमों में उभरती है। यही कारण है कि दूरदर्शन की राष्ट्रीय प्रसारण सेवा विश्व के सबसे बड़े स्थानीय प्रसारण संगठनों में से एक है। देश की आबादी के 90% क्षेत्र तक दूरदर्शन की पहुँच है। दूरदर्शन बड़ी संख्या में इनसेट और अन्य उपग्रहों के ट्रांसपोंडरों का प्रयोग स्थानीय ट्रांसमीटरों के संचालन व कवरेज बढ़ाने के लिए करता है। दूरदर्शन ने देश के 50 नगरों में कार्यक्रम उत्पादन की सुविधाएं स्थापित की है। इसी वजह से दूरदर्शन को वित्त वर्ष 2000-2001 के दौरान व्यापारिक विज्ञापनों द्वारा छह अरब, 37 करोड़ रुपए प्राप्त हुए हैं। इतना ही नहीं सन् 2002-2003 और 2003-2004 के वित्तीय वर्षों में इससे दुगुनी राशि मिलती है। यह व्यावसायिक टेलीविजन (Commercial Television) की कार्यकुशलता और समाज में उसकी व्यापकता का एक आँकड़ा प्रस्तुत करता है।

प्रतिस्पर्द्धा के चलते आज दूरदर्शन के लगभग सभी कार्यक्रम प्रायोजित होते हैं। यहाँ तक कि राष्ट्रीय समाचार के मध्य भी विज्ञापन दिखाए जाते हैं।

ऐसे में दूरदर्शन का व्यावसायिक स्वरूप स्वयंसिद्ध होती है। टेलीविजन पर विज्ञापन के जरिए पल भर में पूरे देश के कोने-कोने तक अपनी पैठ स्थापित की जा सकती है। भारत में दूरदर्शन के दृश्य-श्रव्य प्रभाव के चलते बाजार के विस्तार का जितना सामर्थ्य दूरदर्शन में हैं वह अन्यत्र नहीं मिलता है। दूरदर्शन पर श्रव्य-दृश्य प्रस्तुति चमत्कार बन जाती है। कॉमर्शियल टेलीविजन के रूप में उपभोक्तावाद की एक पूरी परम्परा टेलीविजन के माध्यम से समाज के हर घर तक उतर रही है। यदि इनके सकारात्मक पक्ष ही इस्तेमाल किए जाएं तो इनकी सफलता व उपयोगिता निश्चित है।

टेलीविजन प्रसारण के नवीन आयाम

जन-सेवा प्रसारण के प्रति समर्पित दूरदर्शन भारत की राष्ट्रीय प्रसारण सेवा विश्व के सबसे बड़ी जमीन से किए गए प्रसारण में नम्बर एक पर है। दूरदर्शन का प्रमुख चैनल डी. डी. -1 विभिन्न क्षमताओं के 1042 स्थल ट्रांसमीटरों के जाल के साथ 87% से ज्यादा आबादी तक अपने प्रसारण पहुँचाता है। 65 अन्य ट्रांसमीटर दूसरे चैनलों को जमीनी समर्थन देते हैं। दूरदर्शन से बड़ी संख्या में इनसेट व अन्य उपग्रहों के ट्रासपोंडरों का उपयोग जमीनी ट्रांसमीटरों के संचालन और कवरेज बढ़ाने के लिए करता है। दूरदर्शन ने देश के 49 नगरों में कार्यक्रम उत्पादन सुविधाएं स्थापित की हैं।

भारतीय राष्ट्रीय उपग्रह प्रणाली (Indian National Sattellite System) 'इनसेट' दूरदर्शन के क्षेत्र में एक क्रान्तिकारी कदम है। इससे दूरदर्शन के कार्यक्रम देशभर में प्रसारित किए जाते हैं। सन् 1983 में इनसेट 1-B के काम करने के साथ ही इनसेट प्रणाली की स्थापना हुई। इस समय इसरो निर्मित उपग्रह इनसेट 2-C, इनसेट 2-E व इनसेट-3B काम कर रहे हैं। इनसेट-2DT 'अरबसैट' से अक्टूबर, 1997 में लिया गया था। इनसेट-2-सी में इनसेट-2 ए व 2 बी की भांति संचार ट्रांसपोंडरों के अतिरिक्त व्यावसायिक संचार के लिए के. यू. बैंड़ ट्रांसपोंडर वृहद् परिधि वाले दो सी बैंड ट्रांसपोंडर जिनसे टेलीविजन कार्यक्रम भारतीय सीमाओं के बाहर दक्षिण-पूर्व एशिया व मध्य-पूर्व की जनता तक पहुँच सके तथा सचल उपग्रह सेवाओं के लिए ट्रांसपोंडर शामिल हैं।

दूरदर्शन के तेजी से विकास में इनसेट प्रणाली का सहयोग दिखाई देता है। दूरदर्शन के 1079 ट्रांसमीटर इनसेट से जुड़े हैं। इनसेट का दूरदर्शन तंत्र भारत की 85% से अधिक जनसंख्या तक अपने कार्यक्रम पहुँचाता है। इनसेट-2 सी ने भारतीय दूरदर्शन को सीमा पार दूर-दूर तक पहुँचाया है। दक्षिण-पूर्व एशिया और मध्य एशिया तक के दर्शकों को भी इनसेट की मदद से दूरदर्शन कार्यक्रम उपलब्ध हो रहे हैं। राष्ट्रीय नेटवर्क पर विश्वविद्यालय स्तरीय शैक्षणिक कार्यक्रम दूरदर्शन द्वारा इनसेट की मदद से ही शुरू हो पाए हैं। कई राज्यों द्वारा प्राथमिक स्तर की शिक्षा के कार्यक्रम भी दूरदर्शन द्वारा दिखाए जा रहे हैं। शिक्षा प्रशिक्षण विकास गतिविधियों के लिए इनसेट का एक चैनल खास तौर पर रखा गया है। मध्य प्रदेश के झाबुआ जिले में उपग्रह आधारित विकासात्मक संचार और प्रशिक्षण क्षमता दिखाने के लिए दो साल की पायलट परियोजना शुरू की गई है। इसे 1000 गाँवों व अन्य क्षेत्रों तक विस्तृत किया जा रहा है।

वर्ष 2004 में दूरदर्शन अपने प्रसारण में अभिनव आयाम लाने जा रहा है और इसकी शुरुआत डी. टी. एच. (D.T.H. Direct to Home) के माध्यम से हो रही है। इसमें उपभोक्ता मामूली शुल्क देकर अपने घर पर ही डिश एंटीना (Dish Antena) लगा कर दूरदर्शन के निर्धारित चैनेल्स एवं लगभग 30 फ्री टू एयर चैनल्स (Free to air Channels) देख सकेगा। अतिरिक्त व्यावसायिक चैनल्स के लिए उसे अपने पैकेज के अनुरूप राशि (Fees) देनी होगी। इस प्रसारण सुविधा निम्न प्रकार के लाभ मिलेंगे।

1. गुणवत्ता युक्त प्रसारण हेतु प्रसारण केंद्रों व रिले टावर्स की स्थापना की समस्या व बड़े खर्चे से बचा जा सकेगा।
2. सामुदायिक केंद्रों (Community Centres), स्कूलों-कॉलेजों (Schools & Colleges), पंचायत भवनों (Panchayat Estabilshments) में इन्हें निःशुल्क या नाममात्र के शुल्क पर लगाया जाएगा।
3. प्रसारणों की गुणवत्ता उच्च स्तरीय होगी। ध्वनि व दृश्य (Audio & Vedio) दोनों ही Digital (डिजिटल) होने के कारण उच्च गुणवत्ता की होंगी।

4. पहाड़ी क्षेत्रों, दूरदर्शन के क्षेत्रों, रेगिस्तानी इलाकों, जंगलों से घिरे क्षेत्रों में भी इसके माध्यम से प्रसारण देखे जा सकेंगे।
5. डिश को घर के अंदर आस-पास या सुविधाजनक जगह पर आसानी से लगाया जा सकता है।
6. उन्हें अपने केबल ऑपरेटर (Cable Operator) पर निर्भर नहीं रहना होगा।

3

टेलीविजन और टेलीविजन चैनल्स

प्रारम्भिक दौर में टेलीविजन की जो दशा थी वह आज काफी बदल गई है। इस परिवर्तन का श्रेय तकनीकी विकास को जाता है। टेलीविजन के निर्माण में संचार के कई माध्यमों का योगदान है। एक दृश्य-श्रव्य माध्यम होने के नाते इसमें जहां रेडियो तकनीक के जरिये आवाज़ का प्रयोग किया जाता है, वहीं रंगीन तस्वीरों को भी प्रसारित किया जाता है। गतिमान तस्वीरों को कैमरे में कैद कर लेना और फिर उसको अपने अनुसार संपादित करने की तकनीक भी टेलीविजन के निर्माण में काफी उपयोगी रही। एक प्रकार से यह कहा जा सकता है कि टेलीविजन ने मल्टीमीडिया का रूप धारण कर लिया है।

अनेक तकनीकों को समेटे होने के बाद भी यह जानने की उत्सुकता रहती है कि टेलीविजन की अपनी ऐसी क्या विशेषताएं हैं जिसके कारण इसे अन्य माध्यमों—रेडियो, सिनेमा और प्रिंट मीडिया से अलग माना जाता है।

इस संदर्भ में यह कहा जा सकता है कि टेलीविजन का दृश्य माध्यम होना उसे रेडियो से पृथक् कर देता है। इसमें आवाज के रूप में बोले गये शब्द और संगीत दृश्यों के सहयोगी का काम करते हैं। उनका अलग से कोई वजूद अक्सर नहीं होता। जैसे समाचारों में अगर किसी खबर के दृश्य नहीं हैं तो दर्शकों के लिए वो लगभग रेडियो पर समाचार सुनने जैसा ही होगा, लेकिन अगर दृश्य हमारे पास मौजूद हैं और नैरेशन नहीं है तो भी दर्शक उस कहानी को समझ पाने में समर्थ होंगे। शब्दों का महत्व दृश्यों को विशेष अर्थ देने में है। टेलीविजन की दृश्य तकनीकी इसकी सबसे बड़ी विशिष्टता है। इसी कारण टेलीविजन अन्य संचार

माध्यमों पर भारी पड़ता है। लोगों में यह धारणा आज भी प्रबल है कि सुनी सुनाई बातों की अपेक्षा आँखों देखी गई बातें ज्यादा वास्तविक होती हैं।

दृश्य माध्यम

टेलीविजन द्वारा प्रसारित कार्यक्रम सीधे मनुष्य की अंतर्चेतना पर प्रभाव डालता है। टेलीविजन का सबसे ज्यादा फायदा उस वक्त होता है जब समाचारों में घटना के दृश्यों से तो रूबरू करवाया जा सकता है परन्तु उस घटना के बारे में तथ्यात्मक एवं विस्तृत जानकारी उपलब्ध नहीं है। यह भी कहा जा सकता है शब्द और दृश्य मिलकर ही टेलीविजन की भाषा बनते हैं। टेलीविजन की भाषा लगभग व्याकरण के नियमों से ही मेल खाती है। जिस प्रकार शाब्दिक भाषा में तैंतीस अक्षर और तेरह व्यंजन हैं जिनको व्याकरण के नियम से जोड़कर हम अलग-अलग शब्द बनाते हैं और शब्दों से वाक्य बनते हैं जो एक खास अर्थ देते हैं। ठीक इसी प्रकार छोटे विजुअलों को एक विशेष क्रम में जोड़कर एक खास उद्देश्य दिया जा सकता है।

टेलीविजन कई दृष्टियों से उपयोगी है। इसका प्रयोग मात्र संगीत सुनने के लिए ही नहीं होता अपितु गानों से सम्बन्धित फिल्मांकन देखने के लिए भी किया जाता है। जब-जब हमारी आँखें रोचक दृश्यों में खो जाती हैं वहीं हमारे कान संगीत को उतनी तन्मयता और ध्यान से नहीं सुन पाते जितना कि म्यूजिक सिस्टम में। अधिकांश टेलीविजन सेट ऐसे होते हैं जिनके स्पीकर छोटे और साधारण ही होते हैं जिनका मुख्य उद्देश्य संगीत की बारीकियां सुनना नहीं होता। लेकिन आज टेलीविजन बनाने वाली कंपनियां टेलीविजन की आवाज को उत्कृष्ट बनाने हेतु ज्यादा सतर्क हैं।

सिनेमा की अपेक्षा टेलीविजन का पर्दा छोटा होता है इसलिए इसमें क्लोज अप शोट्स का भरपूर इस्तेमाल किया जाता है। इस कारण इसे 'क्लोज अप मीडियम' कहा जाता है। बोलते व्यक्तियों के क्लोज अप शोट्स यानी 'टॉकिंग हेड्स' की मदद से ही ढेर सारे धारावाहिक और समाचार कार्यक्रम बनाए जाते हैं। जबकि बड़ा पर्दा होने के कारण सिनेमा में लाँग शोट्स अधिक प्रयोग किये जा सकते हैं। टेलीविजन के छोटे पर्दे पर लाँग शोट्स में डिटेल खो जाती है। अगर आप उदाहरण के तौर पर संजय लीला भंसाली कृत फिल्म देवदास देखें तो आपको लगेगा कि इसमें पर्दे की भव्यता बहुत कम है।

दृश्य प्रधान होने के कारण टेलीविजन पर दिखाया जाने वाला कोई भी कार्यक्रम मनुष्य के मस्तिष्क को ही प्रभावित नहीं करता, अपितु इसकी दृश्य क्षमता मनुष्य के मस्तिष्क में ज्यादा समय तक रहती है। इसी शक्ति को पहचानते हुए समाचारपत्र भी आजकल अधिकाधिक विजुअल होते जा रहे हैं। बड़े-बड़े रंगीन फोटो आजकल पत्रों में सामान्य हो गये हैं। इसे पत्रों पर टेलीविजन का दबाव भी कहा जा सकता है। लेकिन विजुअल के इतने अधिक महत्व के बावजूद हम टेलीविजन में नैरेशन यानी वायस ऑवर को भी कम करके नहीं आंक सकते, क्योंकि शाब्दिक भाषा की तुलना में दृश्यों की भाषा उतनी सधी हुई नहीं होती। टेलीविजन पर दिखाया गया मात्र एक मूक दृश्य कई अर्थों को प्रकट करने में सक्षम होता है। दृश्यों के अर्थ बांधने के लिए भी नैरेशन का उपयोग किया जाता है। इसके अलावा टेलीविजन दृश्यों की अपनी सीमा भी है, जिन्हें पूरा करने के लिए शब्दों की आवश्यकता पड़ती है। जैसे केबिनेट की बैठक के दृश्य से बताते हैं कि कौन-कौन लोग उपस्थित हैं। लेकिन बैठक कहाँ, कब और क्यों हो रही है ये नहीं बताते। बैठक में लिए गए फैसलों को विस्तार से बताने के लिए भी नैरेशन का ही सहारा लेना पड़ता है, लेकिन इस सबके बावजूद विजुअल शब्दों पर भारी पड़ते हैं।

भावना प्रधान

टेलीविजन का भावना प्रधान होना इसकी सबसे बड़ी विशिष्टता होती है, क्योंकि कार्यक्रम से सम्बन्धित दृश्य मनुष्य की भावनाओं को प्रत्यक्ष तौर पर प्रकट करते हैं। वाचिक परंपरा के समय किस्सागो घटना का ब्यौरा गाँव-गाँव जाकर सुनाते थे और हर बार उसके विवरण में कुछ जोड़-घटा हो जाता था और फिर एक मुंह से दूसरे मुँह जाते-जाते कई बार तो तथ्यों के साथ अच्छा खासा खिलवाड़ भी हो जाता था। प्रिंट माध्यम आने के बाद मानकीकरण की संभावना बनी, अब समाचार एक ही रूप में हजारों लोगों के पास पहुँचने लगे। यही काम रेडियो से भी संभव हुआ। परन्तु इन माध्यमों की भी एक सीमा थी, तथ्यों को तो इनके द्वारा अच्छी तरह प्रसारित किया जा सकता था। लेकिन जहाँ एक भावनात्मक सुधार की बात है, उसमें कहीं ना कहीं कोई कमी अखरती थी। मुद्रित माध्यम में शब्द चित्रों की मदद ली जाती है तो रेडियो में स्वर में बदलाव और पृष्ठभूमि संगीत आदि की मदद ली जाती है।

रंगीन टी.वी. के प्रादुर्भाव से इसकी विजुअल्टी अत्यधिक बढ़ गई है जिसके कारण आजकल प्रिंट मीडिया एवम् रेडियो की भावनाओं की संप्रेषण क्षमता पतन के मार्ग पर अग्रसर भूकंप के बाद बांटे जाने वाले खाने के दौरान लोगों का भोजन पर बुरी तरह टूट पड़ना अगर टेलीविजन पर दिखा दिया जाए तो सारे शब्द धरे के धरे रह जाते हैं या फिर युद्ध के दौरान बिलखती मां और बच्चे के क्लोजअप देखकर दर्शक उद्वेलित हो जाते हैं। उदाहरणतया अमेरिका के विश्व व्यापार केन्द्र पर हमला तथा भारत-कारगिल युद्ध तथा सुनामी तूफान से तबाही को देखा जाए तो टेलीविजन की विशेषता स्वयं उजागर हो जाती है। धुआँधार लाइव कवरेज के कारण ही पूरे देश ने मानसिक तौर पर कारगिल युद्ध लड़ा और खूब आर्थिक मदद दी। भूकंप के बाद की भयावह स्थिति को आँखों से देख दर्शकों ने बड़ी मात्रा में सहयोग दिया।

वास्तविकता का माध्यम

टेलीविजन को यदि वास्तविकता का माध्यम कहा जाए तो कोई अतिश्योक्ति नहीं होगी क्योंकि शब्दों की संचार प्रक्रिया की तुलना में दृश्यों की संचार प्रक्रिया मनुष्य के मस्तिष्क को ज्यादा प्रभावित करने में सक्षम है। जब हम सेब शब्द समाचारपत्र में पढ़ते हैं तो हमारे मन में सेब के फल का ख्याल तुरंत ही आ जाता है। यहाँ सेब शब्द और वास्तविक फल में कोई तार्किक सम्बन्ध नहीं है। लेकिन संचार की सुविधा के लिए सभ्यता के विकास के दौरान मनुष्य ने वस्तुओं को अलग-अलग पहचान देने के लिए उन्हें अलग-अलग ध्वनि और लिखित संकेत दे दिये हैं किन्तु यहाँ एक बात गौर करने लायक है कि सुने और पढ़े हुए सेब शब्द से हमारे मानस पटल पर सेब की वही आकृति आती है जिसे हमने इससे पहले कभी देखा होगा; अन्यथा उसके लिए कल्पना करना काफी मुश्किल होगा। अर्थात् विचार प्रक्रिया में जो भी समस्या आती है वह सिग्नीफाइड एवम् सिग्नी फाइल के कारण होती है। शाब्दिक भाषा की एक मुश्किल यह है कि इसको समझने के लिए उस भाषा की एक न्यूनतम समझ होना आवश्यक है, जबकि दृश्यों की भाषा सार्वभौमिक है इसमें किसी प्रकार के प्रशिक्षण की आवश्यकता नहीं होती। दृश्य संचार से यह प्रक्रिया अलग है क्योंकि वास्तविक चीज या तो छपी हुई दिखा दी जाती है या फिर उसका मूविंग विजुअल

टेलीविजन पर दिखा दिया जाता है। टेलीविजन की इस विशेषता के कारण हम इसे वास्तविकता के करीब मीडियम मानते हैं। यानी इसमें सिग्नीफायर वास्तविक सिग्नीफाइड के पूरी तरह ना भी करें तो काफी करीब होता है। बहरहाल टेलीविजन वास्तविकता को देखाने का दावा तो नहीं कर सकता, लेकिन सिनेमा के अतिरिक्त अन्य माध्यमों की तुलना में वास्तविकता को दिखाने का सशक्त माध्यम टेलीविजन ही है।

टेलीविजन में हम कैमरे को आँख से देखते हैं। ये देखना अपनी आँखों से देखने से अनेक अर्थों में भिन्न है। आँखों की तुलना में कैमरे के पास कई सुविधाएं हैं तो वहीं कुछ सीमाएँ भी हैं। जिस गति से हम आंखों से ऊपर नीचे, दायें-बायें देख पाते हैं या फिर अंधेरे उजाले भी देख पाते हैं। उतने मुक्त रूप में कैमरा घटनाओं को रिकॉर्ड नहीं कर पाता। कैमरे को धीरे-धीरे पैन और टिल्ट शोट्स बनाने पड़ते हैं। वहीं, चीजों पर जूम करके क्लोज अप में देखने की कैमरे की विशेषता हमारी आँख में नहीं होती। विभिन्न प्रकार के रिकॉर्डिड विजुअल को एक खास क्रम में हम टेलीविजन पर देखते हैं और उस क्रम को रखने का भी अपना एक विशेष व्याकरण है। इसलिए टेलीविजन - यथार्थ का अपना एक मिथक गढ़ता है, जो वास्तविक दुनिया से अलग होता है। टेलीविजन के विभिन्न चैनलों पर समाचार के लाइव प्रसारण ने यह सिद्ध कर दिया है कि मात्र टेलीविजन ही वास्तविकता को दिखाने में ज्यादा सक्षम है।

क्लोज अप माध्यम

टेलीविजन द्वारा विजुअल के माध्यम से ली गयी संचार की सारी तकनीक सिनेमा की देन है। लेकिन समयांतर में टेलीविजन ने इस कला में अपना योगदान भी किया और इसे अधिक समृद्ध बनाया। छोटे स्क्रीन की अपनी कमजोरी को छुपाने के लिए टेलीविजन ने अपने विजुअल का साइज बड़ा कर दिया और क्लोज अप शोट्स की संख्या बढ़ा दी। वहीं सिनेमा की तुलना में टेलीविजन ने बोलते हुए शब्दों का अधिक प्रयोग करना उचित समझा। इसके अतिरिक्त सिनेमाई एडिटिंग के नियमों को थोड़ा ढीला करते हुए उन्हें ज्यादा आसान बनाया। टेलीविजन में क्लोज अप शोट्स की बहुलता के कारण कई बार इसे क्लोज अप मीडियम भी कहा जाता है।

सभी प्रकार के शोट्स का अपना एक अलग महत्त्व है। इसी प्रकार क्लोज अप शोट्स भी हम तभी दिखाते हैं जब हम किसी बात पर अधिक बल देना चाहते हैं या फिर दर्शक का ध्यान वस्तु-विशेष की ओर आकर्षित करना चाहते हैं। क्लोजअप शोट्स टेलीविजन की जरूरत है। अत्यधिक क्लोज अप शोट्स के कारण टेलीविजन अनेक बार घटनाओं को व्यापक परिप्रेक्ष्य में न दिखा कर सच्चाई का एक पहलू ही दिखा पाता है या कई बार क्लोज अप में चीजों को दिखाकर उन्हें जरूरत से ज्यादा बड़ा करके दिखाता है। इसका सबसे बुरा प्रभाव समाचारों पर पड़ता है। जैसे झगड़े की रिपोर्टिंग में अगर एक व्यक्ति की छोटी सी चोट से निकलते खून का क्लोज अप बार-बार या अधिक समय तक दिखाया जाए तो दर्शकों के मन में एक छाप यह पड़ती है कि बड़े पैमाने पर खून-खराबा हुआ है। ऐसे ही समाज में बुरी घटनाओं के क्लोजअप अधिक दिखाने से ये भाव उभरता है कि सारा समाज खराब हो गया है जबकि यह पूर्ण सच नहीं है।

टेलीविजन से होने वाली हानियाँ

वर्तमान समय में अत्याधुनिक तकनीकों के विकास के कारण टेलीविजन की सीमाएँ भी प्रत्यक्ष हो रही हैं। विजुअल टेलीविजन की सबसे बड़ी ताकत होने के साथ-साथ इसकी सबसे बड़ी कमजोरी भी है, क्योंकि अनेक ऐसी घटनाएं हैं जिनको हम दृश्यों की मदद से नहीं दिखा सकते जैसे अगर किसी संगठन ने शहर में लड़कियों के पैंट पहनने पर रोक लगाने की घोषणा कर दी है तो इसके घटना के दृश्य उस संगठन के नेता के केवल बयान ही हो सकते हैं। सामान्यतः यह देखा जाता है कि बाजारों में कामचलाऊ अथवा घटिया स्तर की विजुअल बिक रही है। इसके कारण आम दर्शकगण समाचारों को ठीक प्रकार से नहीं देख पाते हैं। भारत में यह बात इसलिए भी महत्वपूर्ण है, क्योंकि यहाँ अभी चैनलों के पास सीमित कैमरा टीम ही हैं और हर तरह के विजुअल इकट्ठा कर पाना काफी महंगा होने के साथ-साथ मुश्किल भी है। यही वजह है कि दूरदराज की घटनाओं या ग्रामीण अंचलों के विजुअल टेलीविजन समाचारों में कम ही दिखाई देते हैं और टेलीविजन पर घूम-फिरकर चंद बड़े शहरों की खबरें छायी रहती हैं। इस कारण हमें आकस्मिक घटनाओं के विजुअल भी नहीं मिल पाते

और ज्यादातर विजुअल घटना घट जाने के बाद के ही होते हैं। इसका एक कारण यह भी है कि भारत में विदेशों की तरह शौकिया कैमरा रखने वालों की संख्या भी ना के बराबर है।

वर्तमान समय में टेलीविजन में नई-नई रोचक फुटेज की मांग बढ़ती जा रही है और टेलीविजन पर जाने-अनजाने जिस समाचार में सनसनीखेज और रोचक विजुअल होते हैं उसे अधिक महत्व दिया जा रहा है और विजुअल के मामले में कमजोर घटना महत्त्वपूर्ण होते हुए भी कम समय शामिल की जाती है। परिणामस्वरूप फिल्म और फैशन जैसे मुद्दे टेलीविजन पर छाये रहते हैं। इस संदर्भ में भारतीय विमान के कंधार अपहरण कांड का उदाहरण गौर करने लायक है। इससे सम्बन्धित घटनाएं विजुअल पर उपलब्ध नहीं थीं बल्कि यह महत्त्वपूर्ण घटना थी। ऐसे में टेलीविजन चैनल खासकर उस समय मुश्किल में पड़ गये जब उन्होंने सारी खबर रोककर केवल कंधार मामले को दिखाना शुरू कर दिया। इस घटना के जो दो-तीन मिनट के जो विजुअल थे वो एक विदेशी कैमरापर्सन ने कंधार एयरपोर्ट पर लिये थे। ये भारतीय विमान और उससे उतरते एक आतंकवादी के शोट्स थे। मात्र इन्हीं दो-तीन दृश्यों को कितनी बार दोहराया जाता। इसके बदले ज्यादातर चैनलों ने मेहमानों को स्टूडियो में बुलाकर इस मुद्दे पर चर्चा शुरू कर दी, जबकि दर्शक घटना देखना चाहते थे। इसके अतिरिक्त अपहृत विमान यात्रियों के रिश्तेदारों द्वारा किए गए प्रदर्शनों को भी अत्यधिक फुटेज दिया गया। जिस वजह से सरकार भी दबाव में आ गयी और यात्रियों को छुड़ाने के लिए खूंखार आतंकवादियों को छोड़ दिया गया। इस घटना की टेलीविजन कवरेज की बाद में काफी आलोचना की गयी।

इसी तरह उल्काओं के पृथ्वी के पास से गुजरने का दृश्य का लाइव प्रसारण का निर्णय किया गया तो चैनल दर्शकों को आधा घंटे भी नहीं बांध सके, क्योंकि अंधेरे आसमान के लाइव प्रसारण को दर्शक कितना झेल पाते। बाद में टेलीविजन पत्रकारों को अपनी गलती का अहसास हुआ कि इस प्रकार की घटना का प्रसारण लाइव करने का कोई खास औचित्य नहीं है। पाकिस्तानी राष्ट्रपति परवेज मुशर्रफ की भारत यात्रा के दौरान भी इसी प्रकार की घटना घटी। लाइव प्रसारणों के दौरान जब विजुअल की कमी पड़नी शुरू हुई तो एंकरों और विशेषज्ञों ने उन दोनों नेताओं के चेहरे पर किस प्रकार की भाव भंगिमा दिखायी दे रही है, उसका विश्लेषण करना प्रारम्भ कर दिया।

प्रबंधन की प्रक्रिया

जिस प्रकार से अन्य क्षेत्रों में प्रबंधन के मूल सिद्धांतों को अपनाया जाता है ठीक उसी प्रकार दूरदर्शन के क्षेत्र में भी प्रबंधन के मूल सिद्धांतों का महत्त्व है। भारत में दूरदर्शन का प्रसार दो विधियों से हो रहा है–

(i) निजी तौर पर (By the Private Sector).

(ii) सरकारी तौर पर (By the Government Sector).

निजी तौर पर स्थापित चैनल्स के संस्थानों में प्रबंधन प्रक्रिया को निम्नलिखित खंडों में बाँटा जा सकता है :

(1) जनसंपर्क विभाग,

(2) कार्यालय,

(3) प्रबंधन अनुभाग,

(4) विज्ञापन अनुभाग,

(5) प्रसारण अनुभाग,

(6) स्टूडियो,

(7) प्रोडक्शन अनुभाग।

(1) कार्यालय

इस अनुभाग में नौकरी, लेखा, भुगतान, सेवा शर्तें, प्रक्रियाएँ, कागजी कार्यवाही, अभिलेख (Records) संबंधित कार्यों का संचालन होता है। समस्त लेन-देन, चैक, रजिस्टरों का संधारण आदि भी कार्यालय माध्यम से ही होता है।

(2) जनसंपर्क विभाग

जनसंपर्क विभाग के द्वारा किसी भी संस्थान, जहाँ एक ओर अपने से संबंधित सभी दूसरे विभागों से संपर्क बनाए रखता है वहीं दूसरी ओर वह अपने कार्यक्रमों, योजनाओं, कृतियों आदि की जानकारी जन-सामान्य एवं मीडिया को प्रस्तुत करता है।

भारत सरकार के अनेक विभागों में कार्यक्रम निर्माताओं, लेखकों, अभिनयकर्ताओं, तकनीशियनों, विषय-विशेषज्ञों आदि से भी यही अनुमान

अपनी रीति-नीति के क्रम में सम्पर्क साधता है। संस्थान की जनसामान्य में छवि कार्यक्रमों व प्रसारणों की सूचना, जनसामान्य को योजनाओं की जानकारी, विशिष्टताएँ, प्रतियोगिताएँ, परिणाम आदि का समन्वय भी यहाँ से ही होता है। सामान्यतः एक कुशल जनसम्पर्क अधिकारी समस्त कार्यों का संचालन वैज्ञानिक रीति-नीति व संस्थान की अभिकल्पना के अनुरूप करता है। उसकी सहायता के लिए सहायता-जनसम्पर्क अधिकारी, मीडिया विशेषज्ञ प्रवक्ता आदि भी होते हैं।

जनसम्पर्क किसी भी संस्थान की समाज में कैसी छवि है, निर्धारण करता है। यह जन-सम्पर्क विभाग ही है जो संस्थान की उपलब्धियों को सकारात्मक रूप में प्रस्तुत करने और नकारात्मक को कम से कम करने हेतु सार्थक प्रयासों में लगा रहता है।

(3) विज्ञापन अनुभाग

इस प्रभाग में कार्यक्रम के मध्य प्रसारित होने वाले विज्ञापनों हेतु संबंधित सभी व्यवस्थाएँ संचालित होती हैं। विज्ञापनों की आमद, उनका प्रसारण, भुगतान, प्राप्ति समय, अवधि, आवृत्ति जैसे समस्याओं का निदान किया जाता है।

(4) प्रबंधन अनुभाग

इस अनुभाग में संबंधित चैनल की समस्त प्रशासनिक व्यवस्थाएँ संचालित होती हैं। मालिक व कर्मचारी के मध्य समस्त तालमेल, क्रियान्वयन यहीं से किए जाते हैं। सभी प्राशसनिक निर्णय, नीतिगत पहलू, प्रक्रियाएँ भी इसी विभाग की देन हैं। सभी संबंधित विभागों के आपसी समन्वय, कहाँ क्या करना है? किससे वह कार्य करवाना है? उस कार्य की क्या प्राथमिकताएँ (Priorities) होंगी? जैसे प्रश्नों का हल इस विभाग के निर्णय हैं। इसके बाद किए गए कार्यों की क्वालिटी की जाँच-परख एवं सम्बन्धित नीतिगत निर्णय भी यहीं सम्पन्न किये जाते हैं।

(5) प्रोडक्शन अनुभाग

प्रोडक्शन अनुभाग दूरदर्शन के सभी कार्यों के निर्माण के लिए मुख्य रूप से जिम्मेदार होती है। विविध कार्यक्रम, उनकी समीक्षा, प्रस्तुति व परिप्रेक्ष्य के

प्रश्न इसी विभाग के माध्यम से हल किए जाते हैं। वस्तुतः देखा जाए तो किसी भी चैनल का यह विभाग ही कार्यक्रम (Programme) की प्रस्तुति एवं परिकल्पना (Visualization & Presentation) के लिए मूलतः आधार होता है।

(6) प्रसारण अनुभाग

इस अनुभाग में निर्मित कार्यक्रम हेतु प्रसारण की व्यवस्था के लिए आवश्यक तकनीकी संसाधन और मशीनरी उपलब्ध रहती है। वर्तमान में अधिकांश निजी चैनल्स अपने प्रसारणों में डिजिटल तकनीक (Digital Technique) का इस्तेमाल करते हैं। इससे दृश्य एवं ध्वनि में गुणात्मक परिवर्तन दिखाई देता है।

(7) स्टूडियो

सभी प्रकार के टेलीविजन संस्थानों में यह विभाग कार्यक्रम के निर्माण से सम्बन्धित सभी तकनीकियों की व्यवस्था करता है। कार्यक्रम निर्माण से सम्बन्धित दो प्रकार की आंतरिक एवं बाह्य शूटिंग प्रणाली होती है।

स्टूडियो में आंतरिक शूटिंग हेतु कैमरा, रिकार्डिंग उपकरण, ध्वनि एवं प्रकाश, शूटिंग फ्लोर, एडिटिंग टेबल जैसी सभी आवश्यक व्यवस्थाएँ यहाँ उपलब्ध होती हैं। किसी भी कार्यक्रम की शूटिंग (फिल्मांकन) व उसे सटीक कार्यक्रम का रूप देने के लिए संपादन की व्यवस्था यहाँ उपलब्ध होती है।

संगठनात्मक स्वरूप

टेलीविजन के संगठनात्मक स्वरूप को वृहद् रूप में निम्न प्रकार स्पष्ट किया गया है—

चेयरमैन—प्रत्येक प्राइवेट कम्पनी में सबसे उच्च पद पर जो व्यक्ति आसीन होता है, उसे चेयरमैन कहते हैं। चेयरमैन वह वरिष्ठ व्यक्ति होता है, जिसका कार्य केवल पूरे संस्थान पर नजर रखकर महत्त्वपूर्ण निर्णय लेना होता है। वह सिर्फ आदेश देता है। यह निर्भर करता है कि संस्थान या कम्पनी कितनी बड़ी है। आमतौर पर छोटी आकार वाली कम्पनियों में सम्पादक/प्रकाशक/चेयरमैन एक ही व्यक्ति होता है, किन्तु एक बहुत बड़ी कम्पनी चलाने के लिए एक व्यक्ति ठीक प्रकार से कभी पूरे कार्य नहीं कर सकता है। प्रायः जिन कम्पनियों के एक

से अधिक मालिक होते हैं, उनमें चेयरमैन बनाया जाता है। उदाहरणतया जिस व्यक्ति के पास उस कंपनी के सबसे ज्यादा शेयर होंगे, वह उस कम्पनी का चेयरमैन होगा। यह नियम प्राईवेट लिमिटेड कम्पनी का है।

सी.ई.ओ.—सी.ई.ओ. चेयरमैन का निचला पद है। इस पद पर कार्य करने वाले व्यक्ति विभिन्न विभागों से संबंधित नीतियां बनाना तथा महत्त्वपूर्ण निर्णय लेना होता है। यह चेयरमैन को वह सभी जानकारियां उपलब्ध करवाता है, जिसकी वह मांग करता है। यदि किसी कारणवश कम्पनी में पुराना चेयरमैन नहीं है और नये की नियुक्ति नहीं हुई है तो ऐसी स्थिति में वह चेयरमैन की जिम्मेदारी भी सम्भालता है।

मैनेजिंग डायरेक्टर—प्रत्येक संस्थान में मैनेजिंग डायरेक्टर का पद बहुत ही महत्त्व का होता है। प्रशासन में सभी नियम-नीतियां लागू करना, समय-समय में उनमें परिवर्तन करना मैनेजिंग डायरेक्टर का ही काम होता है। वह कम्पनी के लाभ-हानि को ध्यान में रखकर कम्पनी के हित में कार्य करता है। कम्पनी के कार्यरत अन्य सभी सहयोगियों की रिपोर्ट भी मैनेजिंग डायरेक्टर के पास आती है। M.D. or C.E.O. में आपसी तालमेल रहता है। चेयरमैन आपसी परामर्श के माध्यम से विभिन्न नीतियों एवम् नियमों पर कार्य करते हैं।

प्रेजीडेन्ट—कम्पनी में कौन-कौन से लोग कार्य कर रहे हैं, उनकी प्रतिक्रिया कैसी है, किन-किन लोगों की नई नियुक्तियां की जानी हैं, वेतनमान के संदर्भ में सभी जानकारियाँ तथा लेखा-जोखा रखना प्रेजीडेन्ट का कार्य होता है। आमतौर पर ये सभी लोग पर्दे के पीछे के लोग होते हैं, जिनका कार्य प्रशासनिक कार्य देखना होता है। फिर भी कई बार परिचर्चाओं में इनकी सहभागिता होती है।

सीनियर वाइस प्रेजीडेंट—प्रेजीडेंट को उसके दिन-प्रतिदिन के कार्यों में सहयोग करने के लिए सीनियर वाइस प्रेजीडेंट होते हैं। सीनियर वाइस प्रेजीडेंट के अधीन वाइस प्रेजीडेंट होते हैं, जो अपने-अपने क्षेत्र का कार्य संभालते हैं।

प्रथमतः वाइस प्रेजीडेंट कार्यक्रमों से प्रत्यक्ष रूप से जुड़ा होता है। अब कार्यक्रम भी दो प्रकार के होते हैं—एक तो न्यूज बुलेटिन और दूसरा मनोरंजनात्मक

कार्यक्रम, इसके वाइस प्रेजीडेन्ट एक ही होते हैं और इनके अधीन निम्न व्यक्ति कार्य करते हैं–

समाचार निदेशक–समाचार निदेशक का कार्य बहुत ही जिम्मेदारी भरा होता है। समाचार निदेशक को निश्चित अवधि पर समाचारों का प्रसारण करना होता है। समाचार निदेशक का कार्य समाचार से संबंधित सारी जानकारी रखना होता है कि उसके चैनल पर कैसे समाचार जा रहे हैं और अन्य चैनल उसके चैनल से किस प्रकार बेहतर हैं। वह अपने सहयोगियों को समय-समय पर आवश्यक सुझाव देता रहता है। समाचार निदेशक के कमरे में विभिन्न टी.वी. रखे होते हैं, जिसमें विभिन्न चैनल के समाचार चल रहे होते हैं। यदि उसके चैनल में कोई न्यूज आने में छूट जाती है तो न्यूज डायरेक्टर को अन्य वरिष्ठ अधिकारियों के समक्ष जवाबदेही देनी होती है।

समाचार सम्पादक–समाचार निदेशक का कार्य समाचारों का चयन व उनकी महत्ता के अनुसार कवरिंग करना होता है। किसी भी प्राइवेट चैनल में नित्य प्रति 10:00 बजे बैठक होती है। इस बैठक में समाचार सम्पादक विभिन्न रिपोर्टर को उनके क्षेत्र विशेष के हिसाब से कार्य वितरित करता है। अगर कोई रिपोर्टर अपनी कोई एक्सक्लूसिव स्टोरी भी करना चाहता है तो भी उसे समाचार सम्पादक के समक्ष सुझाव रखकर उससे स्वीकृति प्राप्त करनी होती है। यदि वह चाहे तो पत्रकार को स्टोरी के कोण को बदलने का आदेश भी दे सकता है।

उप-सम्पादक–रिपोर्टरों की भांति उप-संपादक घटनास्थल पर नहीं जाते, अपितु इनकी महत्ता कार्यालय के अंदर अत्यधिक होती है। पी.टी.आई., यू.एन.आई., भाषा, वार्ता से अंग्रेजी में आने वाली खबरों को तैयार करने का कार्य इन्हीं लोगों का होता है। अनेक बार रिपोर्टर की अनुपस्थिति में स्टोरी आ जाने पर इन्हें घटनास्थल पर भी भेज दिया जाता है। इसके अतिरिक्त यदि कोई उप-सम्पादक एक्सक्लूसिव स्टोरी करना चाहे तो समाचार सम्पादक की स्वीकृति प्राप्त करनी पड़ती है। तत्पश्चात् वह रिपोर्टिंग पर जा सकता है।

समाचार सहसंयोजक–समाचार सहसंयोजक को किसी भी न्यूज रूम का इंचार्ज कहा जा सकता है। जब कोई भी रिपोर्टर कवर करने जाता है तो उस समय न्यूज कोर्डिनेटर के समक्ष उसके जाने व आने का समय और कौन

सी स्टोरी वह कवर करने जा रहा है; उससे सम्बन्धित विवरण को लिखना पड़ता है। इसके अतिरिक्त समाचार सह-संयोजक ही बाहर के रिपोर्टर के आए समाचार का पूरा ध्यान रखता है तथा कार्यालय में आए फैक्स, प्रैस रिलीज, महत्त्वपूर्ण निमन्त्रण सभी की जानकारी समाचार सम्पादक को देता है। न्यूज सम्पादक व कोर्डिनेटर हमेशा एक-दूसरे के सम्पर्क में रहते हैं।

ब्यूरो—ब्यूरो में अति बरिष्ठ एवम् उच्च ज्ञान-योग्यता वाले व्यक्तियों को सम्मिलित किया जाता है। उनका मुख्य कार्य अपने पत्रकारों को स्टोरी के संदर्भ में सभी प्रकार की जानकारी व सुझाव देना होता है। आमतौर पर किसी भी प्राइवेट चैनल में ब्यूरो के व्यक्ति विशेष विचार-विमर्श, परिचर्चा, साक्षात्कार आदि कार्यक्रमों में पर्दे के सामने के व्यक्ति होते हैं।

रिपोर्टर—यह किसी संस्थान में समाचार आधारित कार्यक्रम की महत्त्वपूर्ण कड़ी होता है। पत्रकारों को घटनास्थल पर जाकर रिपोर्टिंग करना एवम् स्टोरी को प्रसारित करना होता है। पत्रकारों की भी कई श्रेणियां होती हैं जो अपने-अपने स्तर के अनुसार कार्य करते हैं।

अनुवादक—जिन व्यक्तियों का कार्य सिर्फ अनुवाद करना होता है, वह हमारे अनुवादक कहलाते हैं।

अनुसंधानकर्ता—अनेक संदर्भों से जुड़ी जानकारियों को एकत्र करने का कार्य अनुसंधानकर्ता अथवा रिसर्चर का होता है। प्रत्यक्ष रूप से यह रिपोर्टर को उसकी स्टोरी बनाने में सहायता प्रदान करते हैं। कई बार स्टोरी में पृष्ठभूमि और संदर्भ संकेत देने की आवश्यकता होती है, रिसर्चर उससे संबंधित विभिन्न तथ्यों एवं आंकड़ों को तथा अन्य महत्त्वपूर्ण सामग्री को एकत्रित करते हैं।

समाचार वाचक—समाचार वाचक पर्दे के पीछे भिन्न-भिन्न व्यक्तियों के सहयोग से तैयार की गई रिपोर्ट का वाचन करता है। समाचार वाचक यदि प्रभावशाली नहीं होगा तो रिपोर्टर की सारी मेहनत पर पानी फिर जाता है। इसलिए वाचक को हमेशा स्फूर्तिभरा, तन्दुरुस्त तथा ताजा-तरीन दिखना चाहिए। साथ ही साथ उसे विभिन्न विषयों की जानकारी भी होनी चाहिए।

एंकर—जब कभी भी परिचर्चाएं होनी होती हैं, तो एंकर की आवश्यकता पड़ती है। इसमें किसी एक मुद्दे को लेकर, उससे संबंधित विशेषज्ञों को बुलाकर विषय पर बातचीत की जाती है तथा उनके विचार जाने जाते हैं। इन एंकर के

लिए बहुत जरूरी होता है कि वे विषय को पहले भली-भांति समझ लें, उसकी पृष्ठभूमि को जान लें, तत्पश्चात् ही वाद-विवाद में बैठें।

यह तो मात्र समाचार चैनलों से सम्बन्धित वर्तमान निजी चैनलों का ढाँचा है। प्राइवेट चैनल में मनोरंजनात्मक कार्यों को बनाने वाले दल में सबसे ऊपर हमारा Vice President होता है, फिर Vice President के अधीन निम्न सहयोगी कार्य करते हैं–

प्रस्तुतकर्ता–किसी भी कार्यक्रम को कौन प्रस्तुत कर रहा है स्टोरी का उद्देश्य क्या है, किस आधार पर प्रसारित किया जाएगा यह सब कार्य प्रस्तुतकर्ता के होते हैं।

असिस्टेन्ट निर्देशक–निर्देशक को उसके सभी कार्यों में सहयोग के लिए असिस्टेंट निर्देशक होता है। असिस्टेंट निर्देशक, निर्देशक के आदेशानुसार कार्य करता है।

स्क्रिप्ट संपादक–प्रस्तुतकर्ता तथा निर्देशक को कार्यक्रम का उद्देश्य व प्रस्तुतीकरण निर्धारित कर लेने के पश्चात् स्क्रिप्ट सम्पादक को सारी परिस्थिति की जानकारी देते हैं, ताकि वे स्क्रिप्ट राइटर से पूरा आलेख या संवाद लिखवा सकें। स्क्रिप्ट सम्पादक, स्क्रिप्ट लेखक से यह कार्य करवाता है।

एक्जीक्यूटिव प्रोड्यूसर–प्रस्तुतकर्ता को उसके कार्यों में मदद करने के लिए Executive Producer होता है। वह स्टोरी या थीम से संबंधित विभिन्न सुझाव भी देता है।

निर्देशक–निर्देशक की निगरानी में समस्त कार्यों का आयोजन किया जाता है। कितना व्यय किया जाना है, इन सबकी निगरानी निर्देशक को करनी होती है।

कला निर्देशक–कला निर्देशक उन सब चीजों की जानकारी देता है, जिससे कार्यक्रम को बेहतर बनाने में सुविधा होती है या फिर संवाद में कैसी परिस्थिति रहेगी, किन-किन तत्वों का समावेश किया जाएगा, यह सब कला निर्देशक देखता है।

फ्लोर मैनेजर–फ्लोर मैनेजर को कला निर्देशक के निर्देशानुसार कार्य करना पड़ता है। यदि शूटिंग स्टूडियो के अन्दर होती है तो स्टूडियो सेट अप तैयार करना फ्लोर मैनेजर का कार्य होता है। सभी चीजों को ठीक तरह से व्यवस्थित कर लेने के बाद फ्लोर मैनेजर कला निर्देशक ही दिखाता है।

कस्ट्यूम डिजाइनर—कौन-कौन से कलाकार कैसे-कैसे कपड़े पहनेंगे, यह सब कस्ट्यूम डिजाइनर देखता है।

म्यूजिक कम्पोजिशन—किस स्थिति में कितना और कैसा संगीत दिया जाएगा, वह सब म्यूजिक कम्पोजिशन का कार्य होता है।

प्रोडक्शन मैनेजर—शूटिंग के दौरान सभी कैमरा मैनों को निर्देश देना, साउंड व लाइट मैन को जानकारी देना, निर्देश देने का कार्य प्रोडक्शन मैनेजर का होता है।

मेकअप मैन—चुने हुए कलाकारों की परिस्थिति के अनुसार मेकअप करना, मेकअप मैन का कार्य होता है।

असिस्टेन्ट प्रोडक्शन मैनेजर—प्रोडक्शन मैनेजर को उसके कार्यों में सहायता प्रदान करने हेतु असिस्टेंट प्रोडक्शन मैनेजर होता है।

यह तो हमारे निजी चैनल में समाचार आधारित तथा मनोरंजनात्मक कार्यक्रम से जुड़े हुए लोगों की विस्तृत जानकारी थी। आज निजी संस्थानों में अन्य लोग भी इन कार्यक्रमों की पूर्ति हेतु जुड़े होते हैं, जिनकी विस्तृत विवेचना निम्नलिखित है—

इसमें भी अब हम पहले तकनीकी भाग को देखेंगे। तकनीकी भाग में पहले एक Vice President होता है।

मुख्य इंजीनियर—मुख्य इंजीनियर को संस्थान से सम्बन्धित तकनीकी जानकारी रखनी होती है। जैसे कितने कम्प्यूटर चाहिएं, कौनसे कम्प्यूटर में कैसा-कैसा प्रोग्राम चाहिए, कितने Editing Equipment चाहिएं, रिकार्डर, मिक्सर, माइक्रोफोन, कैमरा लाइट आदि सभी की देखरेख चीफ इंजीनियर के अधीन होती है। यह Vice President से निरन्तर इन तकनीकों की प्रगति व नई-नई तकनीक लाने पर विचार करता रहता है।

कैमरा मैन—कैमरा मैन की भी विभिन्न कोटियां होती हैं। कुछ P.I.B. कैमरा मैन होते हैं, कुछ साधारण कैमरा मैन होते हैं, जो किसी भी प्रकार की शूटिंग का कार्य करते हैं। कैमरा मैन को बहुत ही प्रभावशाली होनी चाहिए क्योंकि उसकी जरा सी लापरवाही के कारण पूरी रिकॉर्डिंग खराब हो सकती है।

उप-कैमरामैन—कैमरा मैन को उसके कार्यों में सहयोग करने के लिए उप-कैमरा मैन होता है।

वीडियो इंजीनियर—Video Engineers के अन्तर्गत दो श्रेणियां आती हैं। एक तो कैमरा मैन और दूसरा Vision Controller/Mixer/Switchers.

अटेंडेंट—जब कैमरामैन शूटिंग करता है तो उसे एक अटेंडेंट की जरूरत पड़ती है—

- Sound Recordist
- Light Engineer
- Light boys.

इसी के तहत हमारी दूसरी श्रेणी Vision Mixer/Switcher or Controller की आती है। जब कार्यक्रम का पोस्ट प्रोडक्शन (पूर्वोत्तर निर्माण के सोपान) का कार्य प्रारम्भ किया जाता है तो इन सब व्यक्तियों की आवश्यकता होती है। ये प्रस्तुतकर्ता और निर्देशक के निर्देशानुसार शूट किए गए भाग को किस प्रकार कार्यक्रम का स्वरूप देना है और कौन-कौन से शॉट लेने हैं, किस शॉट के बाद कौनसा शॉट लगाना है, यह सब कार्य हमारे Vision/Controller/mixer/switcher करते हैं।

स्पेशल इफेक्ट—किसी भी कार्यक्रम में स्पेशल इफेक्ट की प्रभावशाली भूमिका होती है। ये विशेषज्ञ भी हो सकते हैं तथा प्रस्तुतकर्ता या निर्देशक भी निर्देश दे सकते हैं ताकि किस प्रकार विशेष प्रभाव उत्पन्न किया जा सके। सामान्यतः सिलहुट लाइट के द्वारा स्पेशल इफेक्ट डाला जाता है। इसके अतिरिक्त कैमरे की मदद से भी स्पेशल इफेक्ट डाले जाते हैं।

ग्राफिक्स डिजाइनर तथा आर्टिस्ट—पर्दे पर लेखन से जुड़े सभी कार्य ग्राफिक्स विभाग के माध्यम से किए जाते हैं। सामान्यतः समाचार और कार्यक्रम का ग्राफिक्स विभाग एक ही होता है। समाचारों के बीच में जब विभिन्न व्यक्तियों के वक्तव्य होते हैं, उनका परिचय तथा कार्यक्रम से जुड़े लोगों का परिचय कराना सब ग्राफिक्स विभाग का काम होता है। वर्तमान में जो कम्प्यूटर एनिमेशन किया जाता है, यह सब भी ग्राफिक्स डिजाइनर तथा आर्टिस्ट का काम होता है।

इसके बाद हमारे तीसरे प्रकार के Vice President में Marketing Department आता है। सामान्यतः किसी भी संस्थान में यह बहुत ही महत्वपूर्ण स्थान रखता है क्योंकि किसी भी कार्य को करने के लिए पैसे की आवश्यकता होती है एवं

एक सीमा तक पैसा भी लगाया जा सकता है। लेकिन जब तक लाभ नहीं होगा, तब तक चैनल की सफलता नहीं कही जा सकती है। इसलिए समाचार व कार्यक्रम के लिए प्रायोजक व विज्ञापन ढूंढ़ने के लिए Marketing Department की जरूरत होती हैं। इसमें सर्वप्रथम हमारा Assistant V.P. Marketing होता है, जो Vice President Marketing की मदद करता है। इसका कार्य कार्यालय के अन्दर ही होता है। यह देखता है कि उसके कार्यक्रम किस-किस वर्ग से संबंधित हैं तथा किस समय दिखाये जा रहे हैं। इन सबकी जानकारी वह Vice President Marketing को देता है।

जी.एम. मार्केटिंग—इसका कार्य V.P. Marketing के माध्यम से एकत्रित की गई जानकारी को क्रियान्वयन करना होता है और विभिन्न उत्पादों के उत्पादकों से बातचीत करके, उनके विज्ञापन लेना होता है।

मैनेजर—मैनेजर जनरल मैनेजर का उप-सहायक होता है, जो व्यक्तिगत रूप से जाकर प्रायोजकों से मिलता है तथा विज्ञापन इकट्ठे करता है।

मार्केटिंग एक्जीक्यूटिव—मार्केटिंग एक्जीक्यूटिव का कार्य विभिन्न स्रोतों को अपने कार्यक्रम की जानकारी देकर, उनसे विज्ञापन इकट्ठा करना होता है।

4

टेलीविजन कार्यक्रमों की शैली

भारत में टेलीविजन का सर्वप्रथम सुव्यवस्थित प्रसारण एक कामचलाऊ स्टूडियो के माध्यम से 15 सितंबर, 1959 को किया गया। उस समय दिल्ली की 25 किमी. परिधि तक ही ट्रांसमीटर सेवा सम्भव थी, क्योंकि 500 वाट वाला ट्रांसमीटर इससे अधिक दूरी तक सम्प्रेषण नहीं कर सकता था। 1960 में स्वतंत्रता-दिवस समारोह का सीधा प्रसारण दूरदर्शन से किया गया था। लेकिन नियमित प्रसारण सन् 1965 ई. में समाचार बुलेटिन के साथ शुरू किया जा सका। प्रारम्भिक दिनों में टेलीविजन सेट महंगे हुआ करते थे। इसलिए जनसाधारण की पहुँच से ये बाहर थे। अतः दिल्ली और उसके पास-पड़ोस के इलाकों में सामुदायिक टेलीविजन का प्रचलन था। आम आदमी सामुदायिक टेलीविजन ही देखा करते थे। ये सेट यूनेस्को के अनुदान से मिले थे और इन सेटों के साथ दर्शकों के टेलीक्लबों की स्थापना की गई थी जहां नियमित दर्शक सदस्य टेलीविजन कार्यक्रम का लाभ उठाते थे।

यूनेस्को के तत्वावधान में ही 23 दिसम्बर, 1960 से 5 मई, 1961 तक की अवधि में सामाजिक शिक्षण का प्रयोग किया गया। विकासमूलक उपयोग की दिशा में यह पहला कदम रहा। यह प्रयोग लोगों को सूचित करने और उन्हें विभिन्न विषयगत सूचना उपलब्ध कराने को लेकर था। साथ ही इसका यह उद्देश्य भी था कि इससे समाज के लोगों को जहां एक ओर नया दृष्टिकोण मिल सकेगा वहीं यह भी आकलन हो सकेगा कि व्यक्तियों व समाज के मध्य वे कौन

से तत्व या दृष्टिकोण हैं जो लोगों को न केवल प्रभावित करते हैं बल्कि उनके सामूहिक व्यवहार व कार्यों पर भी असर डालते हैं।

विकास की शृंखला में 15 अगस्त, 1965 को आल इंडिया रेडियो का एक बड़ा हाल टेलीविजन स्टूडियो में बदला गया। कार्यक्रम निर्माण व प्रसारण की गुणवत्ता को सुधारा गया। समाज, संस्कृति, शिक्षा समाचार के पक्षों को इससे जोड़ा गया। 26 जनवरी, 1967 को इंदिरा गांधी ने कृषि दर्शन कार्यक्रम की शुरुआत की।

2 अक्टूबर, 1972 को मुम्बई में व 26 जनवरी, 1973 को श्रीनगर में दूरदर्शन केन्द्र शुरू किया गया। 29 सितम्बर, 1973 को अमृतसर केन्द्र शुरू हुआ। 27 अप्रैल, 1975 में जालंधर केन्द्र स्थापित हुआ। 9 अगस्त, 1975 को कलकत्ता केन्द्र, 14 अगस्त, 1975 को मद्रास तथा नवम्बर, 1975 में लखनऊ केन्द्र शुरु हो गए। अप्रैल, 1976 में दूरदर्शन रेडियो से स्वतंत्र एवं अलग प्रभाग बना और इसका अपना अलग से महानिदेशालय बना।

जन-सेवार्थ प्रसारण के लिए दूरदर्शन वर्तमान में भारत की राष्ट्रीय प्रसारण सेवा विश्व के सबसे बड़े स्थलीय प्रसारण संगठनों में से एक है। आज दूरदर्शन का प्रमुख चैनल डी.डी1 विभिन्न क्षमताओं के 1042 स्थल ट्रांसमीटरों के तन्त्र के जरिए 87% से ज्यादा आबादी तक अपने कार्यक्रम पहुँचाता है। 65 अन्य ट्रांसमीटर दूसरे चैनलों को स्थल समर्थन देते हैं। दूरदर्शन बड़ी संख्या में भारतीय राष्ट्रीय उपग्रहों (इनसैट) और अन्य उपग्रहों के ट्रांसमीटरों से देश के 49 नगरों के कार्यक्रम उत्पादन सुविधाएं स्थापित की हैं।

भारत में उपग्रह टेक्नोलॉजी से सम्बन्धित पहला प्रयोग था 'सेटेलाइट इंस्ट्रक्शनल टेलीविजन एक्सपेरिमेंट' 'साइट' जो सत्र 1975-76 में किया गया। सामाजिक शिक्षा के लिए यह अपने आप में अभिनव प्रयोग विश्वभर में पहला प्रयास था। 1982 में दिल्ली व अन्य ट्रांसमीटर के बीच उपग्रह द्वारा नियमित सम्पर्क के साथ 'राष्ट्रीय प्रसारण' की शुरुआत हुई। साथ ही दूरदर्शन ने रंगीन प्रसारण की शुरुआत भी की। दिल्ली में आयोजित हुए एशियाई खेलों के मद्देनजर ये प्रयास शीघ्र व अपूर्व स्वरूप में लागू हुए। 1992 से टेलीविजन सुविधाओं में निरन्तर विकास हो रहा है। दूरदर्शन ने तीन स्तरों वाली बुनियादी सेवा चलाई है जो राष्ट्रीय, प्रादेशिक व स्थानीय स्तर पर कार्य करती है। राष्ट्रीय

कार्यक्रम में उन घटनाओं, मुद्दों और समाचारों पर बल दिया जाता है जिसमें समूचे राष्ट्र की दिलचस्पी होती है। इन कार्यक्रमों में समाचार सामयिक वार्ताएं, विज्ञान, सांस्कृतिक पत्रिकाएं, वृत्तचित्र, सीरियल, संगीत-नृत्य के कार्यक्रम, नाटक व फीचर फिल्म शामिल होते हैं।

सामान्यतः सभी राज्यों में क्षेत्रीय कार्यक्रमों का प्रसारण राज्य के राजधानी से हुआ करता है। ये राज्यभर में उपलब्ध विभिन्न ट्रांसमीटरों से प्रस्तुत हुआ करते हैं। क्षेत्रीय कार्यक्रमों में राज्य की दिलचस्पी के कार्यक्रम क्षेत्र विशेष की भाषा व मुहावरों, बोली आदि में प्रस्तुत किए जाते हैं। स्थानीय कार्यक्रम किसी खास स्थान से सम्बन्धित होते हैं और इनमें स्थानीय विषय व स्थानीय लोगों को शामिल किया जाता है। देश की प्रमुख भाषाओं में चौबीसों घंटे उपग्रह चैनल कार्यक्रम प्रसारित किए जाते हैं।

1984 में दिल्ली में दूसरे चैनल 'मेट्रो' का प्रसारण शुरू हुआ जिसका उद्देश्य महानगर के विविध वर्गों को कार्यक्रम देखने का एक अन्य विकल्प उपलब्ध कराना था। बाद में यह सुविधा मुंबई, कोलकाता व चेन्नई के दर्शकों को भी सुलभ कराई गई। 1993 में इन चार क्षेत्रों के भू-स्थित ट्रांसमीटरों को उपग्रह से जोड़ा गया ताकि शहरी दर्शकों को मनोरंजन का बेहतर विकल्प उपलब्ध हो सके। देश के अन्य भागों के दर्शकों के लिए भी यह सुविधा वर्तमान में सीधे प्रसारण के रूप में सुलभ कराई गई है। दूरदर्शन ने अपने अन्तर्राष्ट्रीय स्वरूप को भी निखारा है। अन्तर्राष्ट्रीय चैनल, दूरदर्शन इंडिया 1995 से कार्यरत है। इसके प्रसारण एशिया, अफ्रीका व यूरोप के 50 देशों तक पहुँच रहे हैं। अमेरिका व कनाडा हेतु इसके प्रसारण पी.ए.एस.-1 और पी.ए.एस.-4 से किए जा रहे हैं। इसके कार्यक्रम 24 घंटे प्रसारित होते हैं।

वर्तमान में दूरदर्शन के दर्शक भी प्रचुर मात्रा में हैं। 8 करोड़ के लगभग घरों में वर्तमान में टी.वी. सेट हैं। साथ ही केन्द्र व राज्य सरकारों द्वारा विभिन्न योजनाओं के तहत सामुदायिक सेट पंचायतों, चौपालों, ग्रामीण केन्द्रों, स्कूलों, कॉलेजों, होस्टलों आदि जगह में लगाए गए हैं। देश की जनसंख्या के एक-तिहाई भाग तक दूरदर्शन अपनी पहुंच स्थापित कर रहा है।

प्रसारण सेवा के अंतर्गत उपग्रह द्वारा टेलीविजन कार्यक्रमों एवं विविध

चैनलों को पूरे देश में कहीं भी घर की छत पर एक छोटी सी डिश एवं एक सेट टॉप बाक्स के माध्यम से प्राप्त किया जा सकता है। यह छोटी प्रविधि डिस्क के निर्धारित कोण एवं दिशा द्वारा उपग्रह से जुड़कर सेट-टॉप बॉक्स तक संकेत पहुँचाती है और सेट टॉप बाक्स प्राप्त संकेतों को डिकोड कर यह एक नवीनतम एवं आधुनिक तकनीक है। इसके माध्यम से टेलीविजन दर्शकों को विविधता से भरा उन्नत कार्यक्रम देखने को मिलता है। भारत में सरकार के माध्यम से दूरदर्शन की मुफ्त डी.टी.एच. सेवा पर लगभग 35 दूरदर्शन के चैनल एवं 12 आकाशवाणी चैनल प्राप्त किए जा सकते हैं। इनमें प्राइवेट चैनल भी शामिल हैं।

जी.टी.वी. समूह द्वारा भी निर्धारित शुल्क का भुगतान कर (डिश टी.वी. बॉड नाम से) डी.टी.एच. सेवा प्राप्त की जा सकती है। इसमें शुल्क के अनुरूप सैकड़ों की संख्या तक चैनल देखे जा सकते हैं। डी.टी.एच. (डायरेक्ट टू होम) (सीधे घर तक (Direct to Home)) सेवा द्वारा दूरदर्शन एवं निजी चैनलों को देखे जाने का नया आयाम आमजन तक पहुँचा है। इस सेवा का प्रयोग पहाड़ों नदियों, जंगलों आदि (किसी भी प्राकृतिक बाधा वाले क्षेत्र में) किया जा सकता है।

निजी चैनलों को देखने के लिए दर्शकों को एक निर्धारित राशि देनी पड़ती है। यह राशि माहवारी होती है। यदि उपभोक्ता केबल के माध्यम से इन्हें ग्रहण कर रहा है तो उसे केबल ऑपरेटर को निर्धारित राशि अदा करके ही देखे जाने योग्य बनाता है। डी.टी.एच. के माध्यम से इन्हें प्राप्त करने की स्थिति में इन चैनलों का निर्धारित शुल्क अदा करना पड़ता है। उपभोक्ता को उपलब्ध पैकेज के अनुरूप ग्राहक राशि को चैनल नियामक प्रस्तुत करता है और उसके एवज में वह चैनल देख सकता है। वर्तमान में प्रमुख डी.टी.एच ऑपरेटर डिश-टी.वी. ने यह व्यवस्था की है कि इसके सेट टॉप बॉक्स में एक चिप कार्ड लगाया गया है, उसे मोबाइल के रिचार्ज कूपन की भाँति निर्धारित राशि का भुगतान कर चैनल सीधे ही देखे जा सकते हैं। भुगतान चैनलों के आ जाने से जहाँ निजी चैलन निर्माताओं में कार्यक्रमों की गुणवत्ता को लेकर प्रतिस्पर्धा पनप रही है वहीं प्रसारण एवं प्रस्तुति के नवीन आयाम भी निरंतर ग्राहकों को मिल रहे हैं।

सेटेलाइट टेलीविज़न चैनल्स एवं केबल प्रसारण

सही अर्थों में कहा जाय तो सेटेलाइट चैनल और केबल टेलीविजन अप्रत्यक्ष रूप से एक दूसरे के पर्यायवाची हैं। आज समूचे संसार में सूचना क्रान्ति अपने चरम पर है। टी.वी. भी इससे अछूता नहीं है। दुनिया भर के सैकड़ों चैनल आज सेटेलाइट व केबल के माध्यम से दर्शकों के लिए उपलब्ध है।

सेटेलाइट चैनल्स में तकनीकी पक्ष यह है कि विभिन्न चैनल्स जैसे जी टी. वी., स्टार प्लस, सोनी, सहारा, डिस्कवरी आदि के कार्यक्रम उनके प्रसारण-स्टूडियो से एक निश्चित फ्रीक्वेंसी पर निश्चित उपग्रह व उसके ट्रांसपोंडर के माध्यम से प्रसारित किए जाते हैं। इन कार्यक्रमों को प्रचलित दूरदर्शन-1 व दूरदर्शन-2 (मेट्रो) की तरह सीधे आम घरों में प्रयुक्त किए जाने वाले साधारण टी.वी. एंटीना की सहायता से देखा नहीं जा सकता है। सेटेलाइट-प्रसारणों के लिए लाइसेंस-शुदा केबल ऑपरेटर निर्धारित प्रक्रिया के अनुसार उपकरण व संचार व्यवस्था के तकनीकी व मशीनी उपकरण स्थापित करता है। इसमें मूलतः एक डिस्क व विभिन्न चैनल्स हेतु ट्रांसपोंडर होते हैं। हर एक चैनल अपनी निर्धारित स्थिति, फ्रीक्वेंसी व ट्रांसपोंडर के जरिए केबल ऑपरेटर को प्राप्त होता है। वह इन सिग्नलों को प्राप्त करके उन्हें अपने यहां से ऑप्टिकल फाइबर केबल या अन्य प्रकार की केबल से उपभोक्ता के घर तक पहुँचाता है। पूरी प्रक्रिया के लिए बिजली वितरण के तारों की व्यवस्था की तरह घर-घर कनेक्शन किया जाता है। उपभोक्ता केबल को अपने टी.वी सैट से जोड़कर मनचाहे कार्यक्रम को टी. वी. चैनल बदलकर प्राप्त कर सकता है।

केबल आपरेटर उपलब्ध कराए जा रहे चैनल्स के आधार पर निर्धारित शुल्क उपभोक्ता से वसूलता है। वर्तमान में मनोरंजन सूचना, समाचार, फैशन, खेल आदि के सैकड़ों चैनल्स बाजार में है। विभिन्न प्रकार की उपग्रह प्रणालियां इन्हें बाजार में दिन-रात उतार रही है। सैकड़ों केबल आपरेटर अपने-अपने क्षेत्र में केबल जाल को फैला रहे हैं और अनगिनत टी.वी. उपभोक्ता इनसे जुड़े हुए हैं। सेटेलाइट व केबल टेलीविजन का प्रभाव यह पड़ा है कि इन्होंने उपभोक्ताओं को एक वृहद् परिप्रेक्ष्य उपलब्ध कराया है। आज संसार भर की दृश्य-श्रव्य सामग्री टेलीविजन चैनल्स पर परोसी जा रही है। खेल से राजनीति तक और समाचार से मनोरंजन तक हर पहलू इनके

माध्यम से उपलब्ध है। व्यक्ति की स्वयं की इच्छा व आवश्यकता के अनुरूप वह इन चैनल्स को अपनी प्रायिकता के क्रम में प्रयोग कर सकता है।

सम्प्रति केबल टी.वी एक मुनाफे का सौदा है इसलिए इसके प्रसारण में बड़ी-बड़ी कंपनियां और व्यावसायिक घराने प्रवेश कर रहे हैं। निरन्तर बदलते और आधुनिक होते समाज में यह आवश्यक हो गया है कि कम कीमत में अधिकाधिक सुविधाएं दर्शकों को परोसी जाएं। यही कारण है कि सेटेलाइट टेलीविजन व केबल टी.वी. एक उद्योग की तरह पनप रहा है। कार्यक्रमों की बाढ़ में उनकी लोकप्रियता व पहुँच के समीकरण भी बदल रहे हैं। आज उपभोक्ता जहां नवीनता की मांग को लेकर आक्रमित है वहीं चैनल्स इस प्रभाव में कोई कमी नहीं छोड़ रहे हैं। वे दिन-रात अन्य चैनल्स से शीत-शुद्ध में लगे हैं। एक से एक विज्ञापन व प्रसारण नीतियां, डिजिटल प्रसारण, स्टीरियो से लेकर डॉल्बी डिजिटल तक ध्वनि प्रसारण, क्षेत्रीय भाषाओं में राजस्थानी, पंजाबी, असमिया, बांग्ला, मलयाली भाषाओं के प्रसारण व मनोरंजन की नस-नस में रचा-बसा यह संसार उपग्रह से उतर कर केबल के जरिए समाज में चारों ओर छा गया है।

टेलीविजन समाचार

टेलीविजन पर प्रसारित होने वाले कार्यक्रमों की अपनी एक सीमा होती है। ये रेडियो की भाँति व्यापक कवरेज और सम्यक् रिपोर्ट प्रस्तुत करने में असमर्थ होते हैं। दृश्य सामग्रियों में प्रस्तुतीकरण में व्यतीत समय को देखते हुए किसी अनुसंधान या पृष्ठभूमि सूचना प्रदान करना संभव नहीं होता। वास्तव में टी.वी. समाचार प्रसारण द्वारा समाचारों के अत्यधिक रोचक और उल्लेखनीय अंशों को प्रस्तुत नहीं किया जा सकता क्योंकि जहां कहीं भी घटनाएं होती है उदाहरण के लिए किसी तख्ता-पलट की कोशिश, किसी आक्रमण, युद्ध या मंत्रिमंडल की बैठक स्थल प्रत्येक ऐसी जगह पर कैमरा नहीं पहुंच सकता।

तथापि, किसी समारोह आदि के प्रस्तुतीकरण हेतु टी.वी. समाचार एक आदर्श माध्यम है। राज्यारोहण, शपथ ग्रहण समारोह, अति महत्वपूर्ण व्यक्तियों का आगमन या प्रस्थान, समझौतों पर हस्ताक्षर परडों का आयोजन, उद्घाटन समारोह और क्रीड़ा आदि ऐसे ही समारोहों के उदाहरण हैं। दुर्भाग्यवश इन घटनाओं को सीधे प्रसारित किए जाने के बावजूद इन घटनाओं के प्रसारण में कोई महत्वपूर्ण सूचना उपलब्ध नहीं कराई जाती। इसके अतिरिक्त टी.वी.

प्रसारणों द्वारा उपलब्ध कराये जाने वाले समाचार दैनिक समाचारों का मात्र कुछ प्रतिशत ही होते हैं।

भारत में समाचार वाचन की रेडियो तकनीक का ही इस्तेमाल किया जाता है तथा किसी कार्ड या इलेक्ट्रॉनिक टाइपराइटर पर लिखे समाचारों को एक औपचारिक रूप में पढ़ा जाता है और बीच-बीच में किसी चित्र, नक्शा या वीडियोग्राफी को दिखाने वे लिए समाचार को आगे पढ़ना रोक दिया जाता है तथा इस बीच दिखाये जा रहे दृश्य के अनुरूप सूचनाएं प्रदान की जाती हैं। ईएनजी (इलेक्ट्रानिक न्यूज गैदरिंग) और नवीनतम कप्यूटरीकृत ग्राफिक्स उपकरणों की उपलब्धि से दूरदर्शन पर ग्राफिक्स, फिल्म आदि के प्रदर्शन की गुणवत्ता और आवृत्ति दोनों में वृद्धि हुई है। वस्तुतः दूरदर्शन चैनलों के साथ ही अनेक उपग्रह चैनलों के समाचार बुलेटिनों का स्वरूप हाल के वर्षों में पत्रिका कार्यक्रम के समान हो गया है।

समाचार बुलेटिन और ताजा घटनाक्रम

दूरदर्शन द्वारा प्रसारित राष्ट्रीय महत्व के महत्वपूर्ण कार्यक्रमों में समाचार बुलेटिन और सामयिक महत्व के विभिन्न मुद्दों पर वार्तालाप सबसे लोक-प्रिय कार्यक्रम रहे हैं। राष्ट्रीय नेटवर्क पर अधिकांश अन्य कार्यक्रमों के समान ही ये सभी कार्यक्रम हिन्दी या अंग्रेजी में टेलीकास्ट किए जाते हैं। दूरदर्शन पर दिखाए जाने वाले दृश्य कार्यक्रमों में दृश्य चित्र, फिल्मों की झलकियों, नक्शे, डायग्राम चार्ट और अन्य दृश्य सामग्रियों का प्रदर्शन शामिल है। पीटीआई-टी.वी. और यूएनआई इसके राष्ट्रीय और स्थानीय समाचारों और रिपोर्टों के प्रमुख स्रोत हैं। दूरदर्शन द्वारा विदेशों में बहुत कम संख्या में संवाददाता और कैमरामेन हैं जिसके कारण यह विदेशों में घटित घटनाओं के दृश्य और समाचार प्राप्त करने के लिए बहुत हद तक रायटर और एशिया-विजन पर निर्भर करता है। एशियन ब्रॉडकास्टिंग यूनियन इसे अपने अंतर्राष्ट्रीय समाचारों की विनिमय प्रणाली की सहायता उपलब्ध कराता है। एशिया न्यूज इंटरनेशनल (एएनआई) भी इसके समाचारों का एक अन्य प्रमुख स्रोत है।

साक्षात्कार कार्यक्रम

इस तरह के कार्यक्रम में विभिन्न क्षेत्रों की हस्तियों का साक्षात्कार लिया

जाता है और उन्हें जनता से रू-ब-रू कराया जाता है। साक्षात्कार कार्यक्रम विविध प्रकार के होते हैं—**व्यक्तिगत साक्षात्कार** जैसे कि "सुपरहिट मुकाबला" आदि में देखा जा सकता है जिससे जाने माने फिल्मी कलाकारों का वार्तालाप द्वारा साक्षात्कार किया जाता है। इसी श्रेणी का एक अन्य कार्यक्रम "वाइब्रेशन" है जिसमें साहित्यिक विभूतियों के साथ चर्चा की जाती है, उनके साक्षात्कार आयोजित किए जाते हैं। दूरदर्शन पर एक ऐसा ही कार्यक्रम "परिक्रमा" शीर्षक से टेलीकास्ट किया जाता है जिसमें कोई संदेश पहुंचाने की बजाय जाने-माने व्यक्तियों के व्यक्तित्व को अधिक महत्व दिया जाता है। टी.वी. पर सामूहिक साक्षात्कार भी आयोजित किए जाते हैं उदाहरण के लिए : प्रेस कन्फ्रेन्सों आदि का आयोजन जिसमें प्रेस से जुड़े लोगों के एक समूह द्वारा प्रधानमंत्री या किसी केन्द्रीय मंत्री या राज्य के मुख्यमंत्री से किसी ताजा घटना पर प्रश्न पूछे जाते हैं और कभी-कभी तो प्रश्नों की झड़ी भी लगा दी जाती है।

टी.वी. वृत्तचित्र

किसी विशेष विषय पर केन्द्रीत घंटा या पौन घंटा की फिल्में बनाना वृत्तचित्र कहलाता है। प्रायः वृत्तचित्र मनोरंजनात्मक नहीं बल्कि ज्ञानात्मक होते हैं। टी.वी. वृत्तचित्रों की सहायता से बहुत से दर्शकों के लिए महत्वपूर्ण विषयों जैसे कि प्रदूषण, निर्धनता, अकाल, सांस्कृतिक परिदृश्य, सृजन कार्य से जुड़े श्रमिकों की दुरावस्था आदि का फिल्मांकन किया जाता है और जनता को इस संबंध में अवगत कराया जाता है। वृत्तचित्रों का उद्देश्य जनता को जानकारी प्रदान करना, उन्हें जागरूक बनाना, अभिप्रेरित करना या फिर उनका मनोरंजन मात्र करना होता है। इसमें वास्तविक परिस्थितियों और उन परिस्थितियों में रह रहे लोगों और उनके क्रियाकलापों को चित्रित किया जाता है। वृत्तचित्रों में परिस्थितियाँ तथा लोगों की दशाएँ, फिल्म तकनीक का सहारा लेकर लोगों की परिस्थितियों पर दशाओं को निर्देशित किया जाता है। इसमें फिल्म का प्रयोग वास्तविकता का चित्रण करने के लिए किया जाता है न कि इसके लिए कि वास्तविकता की तस्वीरों को कैमरामैन या एडीटर कितना आकर्षक बना सकता है, इसे दर्शाने के लिए। वस्तुतः वृत्तचित्र समाज में व्याप्त वास्तविकता का चित्रण है।

टी.वी. वृत्तचित्र किसी समस्या या घटना या परिस्थिति की वास्तविकता

का सीधा प्रस्तुतीकरण होता है तथा यह टी.वी. पर आयोजित "परिचर्चा" से इस रूप में भिन्न है कि इसमें किसी परिस्थिति या समस्या का विवरण ज्यादातर सापेक्षिक रूप में, संक्षेप में किया जाता है और मुख्य बल उसके संबंध में तुलनात्मक रूप से औपचारिक चर्चा पर दिया जाता है।

प्रश्नोत्तरी कार्यक्रम और गेम शो

ऐसे कार्यक्रम दर्शकों की सक्रिय भागीदारी के कारण काफी लोकप्रिय हैं क्योंकि क्विज (प्रश्नोत्तरी) कार्यक्रम और गेम शो स्टूडियो उन्मुख होते हैं और ऐसे कार्यक्रमों में विज्ञापनदाता विजेताओं को इनाम के बगैर अपना उत्पाद भेंट करते हैं। "वाइल्ड एनकाउन्टर" और "कुदरतनामा" कुछ प्रश्नोत्तरी कार्यक्रमों के उदाहरण है जबकि "फैमिली फॉर्च्युनस", "अंत्याक्षरी" और "क्लोज एनकाउन्टर्स" लोकप्रिय गेम शो हैं।

बाल कार्यक्रम

ये ऐसे कार्यक्रम हैं जो विशेषकर बच्चों के लिए तैयार किए जाते हैं और उनके लिए ही जिन्हें प्रस्तुत किया जाता है। कार्टून फिल्में, कठपुतली का नाम, बालकथाएँ और नाटक, शैक्षिक कार्यक्रम आदि बच्चों के कार्यक्रम में शामिल किए जाते हैं। बच्चों के लिए आयोजित किए जाने वाले कतिपय कार्यक्रमों में प्रश्नोत्तरी कार्यक्रम भी आयोजित किए जाते हैं। समय-समय पर बच्चों के लिए हिन्दी में फीचर फिल्में भी दिखाई जाती हैं।

श्रमिकों व किसानों से संबंधित कार्यक्रम

इस प्रकार के कार्यक्रम शहरी और ग्रामीण श्रमिकों के विशेष हित को ध्यान में रखकर तैयार किए जाते हैं और काफी हद तक अनुदेशात्मक होते हैं। 'आमचि अति आमचि मन से' और 'कामगार विश्व' ऐसे दो नियमित साप्ताहिक कार्यक्रम हैं।

संगीत और नृत्य कार्यक्रम

भारत में टेलीविजन पर नृत्य एवं संगीत से भर अनेक रंगारंग कार्यक्रम प्रसारित किये जाते हैं। यहां बड़े-बड़े कलाकार टेलीविजन पर आने की ख्वाहिश रखते हैं। ऐसे कार्यक्रमों का एक मानक रूप यह है कि इनमें पहले कार्यक्रम प्रस्तुत

करने वाले कलाकार के बारे में हिन्दी और अंग्रेजी में विस्तृत विवरण प्रस्तुत किया जाता है जिसमें उसकी शैली आदि का भी उल्लेख किया जाता है जिसके बाद विभिन्न कार्यक्रमों का संक्षिप्त विवरण प्रस्तुत किया जाता है ताकि कार्यक्रम में आधिकाधिक लोग रुचि लें। कार्यक्रम मुख्य रूप से क्लासिकल और लोक नृत्य-संगीत से संबद्ध होता है।

दूरदर्शन पर आरोही, शाम-ए-गजल, और बज्म-ए-कौवाली जैसे, सुगम संगीत के कार्यक्रम भी काफी लोकप्रिय साबित हुए हैं। इन्हें जाने-माने कलाकारों और उच्च कोटि के गायक-गायिकाओं द्वारा प्रस्तुत किया जाता है। फिल्म आधारित संगीत कार्यक्रम छायागीत अपने-आप में एक अनूठा कार्यक्रम है और यह पुराने और नए फिल्म का संगम है। मराठी, गुजराती, तमिल और अन्य भाषाओं के भी ऐसी ही कार्यक्रम काफी लोकप्रिय सिद्ध हुए हैं।

वाणिज्यिक कार्यक्रम

टी.वी. पर प्रसारित होने वाले वाणिज्यिक कार्यक्रमों में विज्ञापन सबसे महत्वपूर्ण है। यह दर्शकों का तत्काल ध्यान आकर्षित करता है तथा दर्शक उसके आकर्षण में 10-10 सेकंडों तक पूर्णतः बंधे रहते हैं। टी.वी. पर प्रसारित किए जाने वाले वाणिज्यिक-विज्ञापन कार्यक्रम कई प्रकार के होते हैं: मात्र स्लाइडों द्वारा विज्ञापन जिनमें तस्वीरों दिखाए जाते हैं और शब्द लिखे होते हैं, ध्वनि तुकबंदियों या सशक्त संदेशों से युक्त स्लाइड जैसे कि, ध्वनि प्रभावों और अन्य आकर्षणों से युक्त लघु फिल्म आदि प्रसारित संदेश सरल और सुबोध होता है जिसे आम जनता आसानी से समझ सके, जैसे कि एक मृदु पेय बनाने वाली कंपनी का संदेश "ठंडा-ठंडा कूल-कूल" आकर्षक भी है और सुबोध भी। जिन संदेश में शब्द कम से कम हों और संदेश काफी सशक्त हो, उसका प्रभाव सर्वाधिक होता है। टी.वी. पर प्रसारित वाणिज्यिक विज्ञापनों की संरचना में काफी अंतर होता है।

शब्दों और दृश्यों के बेतरतीब घालमेल के बजाय यदि तार्किक आधार पर विज्ञापन किया जाए तो वह लोगों को अधिक समझ में आती है। ऐसे विज्ञापन जिन पर लोगों को सहज ही विश्वास हो जाए, लोगों को तत्काल आकर्षित करने का सबसे अच्छा उपाय है। वाणिज्यिक विज्ञापन का आरंभिक शब्द सर्वाधिक महत्वपूर्ण होता है।

इसके अतिरिक्त समस्या-समाधान का विज्ञापन होता है जिसमें यह बताया जाता है कि यदि हम अपने उपयोग के लिए किसी वस्तु का चयन करने में दुविधा से घिरे हैं अर्थात् कोई ठोस निर्णय नहीं कर पाते हैं तो उनके पास हमारी दुविधा का हल है, वे हमारी हताशा को दूर कर सकते हैं और यह बता सकते हैं कि किस उत्पाद से हम कंपनी समस्या से निजाद पा लेंगे। "वम्ता ढांचा" में किसी उत्पाद के बारे प्रचार करने के लिए किसी प्रसिद्ध नाम का सहारा लिया जाता है। दूसरी ओर "प्रदर्शन ढांचा" में उत्पादों के संबंध में अपील करने के लिए सार्थक और सुसंगति प्रदर्शन की अपील की जाती है ताकि उत्पादों की स्वीकार्यता में वृद्धि हो सके। विज्ञापनों में आमतौर पर असमंजस या अनिश्चय की स्थिति उत्पन्न करके प्रचार करने का कार्य किया जाता है। इनमें विज्ञापन का अत्यधिक तीव्र गति से एक ऐसे मोड़ पर अंत कर दिया जाता है कि आम उपभोक्ता उसके बारे में अधिकाधिक सोचता रहे। ऐसे विज्ञापनों में ज्यादातर परिहमन महत्वपूर्ण घटक होता है।

टी.वी. कार्यक्रमों में आम प्रारूपों में फिल्म, रिकॉर्डेड संगीत और पुस्तक, शैक्षिक टी.वी. कार्यक्रम, सहित विभिन्न समूह के हास-परिहास के कार्यक्रमों में एक ही समूह के पात्रों को बार-बार दिखाने वाले टी.वी. कार्यक्रमों पारिवारिक नाटक आदि शामिल हैं। सिटकॉम और रूप ओपेरा पारिवारिक टी.वी. धारावाहिक सर्वाधिक रोचक कार्यक्रम है। सिटकॉम के उदाहरणों में तारक मेहता का उलटा चश्मा, बालिका वध, सजन रे झूठ मत बोलो जैसे धारावाहिक शामिल है जिसमें परिहास, प्रहसन, व्यंग्य-उपहास-हलके-फुलके रूप में शामिल होते हैं। भारतीय टेलीविजन पर पारिवारिक धारावाहिकों का चलन बहुत बढ़ा है।

टेलीविजन और सिनेमा

भारत में टेलीविजन कार्यक्रम मुनाफे का सौदा है, इसलिए बड़े फिल्म निर्माता भी टेलीविजन पर अपना कार्यक्रम लेकर आये। जिन निर्देशकों के पास कम बजट था जैसे कि बासु चटर्जी, सत्यजीत रे, बेनेगल, सईद मिर्जा, गोविंद निहलानी आदि, उन्होंने अपनी सोच को अभिव्यक्त करने के लिए टेलीविजन स्क्रीन का सहारा लिया। बासु चटर्जी की निर्भीक रजनी ने छोटे पर्दे पर धूम मचा दी। ऐसा ही करिश्मा मिर्जा के 'नुक्कड़' ने किया जो राजनीतिक

और सामाजिक क्षेत्र के लिए एक चुनौती लेकर आया था। गोविंद निहलानी की देश विभाजन पर आधारित "तमस" भी तत्काली जनमानस पर अपनी अमिट छाप छोड़ गया। हालांकि बेनेगल अपनी रविवार सुबह की ''भारत एक खोज'' (जो नेहरू की डिस्कवरी इंडिया पर आधारित था) से भारतीय दर्शकों को अपनी ओर खींचने में सफल नहीं हो सके।

किन्तु हिन्दी फिल्मकार जिन्हें वाणिज्यिक हिट फिल्में बनाने में महारत हासिल थी टेलीविजन पर अपना कब्जा जमाने में सफल हो गए। उन्होंने धार्मिक महाकाव्यों को भारतीय टेलीविजन पर उतारा और इसके साथ ही भारतीय दर्शकों का एक बहुत बड़ा समूह टेलीविजन कार्यक्रमों की ओर आकर्षित होता चला गया। टेलीविजन दर्शन महान धार्मिक महाकाव्यों में तिलस्म से बंधे थे किंतु इसी दौरान उन्हें कुछ वास्तविक आयु भूमियों से भी परिचित कराया गया (जैसे कि अस्पाताल के अनुभवों पर आधारित जीवनरेखा, डॉक्टर साहेब आदि) तथा राजनीतिक व्यंग्य (जैसे कि मामाजी कहिन) तथा दक्षिण की भारतीय रचना मालगुड़ी डेज पर आधारित धारावाहिकों का भी प्रसारण किया गया।

टेलीविजन और वीडियो सिनेमा

भारत में वीडियो कैसेट और टेलीविजन का परस्पर व्यापार बहुत लाभकारी रहा है। लोग वी.सी.आर. और वी.सी.पी. का प्रयोग बड़े पैमाने पर किया करते थे। एक समय था जब सिंगापुर की उड़ान वी.सी.आर. उड़ान के नाम से जानी जाती थी 1984 में इंडिया टुडे ने लगभग तीन लाख (30,000) का अनुमान लगाया था जिसमें प्रतिमाह 20,000 मीटर से वृद्धि हो रही थी। वर्ष 1985 में भारतीय जन संचार संस्था नई दिल्ली द्वारा किए गए एक अध्ययन में यह आंकड़ा लगभग पांच लाख (आधा मिलियन) बताई गई। वीडियो एडवरटाइजिंग एजेंसियों ने इनकी संख्या और भी अधिक होने का दावा किया। 1987 के मध्य में मोडसर्विस फॉर प्राइम टाइम द्वारा किए गए एक सर्वेक्षण में इनकी संख्या 1.8 मिलियन बताई गई। कॉन्ट्रास्ट एडवर-टाइजिंग का मानना था कि वी.सी. आर. सेटों की संख्या 1 मिलियन से अधिक नहीं है। 1989 में ही वीडियो कंपनियों ने दावे किए कि प्रत्येक फिल्म के दर्शक लगभग 2.4 मिलियन होते हैं।

फिल्म फेडरेशन ऑफ इंडिया के अधिकारियों के अनुसार 1982 में नई

दिल्ली में आयोजित एशियाड के दौरान देश के लगभग 400 से भी अधिक देशों में वीडियो का प्रसार हो गया। 1984 में कंज्यूमर इलेक्ट्रॉनिक्स पर गठित अध्ययन दल ने बताया कि संगठित क्षेत्र की 11 यूनिटों और लघु क्षेत्रों का 60 यूनिटों को प्रतिवर्ष 500 वीडियो कैसेट रिकॉर्डरों को निर्मित करने की अनुमति प्रदान की गई थी।

तथापि, इलेक्ट्रॉनिक वस्तुओं के आयात को और उदार बनाने और इस क्षेत्र में अनेक बहुराष्ट्रीय निर्माताओं के प्रवेश के बावजूद रिकॉर्डरों का मूल्य अंतर्राष्ट्रीय बाजार में इनके मूल्यों की तुलना में काफी अधिक है। इसके कारण वीडियो सेटों के गैरकानूनी आयात और तस्कारी को बढ़ावा मिला है। जहाँ तक वीडियो कैमरा, एडीटिंग, उपालीकेटिंग और अन्य संबंधित प्रौद्योगिकियों का संबंध है, स्थिति कमोबेश एक जैसी बनी हुई है।

भारत में वीडियो तक पहुँचने का एकमात्र उपाय यही नहीं है कि इसे देखने के लिए वीडियो खरीद लिया जाए। प्रतिदिन वीडियो देखने वाले लगभग एक मिलियन व्यक्तियों में से बहुत से ऐसे व्यक्ति हैं जो एक साथ मिल कर किराये पर एक वीडियो प्लेयर ले आते हैं या फिर वीडियो देखने के लिए वीडियो पार्लरों, वीडियो रेस्टोरेंटों, वीडियो कलब में जाते हैं या वीडियो लगी बसों में यात्रा करते हुए वीडियो देखते हैं।

ऐसा अनुमान है कि चारों महानगरों में से प्रत्येक में वीडियो किराये पर देने वाली कम से कम एक हजार कंपनियाँ काम कर रही हैं। अन्य बड़े शहरों में एक सौ से दो सौ तक ऐसी कंपनियाँ/दुगने हैं। इसके अतिरिक्त 50,000 वीडियो पार्लर भी बहुत अधिक संख्या में वीडियो कैसेटों का व्यापार करते हैं। इसमें वीडियों, रेस्तराओं, वीडियो क्लबों और वीडियो बसों की संख्या भी जुड़े जाने से इस संबंध में सम्मिलन संख्या का परिकलन करना असंभव हो गया है। (तथापि, केबल और उपग्रह टेलीविजन से वीडियो व्यापार में काफी गिरावट आई है)।

वीडियो चलते-फिरते सिनेमा घर का काम करने लगा है। इस व्यापार में शहरों के अधिकांश लोग शामिल हैं। नगरों में पर्याप्त स्थान की कमी के कारण इस व्यापार में बाधा पहुँचती है। अस्सी के दशक के मध्य में दूर-दराज के जिलों में सुदूर गांवों तक ही वीडियो की पहुंच थी। मध्य प्रदेश में 2000 से भी कम आबादी वाले छोटे-छोटे गांवों में ही वीडियो की सुविधा उपलब्ध थी। अकेले

छत्तीसगढ़ क्षेत्र में 150 रेस्तरां द्वारा नियमित रूप से वीडियो शो आयोजित किए जाते थे जिनमें प्रवेश शुल्क प्रति व्यक्ति 5 रु. था। देश में विंध्य और मालवा क्षेत्रों में भी वीडियो की सुविधा उपलब्ध थी। पंजाब, उड़ीसा, कर्नाटक, केरल और यहाँ तक कि दूरस्थ पूर्वोत्तर राज्यों में भी रेस्तरां मालिक लोगों के वीडियो क्रेज को भुना रहे थे। अस्सी के दशक के मध्य में वीडियो नक्कालों पर कानून का शिकंजा रुक जाने से वीडियो के क्षेत्र में उछाल में कुछ हद तक मंदी आई। आज भी संपूर्ण वीडियो व्यवसाय गैरकानूनी धंधे की चपेट में है क्योंकि अधिकांश कैसेट फिल्म प्रिंट से चोटी-छिपे तैयार किए जाते हैं। भारत में नक्ली केसिटों की खेप मुख्यतः दुबई और हांग-कांग से पहुंचती है। भारतीय सिनेमा निर्माता और एनएफडीसी के सम्मिलित प्रयानों से चलचित्र अधिनियम में संशोधन करके वीडियो टेप पर दिखाए जाने वाली फिल्मों को शामिल कर दिया गया है। इस संशोधन द्वारा केन्द्रीय फिल्म प्रमाणन बोर्ड से प्रमाणपत्र प्राप्त किए बिना वीडियो या केबल पर फिल्में दिखाना गैरकानूनी घोषित कर दिया गया है। इसके अतिरिक्त कुछ राज्यों में वीडियो पार्लर और वीडियो रेस्तराओं के लिए यह अपेक्षित है कि वे अपने क्रियाकलापों के लिए सरकार को सूचित करें।

फिल्मों भी वीडियो सीडी दिखाने/बेचने वाले वीडियो पार्लरो पर पुलिस द्वारा मारे जा रहे छापों के कारण वीडियो पार्लर मालिकों द्वारा ऐसे गैरकानूनी और समाज विरोधी कार्य करने से रोकना संभव हुआ है। पहले जहाँ सिनेमा प्रोड्यूसर विदेशों में वितरण, अतर्राष्ट्रीय वीडियो अधिकतम मात्र एस्क्वाक्लचर को दिए जाते थे वहीं अब सिनेमा प्रोडयूसरों द्वारा घरेलू वितरण हेतु भी वीडियो "आंतक" का सामना करने के लिए प्रोड्यूसर किसी फिल्म को ज्यादातर अधिकाधिक सिनेमाघरों में एक साथ जारी करते हैं और बाद में फिल्म को वीडियो कैसेट पर दिखाने के लिए वीडियो कंपनियों को इस मूल्य पर इसके अधिकार बेचते हैं। उदाहरण के लिए गोल्ड वीडियो द्वारा 'शहंशाह' फिल्म की 9000 वीडियो प्रतियाँ मात्र 135 रु. प्रति वीडियो कैसेट की दर पर बेची गई।

केबल टेलीविजन का प्रसार

जब तक हमारे देश में विदेशी उपग्रह टेलीविजन चैनलों की शुरुआत नहीं हुई थी तब तक भारत में मात्र टेलीविजन का एकमात्र अर्थ था किसी एक

केन्द्रीय कंट्रोल रूप में केबल की सहायता से भारतीय और अमेरिकी लोकप्रिय फिल्मों की चोरी-छिपे तैयार किए गए कैसेटों से उन फिल्मों को रिले करना। केबल टेलीविजन में प्रत्येक टेलीविजन रिसीवर अपने निजी ऐन्टेना से सिग्नल नहीं लेता बल्कि उसमें एक उपयुक्त स्थान पर रखे गए कॉमन ऐन्टेना से सभी केबल द्वारा जुड़े सभी टेलीविजन रिसीवरों तक कार्यक्रम पहुँचाए जाते हैं। यह पुनःविवरण (rediffusion) की व्यवस्था भारत के शहरी और ग्रामीण क्षेत्रों में अब काफी लोकप्रिय हो गई है।

संसार में सर्वप्रथम केबल टेलीविजन की शुरुआत उत्तरी अमेरिका में की गयी थी। इसका एकमात्र उद्देश्य सुदूर और पर्वतीय क्षेत्रों में टेलीविजन सिग्नलों के अभिग्रहण क्षमता में सुधार लाना था। केबल टी.वी. द्वारा स्थानीय ट्रान्समीटरों की सहायता से अभिग्रहण में सुधार लाया जा सकता है तथा इससे घरेलू ऐन्टेना की पहुँच से दूर स्थित ट्रान्समीटरों से सेवाएँ ली भी जा सकती हैं। इसके अतिरिक्त केबल टी.वी. से बहुत से चैनलों तक उपभोक्तओं की पहुंच हो जाती है। उदाहरण के लिए केबल टी.वी. की सहायता से टी.वी. सेट से अब हम कुछ अधिक बुनियादी तौर पर चैनल देख सकते हैं (कुछ उपलब्ध चैनलों के नाम हैं: दि डिज्नी चैनल, एम टीवी, समाचार चैनल, शॉपिंग चैनल, मूवी चैनल, सामुदायिक और शैक्षिक चैनल)। इनका संस्थापना शुल्क और किराया काफी कम है। भारत में, होटल उद्योग, सार्वजनिक और निजी क्षेत्र की कंपनियाँ, आवासीय कालोनियाँ, गगनचुंबी इमारतें और सहकारी आवासीय समितियाँ केबल टी.वी. के वितरण में बढ़-चढ़ कर आगे आ रही हैं। मात्र संस्थापना के कार्य में अस्सी के दशक के मध्य में काफी तेजी आई। उदाहरण के लिए ऊंची-ऊंची बहुमंजिली इमारतों में एक निकटवर्ती-कंट्रोल रूम से भारतीय और विदेशी फिल्मों के वीडियो टेप कार्यक्रम प्रसारित किए जाने लगे। अब मुंबई और देश के अल्पशहरों में अनेकानेक आवासीय कलोनियों में केबल की सहायता से टी.वी. कार्यक्रम पहुँचाए जा रहे है। मुम्बई उच्च न्यायालय द्वारा केबल मालिकों द्वारा फिल्म के कॉपीराइट रखने वालों से अनुमति प्राप्त किए बिना भारतीय फिल्मों के प्रसारण पर रोक लगा दी गई है। फिल्म प्रोड्यूसरों का यह तर्क है कि केबल की सहायता से घर के भीतर टी.वी. पर फिल्में देखकर सिनेमाघरों में सार्वजनिक तौर पर फिल्में देखने से भिन्न है। देश भर में केबल नेटवर्कों ने उपग्रह डिश स्थापित किए हैं जिनकी सहायता से स्टार टी.वी. और दूरदर्शन के टी.वी. चैनलों के कार्यक्रम को

पिक अप करके उन्हें केबल द्वारा 20 मिलियन से भी अधिक घरों में पहुंचाया जाता है।

भारत में केबल नेटवर्क का फैलाव सबसे ज्यादा 1990 के दशक में हुआ। इस दशक में लगभग 2,00,000 लाख लोगों के पास केबल नेटवर्क उपलब्ध था। उनमें से लगभग आधे नेटवर्क बहुमंजिली इमारतों में थे और एक-तिहाई नेटवर्क एकल-इमारत प्रणालियों में लगे थे। एक-तिहाई से अधिक नेटवर्क 250 से 750 उपभोक्ता घरों में तथा 20% नेटवर्क 1000 से 1500 उपभोक्ता घरों में तथा 20% नेटवर्क 1000 से 1500 उपभोक्ता घरों में उपलब्ध थे। केबल व्यापार में सीटी केबल (जी टी वी नेटवर्क का) और उनके नेट के मात्र (हिन्दी या ग्रुप का) दो बड़े संघ हैं और अधिकांश मात्र प्रचारक इनमें से किसी एक समूह से जुड़े है जिससे इन दोनों समूहों में हमेशा प्रतिस्पर्धा बनी रहती है। अकेले मुंबई में ही कुल 1,2,00,000 केबल क्नेक्शनों में से इन केबल के नियंत्रणाधीन 600,000 और सीटी-केबल के नियंत्रणाधीन 400,000 केबल कनेक्शन हैं। अन्य छोटे केबल प्रचारकों का नियंत्रण मात्र 200,000 क्नेक्शनों पर ही है।

तथापि, केबल प्रचालकों के हस्तक्षेप में बिना विदेशी टी.वी. चैनलों को उपग्रह द्वारा लोगों के घरों तक पहुँचाने वाली डाइरेक्ट टु होम (डी.टी.एच.) प्रौद्योगिकी के अधिकाधिक प्रचलन से केबल प्रचालकों को अपना व्यवसाय खतरे में दिखाई दे रहा है। डी.टी.एच. टेलीविजन डिजिटल और इंटरऐक्टिव हैं जो उपभोक्ताओं को 100 तक की संख्या में टी.वी. चैनलों को दिखाने की ऐशकश कर रहा है। स्पर्ट मर्डोक का न्यूजकोर्प डीटीएच क्रांति का नेतृत्व कर रहा है जिसने पहले ही यूरोप में बी-स्काई बी और जापान में जे स्काई-बी की शुरुआत की है और अब इसकी योजना भारतीय उपमहाद्वीप में आई स्काई-बी तथा उत्तरी अमेरिकी उप महाद्वीप में स्काई-बी शुरू करने की है।

विज्ञापनों का प्रसारण

80 के दशक में भारत में वीडियो कंपनियों और केबल पर विज्ञापन व्यवसाय में भारी बढ़ोत्तरी हुई। उसका अत्यधिक सकारात्मक प्रभाव दूरदर्शन पर पड़ा जिसने विज्ञापन और सामाजिक-पारिवारिक धारावाहिकों तथा अन्य मनोरंजक कार्यक्रमों के प्रयोजन के लिए अपना मार्ग प्रशास्त किया। इसके

अतिरिक्त रंगीन टेलीविजन की शुरुआत होने और आयातित टेलीविजन सेटों और वी.सी.आर./ वी.सी.पी. पर सीमा शुल्क में कमी करने से देश में वीडियो क्रांति आई। मई 1983 तक देश में लगभग 5.5 मिलियन टी.वी. सेट और कम से कम आधा मिलियन वीडियो रिकॉर्डर/प्लेयर थे। भारत की विज्ञापन कंपनियों ने अपना क्षेत्र वीडियो और केबल को भी बनाया। केबल और वीडियो पर भी इन्होंने भरपूर विज्ञापन प्रस्तुत किये। वास्तव में बावजूद इसके कि यह उद्योग विज्ञापन उद्योग के समान ही विनियमित नहीं था, वीडियो ने विज्ञापनदाताओं को अपनी ओर आकर्षित किया। फिल्में भी बहुत अधिक संख्या में चोरी-छिपे वीडियो कैसेटे बनाए जाने से बाध्य होकर अनेक फिल्म प्रोड्यूसरों ने अपने पुराने और नए फिल्मों का वीडियो अधिकार गावेयर, बोम्बिनो शैयारू, सुपर कैसेट्स, एस्क्वाचर, ईगल और अन्य कंपनियों को बेचना शुरू कर दिया।

राष्ट्रीय फिल्म विकास निगम (NFDC) ने भी भारतीय और विदेशी फिल्म प्रोड्यूसरों से वीडियो अधिकार प्राप्त करने के लिए समझौता किया और यह तय किया गया कि वीडियो अधिकारों कर प्रयोग विज्ञापन के जरिए उपभोक्ता उत्पादों को बढ़ावा देने के लिए नहीं किया जाएगा और ऐसा करना वीडियो अधिकारों का दुरुपयोग माना जाएगा। उत्पादों की बिक्री को बढ़ाने में लगी विज्ञापन एजेंसियाँ जो रियासती मूल्य पर उत्पादों को विक्रय हेतु प्रस्तुत करती हैं, बाद में वीडियो पर श्रृव्य-दृश्य प्रस्तुति हेतु अपनी उपस्थिति दर्ज कराने के लिए बढ़-चढ़ कर सामने आने लगीं। वीडियो विज्ञापन पहले मात्र निर्यात हेतु निर्मित किए जाने वाले कैसेटों तक ही सीमित था किंतु लगातार फैल रहा घरेलू बाजार इतना विस्तृत हो गया कि विज्ञापनदाताओं के लिए अपने घरेलू बाजार को नजरअंदाज करना संभव नहीं रहा। अस्सी के दशक के अंतिम वर्षों में केबल नेटवर्क के पहले मुंबई की बहुमंजिली इमारतों में और बाद में महानगरीय क्षेत्रों के आस-पास फैली कालेनियों में फैल जाने से वीडियो बाजार और विस्तृत हुआ। प्रमुख वीडियो वितरकों के समूह संगठित हुए। संभवतः सबसे बड़ा समूह केबल वीडियो (इंडिया) प्रा.लि. है जिसके पास 3000 से भी अधिक फिल्मों के घरेलू प्रदर्शन और केबल के अधिकार सुरक्षित हैं। कंपनी इन फिल्मों के वीडियो कैसेटों का प्रमुख वितरक है। डालमिया ग्रुप की कंपनी शोटाईम कम्युनिकेशन दिल्ली में इस कंपनी के नियंत्रणाधीन वीडियो फिल्मों का वितरण करती है। केबल

उद्योग से जुड़ी अन्य कंपनियों/समूहों में दि स्टेट वीडियो और मिजोरम, केरल व पश्चिम बंगाल भी सरकारों तथा टाइम्स टेलीविजन के नाम उल्लेखनीय हैं।

वीडियो और मात्र टी.वी. पर छाई रहने वाली बड़ी कंपनियों में नेस्ले-इंडिया, कैडबरीज, आईटीसी, यूनाइटेड ब्रेवरीज आदि के नाम उल्लेखनीय हैं। देश भर में 5000 से भी अधिक केबल प्रचालक काम कर रहे हैं। केबल टी.वी. और वीडियो पर सभी विज्ञापनदाता अपने उत्पादों को प्रसारित कर सकते हैं, विशेषकर वे सभी इन पर अपना विज्ञापन देते हैं जिनका विज्ञापन दूरदर्शन पर नहीं आता। ऐसे कुछ उत्पादों में मादक पेयों, बेबी फूड, पान मसाला, सिगरेट, अंग-वस्त्रों आदि के नाम शामिल हैं। वर्ष 1991 में मात्र टी.वी. पर विज्ञापन से एक करोड़ सबसे अधिक की आय हुई थी जबकि दूरदर्शन को इस दौरान 253 करोड़ की आय हुई।

विज्ञापनदाता दूरदर्शन पर अपना विज्ञापन देने से पीछे नहीं हट रहे हैं बल्कि वे केबल टी.वी. से दूसरा एक पूरक माध्यम के रूप मे प्रयोग में ला रहे हैं। केबल द्वारा बाजार के खंडीकरण का लाभ पहुंच रहा है।

वीडियो और केबल विज्ञापन के बढ़ते प्रचार-प्रसार के कारण दूरदर्शन और बड़ी बजट की फिल्मों को हानि पहुंच रही है। कभी-कभी कोई विज्ञापन मुख्य कार्यक्रम पर हावी हो जाता है, तो दर्शक काफी निराश हो जाते हैं। जब सभी चैनलों पर विज्ञापन का कब्जा हो जाता है तो रिमोट के बटन पर फास्ट-फोटवार्ड बार भी निष्फल सिद्ध होता है। अब इन्फैक्ट (INFACT) और वीडियो राइट्स ऑनर्स ऑफ इंडिया के एसोसिएशन जैसे संगठनों ने सरकार पर कॉपीराइट अधिनियम लागू करने के लिए हर राज्य में विशेष एंटीपाइरेसी सेल (Antipiracy cell) गठित करने पर दबाव डाला है। इस अधिनियम को लागू करने के प्रभावी तरीकों पर विचार करने के लिए कापीराइट इन्फोर्समेंट एडवाइजटी काउंसिल का गठन किया गया है। इस काडंसिल ने सुझाव दिया कि एक कॉपीराइट काउंसिल स्थापित की जाए। यह भी सुझाव दिया गया कि भारतीय तार अधिनियम (1885), भारतीय बेतार अधिनियम (1933), कॉपीराइट अधिनियम, 1957 में संशोधन करके वीडियो, केबल और उपग्रह टेलीविजन के क्षेत्र में हुई प्रगति को स्थान दिया जाए।

विज्ञापनदाताओं द्वारा वीडियो के घोर दुरुपयोग पर रोक लगाने के लिए दशकों के साथ मिलकर फिल्म प्रोड्यूसरो ने भी दर्शक एसोसिएशन गठित करने

की दिशा में गंभीर प्रयास किए हैं। इनकी मांग है कि टी.वी., वीडियो और केबल पर विज्ञापन हेतु एक नियमावली तैयार की जाए ताकि दर्शकों के अधिकारों की रक्षा की जा सके। उनका मानना है कि (ASCI) द्वारा तैयार की गई नियमावली वीडियो और केबल को नियंत्रित करने के लिए पर्याप्त है। नवंबर 1993 में भारतीय केबल प्रचालक संघ तथा सूचना और प्रसारण मंत्रालय के बीच केबल टेलीविजन नेटवर्क (विनियम) विधेयक पर सहमति बनी जिसके अनुसार सहमति बनी जिसके अनुसरण में नवंबर 1994 में जारी अध्यादेश द्वारा इस अधिनियम को लागू किया गया जिसके अंतर्गत केबल कंपनियों कर डाक घरों से पंजीकरण कराना आवश्यक कर दिया गया। इसके अतिरिक्त सभी प्रचालकों के लिए यह अनिवार्य कर दिया कि वे दूरदर्शन का कम से कम एक चैनल अवश्य प्रसारित करें तथा उन वाणिज्यिक और विदेशी उपग्रह चैनलों के कार्यक्रमों का प्रसारण बंद कर दें जो भारत सरकार द्वारा निर्धारित नियमों और दिशा-निर्देशों के अनुरूप न हो। तथापि प्रसार भारती (भारतीय प्रसारण निगम) गठित होने और प्रसारण अधिनियम घोषित होने के बाद उक्त अधिनियम की प्रासंगिकता समाप्त हो गई।

प्रसार भारती विधेयक (1989)

मई, 1979 में जनता पार्टी की सरकार ने एक विधयेक पेश किया जिसे प्रसार भारती विधयेक के नाम से जाना जाता है। इसी नाम से यह विधयेक 1978 में भी पेश हुआ था। इसलिए 1989 में जब वर्गीज रिपोर्ट सामने आई तो इसका मूलाधार ये दोनों पूर्व विधयेक ही थे। इनमें कुछ मूलभूत अंतर भी है। जबकि प्रसार भारती विधेयक संसद के अधिनियम के जारिए प्रसारण निगम सृजित करने के पक्ष में था, वर्गीज रिपोर्ट का स्पष्टतः यह रहना था किसी प्रसारण स्वातन्त्रता भारतीय संविधान का एक हिस्सा हो। इससे यह सुनिश्चित करना आवश्यक होगा कि कोई भी भावी सरकार इस निगम की स्वतंत्रता से छेड़-छाड़ न कर सके। इसके अतिरिक्त जैसी कि वर्गीज रिपोर्ट में परिकल्पना की गई, जनता की सेवा में समर्पित एक ट्रस्ट का स्वरूप प्रदान करते हुए वर्तमान विधेयक में एक निगम की स्थापना का प्रस्ताव किया गया जिसके पास संवैधानिक गरिमा और अधिकार न हो। वर्तमान विधेयक द्वारा निगम के जिन

उद्देश्यों भी परिकल्पना की गई है वे वर्गीज समिति की राष्ट्रीय प्रसारण ट्रस्ट से स्थापित करने के उद्देश्यों से भिन्न हैं।

किन्तु यह वर्गीज रिपोर्ट उतना व्यापक नहीं है जिसमें यह अपेक्षा की गई है कि सूचना और प्रसारण मंत्रालय प्रसारण के उत्तरदायित्व से पूर्णतः मुक्त हो जाय। विधेयक में मंत्रालय के प्रतिनिधि को अंश मालिक गवर्नर के रूप में कार्य करने का प्रावधान किया गया है। इस वर्गीकरण समिति द्वारा परिकल्पित "पूर्ण स्वायत्तता" से भिन्न स्थिति है।

वर्गीज समिति ने पाश्चात्य प्रसारण संस्थाओं के ढांचे और संगठन के अंधानुसरण के प्रति चिंता व्यक्त की। नए विधेयक में जो ढांचा प्रस्तुत किया गया था वह काफी हद तक बी.बी.सी. के अनुरूप था। इसके अतिरिक्त, वर्गीज समिति ने विकेन्द्रीकृत ढांचे की आवश्यकता को कोई अधिक महत्व नहीं दिया जिसमें शक्तियाँ क्षेत्रीय और स्थानीय स्तरों पर प्रत्यायोजित हों। मौजूदा विधेयक में केन्द्र सरकार और एक्जीक्यूटिव बोर्ड की शक्तियों के अंतरण के विषय में कोई विशेष उल्लेख नहीं किया गया है। विधेयक में शैक्षिक संस्थाओं के लिए "फ्रैन्चाइज स्टेशनों" के बारे में भी कुछ नहीं कहा गया है। बोर्ड ऑफ गवर्नर्स के चयन के संबंध में भी विधेयक में वर्गीज सिफारिशों का ध्यान नहीं रखा गया है। भारत के मुख्य न्यायाधीश, लोकपाल और संघ लोक सेवा आयोग के अध्यक्ष और राष्ट्रपति द्वारा निश्चित एक व्यक्ति को रखा जाएगा। उसी प्रकार यह विधेयक प्रसारण परिषद्/शिकायत परिषद् के गठन का भी समर्थन नहीं करता। वास्तव में, मौजूदा विधेयक की सामग्री रूप और आत्मा काफी हद तक प्रसार भारती विधेयक (1979) के सदृश है न कि वर्गीज समिति की सिफारिशों की।

बीजी वर्गीज, उमाशंकर जोशी और अन्य समिति सदस्यों ने 1979 के विधेयक का पुरजोर विरोध किया। वर्गीज और जोशी दोनों ने यह महसूस किया कि तत्कालीन सरकार जनता के प्रति वफादार नहीं है और विधेयक में उल्लिखित स्वायत्तता काफी हद तक क्षीण है तथा प्रस्तावित प्रसारण निगम के कार्यकाल में किसी भी प्रकार के विकेंद्रीकरण के लिए कोई प्रावधान नहीं किया गया है। ऐसी ही आपत्तियाँ 1989 के विधेयक के संबंध में भी उठाई जा सकती हैं। इस विधेयक को लोकसभा और राज्यसभा में सभी राजनीतिक दलों द्वारा अनुमोदन प्राप्त हो जाने के बाद इसने अधिनियम का रूप ग्रहण कर लिया।

प्रसार भारती अधिनियम (1990)

विदेशी उपग्रह चैनलों से भारतीय दूरदर्शन प्रभावित हो रहा था। इसलिए तत्कालीन कांग्रेस सरकार ने दूरदर्शन की सुरक्षा के ख्याल से 1991 में एक समिति का गठन किया जिसे "वर्धन समिति" के नाम से जाना जाता है। इस समिति का मुख्य काम 1990 में प्रस्तुत प्रसार भारती अधिनियम का पुनर्परीक्षण करना था। वर्धन समिति ने सुझाव दिया कि "दूरदर्शन को प्रत्येक चैनल पर कुल प्रसारण समय का कम से कम 20% समय सामाजिक रूप से वांछनीय कार्यक्रमों के प्रसारण को दिया जाए"। इसके अतिरिक्त "कार्यक्रम प्रसारण के समय का दस प्रतिशत से अधिक वक्त उपलक्षित नहीं किया जाना चाहिए।" इसने यह सिफारिश भी की कि किसी प्रकार से विवादापद मामले में कार्यक्रम सभी बिन्दुओं पर स्पष्ट और निष्पक्ष राय व्यक्त की जाएगी।

संयुक्त मोर्चे की सरकार इससे भी एक कदम आगे बढ़ गई। उसने एक व्यापक राष्ट्रीय मीडिया नीति तैयार की जिसका आशय टेलीविजन के विकेन्द्रीकरण, विलियन, क्रॉस-मीडिया स्वागित्व, विदेशी मीडिया घटानों द्वारा भागीदारी, विज्ञापन की भूमिका और भारतीय क्षेत्र से अपलिंकिंग जैसे प्रश्नों पर सम्यक् विचार करना था। उस प्रयोजनार्थ 1995 में रामविलास पासवान समिति गठित की गई। इस समिति ने 104 पृष्ठों का दस्तावेज और 46 सिफारिशें प्रस्तुत कीं जो सार्वजनिक और निजि इलेक्ट्रॉनिक मीडिया समाचार पत्रों, समाचार एजेंसियों और फिल्म से संबंधित थी। समिति ने राष्ट्रीय मीडिया नीति पर सर्वसम्मति तैयार करने पर बल दिया था। इसकी कुछ सिफारिशें संसद में मई 1997 में पेश किए गए प्रसारण विधेयक में शामिल किए गए थे। प्रसार भारती अधिनियम की एक बार फिर से समीक्षा करने और सिफारिशें देने के लिए वर्ष 1996 में नितीश सेन गुप्ता समिति गठित की गई। समिति ने उसी वर्ष अगस्त में अपनी सिफारिशें प्रस्तुत कर दीं।

प्रसारण विधेयक (1997)

विभिन्न प्रक्रिया से गुजरने के उपरांत सन् 1997 ई० के मई में संसद में प्रसारण विधेयक को पेश किया गया। कुछ विवादास्पद मुद्दों जैसे कि क्रॉस मीडिया स्वामित्व, लाइसेंसिंग प्रक्रिया, विदेशी इक्विटी की सीमा और निजी

उपग्रह चनैलों से अपलिंकिंग सेवाओं आदि पर पुनर्विचार करने के लिए कांग्रेस (आई) के श्री शरद पवार की अध्यक्षता में एक संयुक्त संसदीय समिति गठित की गई।

विधेयक द्वारा भारतीय या विदेशी सभी चैनलों के लिए यह अनिवार्य कर दिया गया है कि वे अपने कार्यक्रमों का ट्रान्समिशन भारत की भूमि से करें। उपग्रह चैनलों के लिए लाइसेंस मात्र भारतीय कंपनियों को प्रदान किए जाएंगे और उन्हें 49% तक विदेशी इक्विटी की अनुमति प्रदान की जाएगी। स्थानीय चैनलों के लिए विदेशी इक्विरी की अनुमति नहीं होगी।

विधेयक द्वारा क्रॉस मीडिया स्वामित्व पर प्रतिबंध लगा दिया गया है (समाचार प्रकाशन गृहों की टेलीविजन या केबल कंपनियों में 20% से अधिक इक्विरी नहीं हो सकती) तथा साथ ही विदेशी स्वामित्व पर रोक लगाई गई है। इसके अतिरिक्त किसी भी विज्ञापन एजेंसी, धार्मिक निकाय, राजनीतिक दल या सार्वजनिक निधि से वित्तपोषित निकाय को टी.वी. कंपनी चलाने का लाइसेंस प्रदान नहीं किया जाएगा। डायरेक्ट टू होम (डी टी एच) सेवाओं का लाइसेंस बोधी प्रक्रिया पूर्ण होने पर मात्र दो कंपनियों को ही दिया जाएगा।

इस विधेयक के लागू हो जाने के बाद केबल टेलीविजन नेटवर्क (विनियमन) अधिनियम निरस्त हो जाएगा। प्रसारण विधेयक उच्चतम न्यायालय द्वारा केन्द्र सरकार को फरवरी 1995 में "वायु तरंगों के प्रयोग को नियंत्रित और विनियमित करने के लिए समाज के सभी वर्गों और हितबद्ध सभूहों का प्रतिनिधित्व करने वाले एक स्वतंत्र सरकारी प्राधिकरण स्थापित करने के लिए तत्काल कदम उठाने" का निर्देश दिये जाने के बाद संसद में पेश किया गया। उच्चतम न्यायालय प्रसारण क्षेत्र के निजीकरण के विरुद्ध था क्योंकि उसका यह मानना था कि "यदि प्रसारण में निजी क्षेत्रों के प्रवेश की अनुमति दी जाती है तो यह सुनिश्चित करने के लिए कि इसमें विभिन्न वर्गों के हितों को ध्यान में रखते हुए कार्यक्रम प्रसारित किए जाएंगे, इसे बजार भी शक्तियों के हाथ में नहीं छोड़ा जा सकता।" न्यायालय के नजरिए से प्रसारण/टेलीकास्ट के अधिकार किसी केन्द्रीय एजेंसी या कुछ निजी प्रसारणकर्ताओं के हाथ में केंद्रित होने के परिणाम काफी गंभीर हो सकते हैं।

5

उपग्रह टेलीविजन प्रसारण

उपग्रह टेलीविजन का प्रसारण भारत में एक क्रांतिकारी शुरुआत थी। इसका पहला कदम महानगरों में पड़ा जिसका लक्ष्य पर्यटकों को आकर्षित करना था। उपग्रह टेलीविजन आज विश्वविख्यात है। आज जैसे-जैसे चैनलों की संख्या बढ़ रही है वैसे-वैसे दर्शकों की संख्या में भी विस्तार हो रहा है। सर्वप्रथम सी.एन.एन. (केबल न्यूज नेटवर्क) के जरिए छोटे पर्दे पर खाड़ी युद्ध का सीधा प्रसारण दिखाना शुरू किया। 1991 में केबल नेटवर्क की संख्या 11,500 थी तथा 45,000 घरों में केबल कनेक्शन था। उस समय स्टार टी.वी. के केवल चार चैनल थे। स्टार टी.वी. से 14 अक्टूबर 1991 को "बी.बी.सी. वर्ल्ड सर्विस" नामक नया चैनल जुड़ा। बाद में केबल नेटवर्क की संख्या निरंतर बढ़ती रही क्योंकि तब यह स्पष्ट हो चुका था कि बुनियादी केबल से जुड़े घरों में स्टार-टी वी चैनलों को पहुंचाने के लिए मात्र डिश ऐन्टेना आवश्यक होगा। आज केबल कनेक्शन की संख्या बढ़कर 78% हो चुकी है।

मई, 1992 में ए आर द्वारा देश के दस शहरों/ महानगरों (दिल्ली, मुंबई, मद्रास, कोलकाता, हैदराबाद, बैंगलुरु, लखनऊ, नागपुर, जयपुर और कटक) में अध्ययन किया गया। इन शहरों/ महानगरों में जनसंख्या का आकार भिन्न-भिन्न है, केबल पहुंच का स्तर भिन्न-भिन्न है तथा इसमें रहने वाले लोगों के हिंदी/अंग्रजी ज्ञान का स्तर भी भिन्न-भिन्न है। अध्ययन से यह परिणाम निकला कि किसी भी उपग्रह टी वी कार्यक्रम के दर्शकों की संख्या 8 प्रतिशत से अधिक नहीं है और बहुत कम ही ऐसे उपग्रह टी.वी. कार्यक्रम हैं जिसके दर्शकों की संख्या पाँच प्रतिशत तक पहुंच पाती है। पांच प्रतिशत से अधिक दर्शक संख्या वाले

कार्यक्रमों में फीचर फिल्म, धारावाहिक, कार्टून शो और समाचार शामिल थे। अध्ययन का निष्कार्ष था कि "ऐसा प्रतीत होता है कि अधिकांश दर्शक उपग्रह टी.वी. कार्यक्रम संयोगवश ही देखते हैं। इन कार्यक्रमों से अपने दर्शकों की संख्या मे वृद्धि करने की दिशा में अभी बहुत कुछ किया जाना है। इनके दर्शकों की संख्या बहुत कम होने के सुस्पष्ट कारण है। ये कार्यक्रम अंग्रेजी में हैं तथा अंग्रेजी जानने वाले बहुतायत लोगों के लिए भी अंग्रेजी धारावाहिकों पर फिल्मों में जिस प्रकार से उच्चारण किया जाता है वह समझ पाना सरल नहीं है।

अध्ययन में यह भी कहा गया कि स्थानीय दृश्यों /घटनाओं पर आधारित वी.सी.आर. कार्यक्रमों के दर्शक काफो अधिक संख्या में हैं और इन कार्यक्रमों को 24% तक समय आवंटित किया जाता हैं। इन कार्यक्रमों में ज्यादातर फीचर फिल्में प्रदर्शित की जाती है तथा वर्ष में कुछ नए-पुराने लोकप्रिय हिट गाने दिखाये जाते हैं। स्थानीय सर्वाधिक लोकप्रिय कार्यक्रम दोपहर में और रात्रि 10.00 बजे के बाद टेलीकास्ट किए जाते हैं जबकि मात्र नेटवर्क पर स्थानीय भाषाओं में फीचर फिल्में प्रदर्शित की जाती हैं। दिल्ली में ए.आई.एम.सी. (AIMC) द्वारा जनवरी 1992 में 300 व्यक्तियों से की गई एक पूछताछ सर्वेक्षण का भी यही परिणाम निकला था।

सेटेलाइट टेलीविजन या केबल के आगमन से सबसे ज्यादा प्रभाव दूरदर्शन और दैनिक समाचार पत्रों पर या पत्रिकाओं पर पड़ा है। विज्ञापन से होने वाली आमदनी का अधिकांश केबल और उपग्रह टेलीविजन तक सीमित रह गया है। सैनिटरी, नैपकिन, पान मसाला, मादक पेयों, आभूषण और अन्य उत्पादों के विज्ञापन से जिनका विज्ञापन दूरदर्शन पर प्रतिबंधित है, स्टार टी.वी. के पांचों चैनल राजस्व अर्जित कर रहे हैं। अन्य विज्ञापनदाता भी विशेषकर प्रीमियम ब्रांड के साबुनों, उपभोक्ता वस्तुओं और टिकाऊ उपभोक्ता वस्तुओं के विज्ञापनदाता स्टार टी.वी. और जी टी.वी. की अपेक्षाकृत सस्ती विज्ञापन दरों का लाभ उठाने में पीछे नहीं रहे हैं। दूरदर्शन ने भी बड़े विज्ञापनदाताओं को अपनी ओर आकर्षित करने के लिए एक मेट्रो चैनल और चार अन्य चैनलों को शुरू किया है जिसे उपग्रह की सहायता से देश के किसी भी भाग में देखा जा सकता है। दूरदर्शन का यह प्रचलन रंग ला रहा है क्योंकि विज्ञापनदाताओं और विज्ञापन एजेंसियों को राष्ट्रीय नेटवर्कों पर कार्यक्रम तैयार करने के अवसर प्रदान किए जा रहे हैं।

उपग्रह टेलीविजन ने मासमीडिया के अन्य तत्वों पर गहरा प्रभाव डाला है, जैसे—सिनेमा, रेडियो, समाचार पत्र इत्यादि। भारत के कितने महानगरों में सिनेमाघर मालिकों ने सिनेमाघरों को ताला लगा दिया है। फिल्म का निर्माण तो उसी दर से हो रहा है। परंतु सेटेलाइट टेलीविजन के प्रसारण से सिनेमाघरों पर असर पड़ा है। महानगरों में एफ. एम. रेडियो का निजीकरण स्पष्टतः उपग्रह और मात्र टेलीविजन की व्यापक पहुँच का परिणाम है तथा स्टार टी.वी. पर एम टी वी चैनल की लोकप्रियता के कारण मिल रही चुनौती का सामना करने का एक प्रयास है। यही कारण है कि एम. टी.वी. के दर्शकों की रुचि को ध्यान में रखते हुए रिकॉर्डेड संगीत कंपनी को भी कार्यक्रमों के निर्माण नीति बदलनी पड़ी।

लोग समाचार-पत्रों से अधिक उपग्रह चैनल पर 24 घंटे प्रसारित समाचारों से आकर्षित होते थे। चैनल किसी घटना के घटते ही उससे संबंधित समाचार का प्रसारण करते हैं जबकि समाचार पत्रों के द्वारा उस खबर की जानकारी अगले दिन प्राप्त होती है। समाचार का प्रसारण करने वाले मुख्य चैनल स्टार न्यूज, आज तक, जी न्यूज आदि है। इस परिस्थिति का सामना करने के लिए भारतीय समाचार-पत्रों और पत्रिकाओं ने अपने पाठकों को अपनी ओर आकर्षित रखने के लिए रंग और दृश्य का संगम और रोचक प्रंसगों का विवरण प्रस्तुत करना शुरू कर दिया है। इसके अतिरिक्त समाचार-पत्रों और पत्रिकाओं दोनों ने टुकड़ों में कहानियाँ प्रस्तुत करना तथा संक्षिप्त कहानियाँ और खोजी व विवेचनात्मक स्वरूप की कथाएँ प्रस्तुत करने लगे हैं, जो समाचार पत्र अपनी नीति का परिवर्तन नहीं कर रहे हैं, वह अपनी लोकप्रियता को दिन-प्रतिदिन खो रहे हैं।

सेटेलाइट चैनलों ने देश के सामाजिक और सांस्कृतिक परिवेश को भी प्रभावित किया है। चूंकि नगरों में उपग्रह चैनलों का प्रचार-प्रसार ज्यादा है इसलिए नागरिक संस्कृति अपेक्षाकृत अधिक प्रभावित रही है। ग्रामीण लोगों में आज भी दूरदर्शन की लोकप्रियता ज्यादा है, जो सामाजिक, अमेरिकी ब्रिटिश और ऑस्ट्रेलियाई नेटवर्क के पारिवारिक पृष्ठभूमि के धारावाहिक सिटकॉट (Sitcom), वार्ता कार्यक्रम और खेल कार्यक्रमों की प्रासगिकता भारतीय समाज के संदर्भ में न के बराबर है। फिर भी इन इन कार्यक्रमों को बहुत से लोगों द्वारा देखा जाता है। जीटी.वी. के कार्यक्रम अमेरिकी शैली के हू-ब-हू नक़ल हैं। छोटे पर्दे पर जिस खुलेपन से सैक्स और हिंसा से संबंधित दृश्य

दिखाए जाते है, उसकी छाप धनाढ्य तबकों में पहुंच रही है किंतु ऐसा अधिकांश प्राच्य संस्कृतियों में विद्यमान नहीं है। प्रभावी और शक्तिशाली सांस्कृतिक से "छवियों" और "विचारों" की लगातार छाप से मीडिया और सांस्कृतिक साम्राज्य का जन्म होता है। "सत्तर और अस्सी" के दशकों में निर्गुट देशों ने उस मुद्दे को यूनेस्को (UNESCO) और संचार व्यवस्था (New World Information and Communication Order, NWICO) स्थापित करने की बात की जिसमें उत्तर और दक्षिण के देशों की बीच सूचना का उचित, समान और संतुलित प्रवाह हो न कि मात्र अधिकाधिक उत्तर से दक्षिण की ओर ही सूचना का प्रभावी प्रवाह हो। संयुक्त राज्य अमेरिका और ब्रिटेन ने इस संघर्ष को "साम्यवादी षड्यंत्र" की संज्ञा दी और उन देशों ने यूनेस्को द्वारा किए जा रहे इस प्रयास का बहिष्कार कर दिया।

उपग्रह चैनलों में सांस्कृतिक और राजनीतिक रूप से संवेदनशील मुद्दों पर बी.बी.सी., सी.एन.एन. और ए.बी.सी. समाचार सेवाओं की रिपोर्टिंग किसी भी दृष्टि से प्रशंसनीय नहीं रही है। स्पष्टतः वे अपने को बार-बार उकसाने वाले उत्तेजक दृश्यों और रिपोर्टों की संभावित प्रतिक्रिया या अप्रत्य के प्रति निश्चित रहे हैं। इस संबंध में कुछ राष्ट्रीय सरकारों का कहना है कि ऐसा करना विश्व समाचार प्रदान करने के नाम पर एशियाई देशों के "आंतरिक मामलों में हस्तक्षेप" करने के समान है।

उपग्रह टेलीविजन एवं केबल का असर

दर्शकों के विचार

जनवरी 1992 में भारतीय जनसंचार संस्थान ने केबल और उपग्रह टेलीविजन के सामाजिक-सांस्कृतिक प्रभाव पर दर्शकों के विचार जानने के लिए नई दिल्ली में एक सर्वेक्षण किया। उस सर्वेक्षण के कुछ निष्कर्ष निम्न थे–

(i) उपग्रह चैनल देखने वाले 80% लोग विदेशी चैनल पर प्रसारित प्रोग्राम के प्रति रुचिकर थे। स्टार पर प्रसारित होने वाले धारावाहिकों की ओर 42% लोगों का मानना है कि विदेशी धारावाहिक पश्चिमी सभ्यता को उजागर करते हैं जो समाज पर विपरीत प्रभाव डालते हैं। 35% लोगों के अनुसार यह हमारे इतिहास धर्म आदि को विवेचन नहीं करते।

(ii) बी.बी.सी. के संबंध में 58 प्रतिशत व्यक्तियों का कहना था कि इसका "व्यापक, गहरा और संतुलित कवरेज" है जबकि आश्चर्यजनक रूप से 42 प्रतिशत व्यक्तियों का यह मानन था बी.बी.सी. न्यूज द्वारा "भारत से संबंधित घटनाओं और विवरणों में कभी-कभी पक्षपात रहता है और तथ्यों को तोड़-मोड़ कर पेश किया जाता है।"

(iii) जबकि सर्वेक्षण के दौरान 84% व्यक्तियों ने कहा कि एम टी वी के 60% मनोरंजक कार्यक्रमों का युवा पीढ़ी पर सामाजिक-सांस्कृतिक प्रभाव पड़ता है। दी गई प्रतिक्रियाओं में यह राय व्यक्त की गई कि यदि युवा पाश्चात्य जीवन शैली को रंग में रंगते हैं तो वह अध्ययन की ओर लापरवाह हो जायेंगे तथापि, कुछ व्यक्तियों का यह कहना था कि युवा पीढ़ी अधिक स्मार्ट और अधिक जागरूक बनेगी।

(iv) केबल प्रणालियों के "बी.सी.आर. चैनल" पर दिखाई जाने वाली फिल्मों के संबंध में दर्शक के विभिन्न विचार थे जिनमें से एक समूह का यह मानना था कि "दिखाई जाने वाली फिल्मों की संख्या बहुत अधिक होती है"। लगभग 70% दर्शकों का यह मानना था कि फिल्मों के अधिकाधिक प्रदर्शन से हमारे सामाजिक और नैतिक मूल्यों पर प्रतिकूल प्रभाव पड़ेगा। हालांकि कुछ लोगों द्वारा फिल्मों में सैक्स और हिंसा प्रदर्शित करने पर चिंता व्यक्त की गई किन्तु कुछ लोगों का यह भी मानना था कि अन्य स्रोतों से इस संबंध में इतना कुछ परोसा जा रहा है कि केबल टी.वी. का कोई अधिक प्रभाव नहीं पड़ेगा।

(v) जिन व्यक्तियों से साक्षात्कार किया गया उनमें से ऐसे व्यक्तियों का एक पर्याप्त प्रतिशत (45से 62%) था जो बच्चों पर केबल टी.वी. के नकारात्मक प्रभाव से चिंतित थे। बहुसंख्यक व्यक्तियों (57%) का यह मानना था कि केबल टी.वी. से "बच्चों पर प्रतिकूल प्रभाव पड़ेगा।" 62 प्रतिशत का यह मानना था कि बच्चों के खेल-कूद का समय कम हो जाएगा जबकि 52% का मानना था कि बच्चों की पढ़ाई-लिखाई और अन्य सर्जनात्मक क्रियाकलापों पर प्रतिकूल प्रभाव पड़ेगा।

टेलीविजन प्रसारण की नीति एवं नैतिकता

यह एक सच्चाई है कि टेलीविजन केबल और उपग्रह चैनल से जुड़े प्रोड्यूसर अपने पेशा में अधिक-से-अधिक मुनाफा कमाना चाहते हैं। उनका कोई

सामाजिक सरोकार नहीं है और अपने व्यवसाय हेतु उन्होंने किसी प्रकार का आचार नियम नहीं बना रखा है, जबकि टेलीविजन प्रोड्यूसरों के लिए (और दूरदर्शन के लिए कार्यक्रम तैयार करने वाले स्वतंत्र प्रोड्यूसरों के लिए भी) ऑल इंडिया रेडियो के लिए निर्धारिक नियमावली और केन्द्र सरकार द्वारा जारी अन्य दिशा-निर्देशों का पालन अपेक्षित है वहीं केबल और उपग्रह टी.वी. प्रोड्यूसर टॉस-कमर्शियलिज्म की नीति (Policy of Commercialism) का पालन करते हैं। वस्तुतः ऐसा कोई भी कार्यक्रम जो विज्ञापनदाताओं को आकर्षित करता है और कुछ दर्शकों को अपने से जोड़ता है वह टेलीकास्ट के योग्य कार्यक्रम है। ऐसा प्रतीत होता है कि व्यावसायिक मीडिया कर्मियों में नैतिकता और नीति विषयक प्रश्नों पर कुछ उदासीनता विद्यमान है।

जबकि स्टार-टी.वी. एशियाई दर्शकों पर काफी हद तक पाश्चात्य किस्म के मनोरंजक और समाचार कार्यक्रम थोप रहा है। वहीं दूरदर्शन संपूर्ण देश पर उत्तर भारतीय दिल्ली केंद्रित कार्यक्रम संस्कृति थोप रहा है। इस बात की भी पूरी संभावना है कि राष्ट्रीय चैनलों द्वारा भी कुछ ऐसा ही अनैतिक व्यवहार अपनाया जाए। भारत की सामाजिक-सांस्कृतिक दूरदर्शन या अन्य टी.वी. चैनलों पर प्रस्तुत नहीं की जाएगी क्योंकि कार्यक्रम-निर्माण पर विज्ञापनदाताओं का प्रभाव है और दूरदर्शन "जन सेवा" की भूमिका ग्रहण करने के प्रति अनिच्छुक है।

दूरदर्शन, केबल और उपग्रह चैनलों का प्रमुख प्रतिद्वंद्वी मुख्यधारा का वाणिज्यिक सिनेमा है। इसके अतिरिक्त विचारों के लिए बनी फिल्मों और सामाजिक पारिवारिक धारावाहिकों का प्रसारण ऐसे समय किया जाता है, जबकि बच्चों को इसे देखने से बचाया नहीं जाता। सैक्स और हिंसा के विशिष्ट दृश्य ऐसी फिल्मों के प्रमुख घटक हैं। क्या इस प्रसारण में नैतिकता की कोई सीमा है?

एक प्रश्न यह भी है कि समाचार कार्यक्रम में जो हिंसात्मक सीन दिखाया जाता है वह कहां तक उचित है। युद्ध की हिंसा नागरिकों पर पुलिस की बर्बरता, अकाल, की विभीषिका आदि को समाचार कार्यक्रमों में दिखाने सूखा या बाढ़ में कितनी नैतिकता है? क्या अत्यंत गरीबी को दिखाना उचित है? बी.बी.सी. सूडान और सोमालिया में भूख के शिकार कुछ लोगों को दिखा कर खुश होता है, तो इसमें कितनी नैतिकता है?

अपने घर में मृत्यु की बारंबारता कौन देखना चाहता है किन्तु टेलीविजन में बारंबार मृत व्यक्ति का निस्तेज चेहरा दिखाया जाता है या उसकी विधवा या निकट संबंधियों का दुःख से भरा चेहरा। ऐसे दृश्यों का वास्तविक समाचार मूल्य क्या है?

बी.बी.सी. वर्ल्ड सर्विस की रुचि जिस दिन हमारा संपूर्ण देश सांप्रदायिक उन्माद से तनावग्रस्त रहता है उस दिन अयोध्या में त्रिशूल भांजते साधुओं का फाइल चित्र दिखाने में होती है। क्या प्रसारणकर्ता समाचारों से होने वाली सांप्रदायिक हिंसा के प्रति अचिंतित होकर समाचार जैसा घटित होता है उसी रूप में टेलीकास्ट करने में अपनी नैतिकता के प्रति सजग है? अपितु वह इन दंगों को आर्थिक एवं राजनीतिक आधार पर भड़काने में सहयोगी है।

(यह एक ध्यातव्य तथ्य है कि बीबीसी अपने उकसाऊ दृश्यों के उपयोग में अत्यधिक सजग है जबकि वह आकर्षक ए–बंबिंग और अल्सटर ढंग से संबंधित समाचार प्रस्तुत करता है।)

उपग्रह चैनलों पर किसी सरकार के विनियम लागू नहीं होते। एशियाई देशों की सरकारों के विरोध पर कोई ध्यान नहीं देता। एशिया के अधिकांश देशों में दूरदर्शन या उपग्रह चैनलों पर मादक पदार्थों का विज्ञापन असंवैधानिक है, किन्तु हांगकांग के कुछ उपग्रह चैनल इसे नजर-अंदाज करते हुए अपने चैनल पर विभिन्न मादक पदार्थों या पान-मसालों के विज्ञापन करने से नहीं चूकते। विज्ञापन की नैतिकता को हम ऐसा भी कह सकते हैं कि प्रसारण की नैतिकता के प्रति जागरूकता के बराबर है। टी.वी. दर्शक उसे स्वीकार कर सकता है या अस्वीकार, विज्ञापन उसके सूचना के अधिकतर और स्वस्थ मनोरंजन प्राप्त करने के अधिकार में प्रत्येक कुछ मिनटों पर हस्तक्षेप करता है किन्तु वह इसका विरोध नहीं करता और इस प्रकार वह शोषण का शिकार होता रहता है।

इस क्षेत्र में कुछ नैतिक मानदंड और सामाजिक उत्तरदायित्व की भावना के समावेश की दिशा में भारत सरकार और विज्ञापन व्यवसाय के प्रयास निम्नलिखित में परिलक्षित होते हैं–

(i) ऑल इंडिया रेडियो (आकाशवाणी) और दूरदर्शन पर विज्ञापन हेतु दिशा निर्देश।

(ii) दूरदर्शन द्वारा जारी वाणिज्यिक विज्ञापन हेतु निर्धारित नियमावली।
(iii) विज्ञापन के लिए नियमावली।

भारतीय मानक परिषद

इसके लिए निर्धारित दिशा-निर्देश और नियमावली नीचे उल्लेखित है–

(क) औषधीय विषयक जानकारियाँ निश्चित तथ्यों से युक्त होनी चाहिएँ।

(ख) विज्ञापनों में कोई अतिरंजित, अतिशयोक्तिपूर्ण या ड्रामा दावा नहीं होना चाहिए।

(ग) सिगरेट, बीड़ी या तंबाकू युक्त किसी भी अन्य उत्पाद, पान मसाला मादक पेयों और अन्य मादक पदार्थों, सोने और चांदी के आभूषणों, बहुमूल्य पत्थरों के विज्ञापन के प्रसारण की अनुमति नहीं है।

(ङ) औषधीय उत्पाद को विज्ञापन जारी करने से पूर्व उसके साथ संबंधित जानकारियों की (हिंदी या अंग्रेजी भाषा में) पांच प्रतियाँ और एक नमूना उत्पाद औषधि नियंत्रक के पास उसकी अनुमति प्राप्त करने के लिए भेजी जानी चाहिए।

(च) वातित जल (मृदु पेयों) की बोतलों पर इस आशय की सांविधिक घोषणा लिखी होनी चाहिए कि इस पेय पदार्थ में कोई फल का रस। फल का गूदा नहीं है और इसमें कृत्रिम सुगंध डाला गया है तथा इसमें ब्रोमिन युक्त वनस्पति तेल नहीं मिला हुआ है।

विज्ञापन से संबंधित सभी व्यक्तियों को देश में विज्ञापन को नियंत्रित करने वाले सभी कानूनों की जानकारी होनी चाहिए। इस संदर्भ में निम्नलिखित अधिनियमों और उनके अंतर्गत समय-समय पर नियमित नियमों को निम्न प्रकार से स्पष्ट किया जा रहा है–

(i) औषधि एवं प्रसाधन सामग्री अधिनियम, 1940
(ii) भेषजी अधिनियम, 1948
(iii) औषधि नियंत्रण अधिनियम, 1950
(iv) संप्रतीक और नाम (अनुचित प्रयोग निवारण) अधिनियम, 1950
(v) खाद्य अपमिश्रण निवारण अधिनियम, 1954
(vi) औषधि और चमत्कारिक उपचार (आक्षेपणीय विज्ञापन) अधिनियम 1954

(vii) पुरस्कार प्रतियोगिता अधिनियम, 1955

(viii) प्रतिलिप्याधिकरण अधिनियम, 1957

(ix) व्यापार और पण्य वस्तु चिह्न अधिनियम, 1958

(x) स्त्री अशिष्ट रूपण (प्रतिषेध) अधिनियम, 1986

(xi) उपयोगिता संरक्षण अधिनियम, 1990

(xiii) भारत में विज्ञापन हेतु भारतीय विज्ञापन परिषद द्वारा जारी नैतिकता संबंधी नियमावली।

(xiv) औषधियों और उपचारों के विज्ञापन के बारे में मानक संबंधी नियमावली।

(xv) विज्ञापन एजेंसियों के लिए व्यवहार संबंधी मानव।

(xvi) वाणिज्यिक प्रसारण हेतु नियमावली, इसकी प्रतिलिपि केंद्रीय/राज्यस्तरीय इकाइयों से प्राप्त की जा सकती है।

(च) ऐसे किसी भी विज्ञापन के प्रसारण की अनुमति नहीं दी जाएगी जो—

(i) लोगों को अपराध के लिए प्ररित करता हो, समाज में अव्यवस्था या हिंसा या कानून के उल्लंघन का कारण बनता हो या किसी भी रूप में हिंसा अथवा अश्लीलता को प्रसारित करता हो।

(ii) अपराधिता को प्रस्तुत करता हो।

(iii) किसी वंश, जाति, रंग, धर्म-सिद्धांत और राष्ट्रीयता का उपहास करता है।

(iv) भारत के निर्देशक संविधान में निहित किसी भी नीति-निर्देशक सिद्धांतों या उपबंध के विरुद्ध हो।

(v) विदेशी राष्ट्रों के साथ मैत्री संबंधों पर प्रतिकूल प्रभाव डालता हो।

(vi) राष्ट्रीय प्रतीक, या संविधान के किसी हिस्से या व्यक्ति या राष्ट्रीय स्तर के किसी नेता या प्रसिद्ध व्यक्ति के व्यक्तित्व का दुरुपयोग करता हो।

(छ) विज्ञापन इस प्रकार तैयार किया जाना चाहिए, विवाह देश के कानूनों के अनुरूप हो तथा लोगों की नैतिक, धार्मिक और सामाजिक भावनाओं को ठोस न पहुँचाता हो।

दूरदर्शन पर व्यावसायिक विज्ञापन से संबंधित नियमावली

दूरदर्शन पर पेश होने वाले व्यावसायिक विज्ञापनों से संबंधित एक नियमावली बनाकर वर्ष 1987 में संसद में पेश किया गया। यह नियमावली मुख्यतः विज्ञापन में महिलाओं के दुरुपयोग पर केन्द्रित थी। इसमें महिला अधिनियम और उपयोगिता अधिनियम जिन्हें 1986 में संसद द्वारा पारित किया गया है, के अनुचित उपयोग को रोकने से संबंधित नियमावली निहित है। इसमें विज्ञापनदाताओं के लिए करने योग्य और नहीं करने योग्य 33 बिंदुएं निहित हैं। इनमें से कुछ पर नीचे चर्चा की गई है–

विज्ञापनदाताओं को कानून के अनुरूप काम करना चाहिए तथा नैतिकता, औचित्य और लोगों की धार्मिक भावना को ठेस नहीं पहुंचानी चाहिए।

विज्ञापन की सफलता लोगों के विश्वास पर निर्भर करती है और इस विश्वास का हनन करते वाले किसी भी कार्य की अनुमति नहीं दी जानी चाहिए।

इस नियमावली का एकमात्र व्याख्याकार या निर्णयकर्ता महानिदेशक के पद पर तैनात अधिकारी है।

निम्नलिखित श्रेणियों के विज्ञापन की अनुमति नहीं दी जानी चाहिए–

(i) किसी विज्ञापन का प्रसारण वंचित है।

(ii) किसी धार्मिक, राजनीतिक या औद्योगिक विवाद से संबंधित विज्ञापन की अनुमति नहीं है।

(iii) दर्शकों को चौंकाने के साथ भयभीत भी कर सकते हैं, ऐसे विज्ञापन की प्रस्तुति वांछनीय है। बंदूक से गोली दागना, सायरन की आवाज, बमबारी, चीखने की आवाज और भयानक हंसी।

(iv) लोगों को अपराध के लिए उकसाने, समाज में अव्यवस्था फैलाने या विदेशी राष्ट्रों के साथ संबंधों पर प्रतिकूल प्रभाव डालने वाले विज्ञापन का प्रसारण नहीं होगा।

(v) ऐसे विज्ञापन जो राष्ट्रीय प्रतीक या संविधान के किसी हिस्से या व्यक्ति या राष्ट्रीय स्तर के किसी नेता या प्रसिद्ध व्यक्ति के व्यक्तित्व का दुरुपयोग करता हो।

(vi) ऐसा विज्ञापन जो किसी वंश, जाति, रंग, धर्म-सिद्धांत और

राष्ट्रीयता का उपहास करता हो या नीति निर्देशक तत्वों-या संविधान के विरुद्ध हो।

(vii) विज्ञापनों में महिलाओं का बेवजह अंग-प्रदर्शन नहीं किया जाएगा। और उन्हें वंशवर्ती नहीं दर्शाया जाएगा।

(viii) किसी अन्य उत्पाद के प्रति निंदापूर्ण या अप्रतिष्ठाजनक टिप्पणियाँ नहीं की जाएंगी या विज्ञापनदाता द्वारा अपना उत्पाद प्रस्तुत करते हुए किसी अन्य उत्पाद से तुलना वंचित है।

(ix) ऐसा विज्ञापन जिसका किसी धार्मिक, राजनीतिक या औद्योगिक विवाद से संबंध हो।

(x) ऐसा विज्ञापन जो चिट फंड, साहूकारी, विदेशी माल और निजी बचत स्कीमों को बढ़ावा देता हो।

(xi) गारंटीशुदा वस्तुएँ आवश्यकता पड़ने पर दूरदर्शन महानिदेशक को निरीक्षणार्थ प्रस्तुत की जाएंगी।

टेलीविजन प्रसारण के क्षेत्र में क्रांतिकारी कदम

भारतीय दूरदर्शन का भौगोलिक दायरा विश्व के किसी भी दूरदर्शन से अधिक है। यह जनपक्षीय होने के साथ-साथ सच्चाई के अधिक करीब है। दूरदर्शन का प्रमुख चैनल डी.डी.-1 विभिन्न क्षमताओं के 1042 स्थल ट्रांसमीटरों 37 प्रतिशत जनसंख्या तक अपने प्रसारण पहुँचाता है। 65 अन्य ट्रांसमीटर दूसरे चैनलों को जमीनी समर्थन देते हैं। दूरदर्शन से बड़ी संख्या में इनसेट व अन्य उपग्रहों के ट्रांसपोंडरों का उपयोग जमीनी ट्रांसमीटरों के संचालन और कवरेज बढ़ाने के लिए करता है। दूरदर्शन ने देश के 49 नगरों में कार्यक्रम सुविधाएं स्थापित की है।

भारतीय राष्ट्रीय उपग्रह प्रणाली 'इनसैट' दूरदर्शन के क्षेत्र में एक क्रान्तिकारी कदम है। इससे दूरदर्शन के कार्यक्रम देशभर में प्रसारित किए जाते हैं। सन् 1983 में इनसेट 1-B के काम करने के साथ ही इनसैट प्रणाली की स्थापना हुई। इस समय इसरो निर्मित उपग्रह इनसेट 2-C, इनसेट 2-E व इनसेट-3B काम कर रहे हैं। इनसेट-2DT 'अरबसेट' अक्टूबर, 1997 में लिया गया था। इनसेट-2-सी में इनसेट-2 ए व 2 बी की भांति संचार ट्रांसपोंडर जिनसे

टेलीविजन कार्यक्रम भारतीय सीमाओं के बारह दक्षिण-पूर्व एशिया तथा मध्य-पूर्व की जनता तक पहुँच सके तथा सचल उपग्रह सेवाओं के लिए ट्रांसपोंडर शामिल है।

भारतीय दूरदर्शन के विकास और विस्तार में सबसे महत्वपूर्ण भूमिका इनसेट प्रणाली की रही है। दूरदर्शन के 1079 ट्रांसमीटर इनसेट से जुड़े हैं। इनसेट का दूरदर्शन तंत्र भारत की 85% से अधिक जनसंख्या तक अपने कार्यक्रम पहुंचाता है। इनसेट-2सी ने भारतीय दूरदर्शन को सीमा पार दूर-दूर तक पहुंचाया है। दक्षिण-पूर्व एशिया और मध्य एशिया तक के दर्शकों को भी इनसेट की मदद से दूरदर्शन कार्यक्रम उपलब्ध हो रहे हैं। राष्ट्रीय नेटवर्क पर विश्वविद्यालय स्तरीय शैक्षणिक कार्यक्रम दूरदर्शन द्वारा इनसेट की मदद से ही शूरू हो पाए हैं। कई राज्यों द्वारा प्राथमिक स्तर की शिक्षा के कार्यक्रम भी दूरदर्शन द्वारा दिखाए जा रहे हैं। शिक्षा-प्रशिक्षण विकास गतिविधियों के लिए इनसे लगा एक चैनल खास तौर पर रखा गया है। मध्यप्रदेश के झाबुआ जिले में उपग्रह आधारित विकासात्मक संचार और प्रशिक्षण क्षमता दिखाने के लिए दो साल की पायलट परियोजना शुरू की गई है। इसे 1000 गांवों व अन्य क्षेत्रों तक विस्तृत किया जा रहा है।

दूरदर्शन हेतु समितियों का गठन अनुशंषाएं एवं प्रसारण संहिता

भारत में प्रसार-भारती अपने वर्तमान स्वरूप का उद्देश्य, दूरदर्शन और आकाशवाणी की गुणवत्ता में सुधार करना और कुशलतापूर्वक संयोजित करना था। आकाशवाणी एवं दूरदर्शन इसके दो घटक हैं—साथ ही इसके लक्ष्यों के आधार हैं—

सूचना

शिक्षा

मनोरंजन।

इन उद्देश्यों को पूर्ण करने हेतु निगम के कार्य-संचालन के लिए एक समिति का गठन किया गया है जिनकी स्थिति निम्नलिखित हैं—

(i) अध्यक्ष (एक)

(ii) मुख्य कार्यकारी अधिकारी (एक)

(iii) सदस्य (वित्त) (एक)
(iv) सदस्य (कार्मिक) (एक)
(v) अंशकालिक सदस्य (छह)
(vi) सूचना एवं प्रसारण मंत्रालय प्रतिनिधि (एक)
(vii) आकाशवाणी महानिदेशक (4 पदेन सदस्य)
(viii) दूरदर्शन महानिदेशक (4 पदेन सदस्य)।

इस समिति के अध्यक्ष अंशकालिक सदस्य होते हैं इनका कार्यकाल 6 वर्ष का होता है। कार्यकारी सदस्य, वित्त सदस्य एवं कार्मिक सदस्य इनके पूर्णकालिक सदस्य होते हैं। इनका कार्यकाल 6 वर्ष का होता है। अधिकतम आयु सीमा 62 वर्ष निर्धारित है।

समिति की बैठकों का आयोजन अधिकांश होता रहता है जो नीतिगत विषयों पर विचार-विमर्श करती है, इनका मुख्यालय नई दिल्ली में है।

समिति की महत्वपूर्ण अनुशंषाए एवं प्रसार संहिता इस प्रकार हैं—

(i) प्रसारण सुविधाओं का विस्तार करना। प्रसारण प्रौद्योगिकी में अनुसंधान एवं विकास के पक्षों को बढ़ाना जिससे इन माध्यमों का लाभ लक्षित वर्ग तक अधिकतम स्वरूप में पहुँच सके।

(ii) सामाजिक न्याय के पक्षों को प्रोत्साहन देना। श्रमिक वर्ग के अधिकारों की रक्षा करना। ऐसे प्रावधान भी सुनिश्चित करना जिससे अल्पसंख्यकों एवं जनजातीय समुदाय के अधिकारों की रक्षा हो सके।

(iii) भांति-भांति की संस्कृतियों, विविध खेलों, युवा मामलों को उचित कवरेज देना।

(iv) कार्यक्रम एवं जागरूकता के माध्यम से महिला संबंधी मुद्दों को उठाना एवं दवाब देना, साथ ही बच्चों, वृद्धों एवं समाज के अन्य कमजोर वर्गों के हितों की रक्षा हेतु विशेष उपाय एवं प्रावधान।

(v) निम्नलिखित क्षेत्रों पर कार्यक्रमों के माध्यम से विशिष्ट बल दिया जाएगा—

(क) शिक्षा

(ख) साक्षरता

(ग) कृषि
(घ) ग्रामीण विकास
(ङ) स्वास्थ्य
(च) परिवार कल्याण
(छ) विज्ञान
(ज) प्रौद्योगिकी।

(vi) जनहित के सभी मामलों के बारे में जानकारी दी जाएगी और संतुलित व निष्पक्ष स्वरूप में सूचना देकर नागरिकों के अधिकारों की रक्षा की जाएगी।

(vii) प्रत्येक स्वरूप में राष्ट्रीय एकता को उजागर किया जाएगा

(viii) कार्यक्रमों के माध्यम से देश की एकता और अखंडता तथा संविधान में वर्णित मूल्यों को बनाए रखने में सहयोग किया जाएगा।

उपसंहार

उपग्रह टेलीविजन के सभी प्रोग्रामों के प्रसारण हेतु कुछ नियमों का पालन करना अनिवार्य है। यह नियम कार्यक्रमों की नीति एवं नैतिकता को सुरक्षित रखने हेतु बनाये गये हैं ताकि विभिन्न प्रकार के प्रोग्राम के कारणवश देश में हिंसा सांप्रदायिकता न फैले एवं देश की राष्ट्रीय एकता को किसी प्रकार का आघात न पहुँचे।

6

टेलीविज़न प्रसारण

टेलीविजन आधुनिक युग में प्रत्येक व्यक्ति के आकर्षण का केन्द्र बन गया है। यहाँ मास मीडिया का सबसे बड़ा माध्यम है। यह लोगों के मनोरंजन के साथ-साथ वास्तविक दुनिया से उनकी पहचान भी करता है। टेलीविजन एक थके हुए दिमाग एवं शरीर में ऊर्जा संचार हेतु कार्य करता है। भारत में पाँच में से एक परिवार के पास कम-से-कम स्वयं का एक टेलीविज़न सेट है। इनमें से अधिकांश रंगीन हैं। आपके रहने के कमरे में टी.वी. पर समाचार, रिपोर्ट, फुटबॉल खेल या एक फ़ीचर फ़िल्म प्राप्त करना एक जटिल प्रक्रिया है और इसे आप तक पहुँचाने के लिए अत्याधुनिक उपकरणों एवं उच्च दक्षता प्राप्त लोगों की आवश्यकता होती है।

टेलीविज़न पिक्चर

यह टेलीविज़न सेट का मुख्य अंग होता है। टेलीविज़न पिक्चर विद्युत सिग्नलों से रेडियो तरंगों की तरह आती है। रंगीन टेलीविज़न कैमरा आपके टेलीविज़न स्क्रीन पर पिक्चर बनाने की प्रक्रिया प्रारम्भ करता है। यह कैमरा टेलीविज़न पिक-अप यन्त्रों पर चित्रों को फोकस करता है जो कि प्रकाश ऊर्जा को विद्युत ऊर्जा में बदलता है। रंगीन टेलीविज़न कैमरा में तीन पिक-अप यन्त्र होते हैं। ये लाल, हरा और नीला प्राइमरी रंग के लिए होते हैं। टेलीविज़न पिक्चर समानान्तरण रेखाओं से बनी होती है। यह फ़िल्म पिक्चर की भाँति नहीं होती। यह "होल स्क्रीन इमेज" होती है। इस प्रक्रिया में एक बार में एक लाइन प्रसारित होती है जिसे स्कैनिंग कहा जाता है। भारत में प्रत्येक पिक्चर का

निर्माण आपके स्क्रीन पर सेकेण्ड का 1/25वाँ भाग में तथा 525 रेखाओं से की जाती है।

1. स्कैनिंग—टेलीविज़न पर दिखाई देनेवाले चलचित्र को प्रसारित करने हेतु रंगीन टेलीविज़न कैमरा को, प्रत्येक छाया के लिए 625 लाइनों को स्कैन करना पड़ता है। प्रति सेकेण्ड में 25 बार स्कैनिंग होती है। इसके लिए कैमरे को सिंगल टेलीविज़न पिक्चर में एक लाइन में एक किनारे से दूसरे किनारे में स्कैन करने के लिए एक सेकेण्ड का 640 लाख (64millionth of a second) का समय लेता है। टेलीविज़न कैमरा तीन अलग रंग संकेतों को एक संकेत में इनकोड करता है जिसे कैमरे से वीडियो रिकॉर्डर या सीधे स्टेशन के ट्रांसमीटर को भेजा जाता है। टी. वी. एन्टीना के माध्यम से ट्रांसमीटर पिक-अप करने के लिए प्रसारण सिग्नल भेजता है। तब टी.वी. सेट उस संकेत की इलेक्ट्रॉनिक आवेग को रंगीन प्रतिबिम्ब में परिवर्तित कर देता है।

यह समानान्तर स्कैनिंग प्रक्रिया नीचे की दिशा में बढ़ती है। जब तक 241 समानान्तर स्कैन पूरे नहीं होते हैं और बीम लगभग एक सेकेण्ड के 1/800 समय के लिए ऊपरी दिशा में बढ़ती है तब तक बीम पुनः पिक्चर क्षेत्र के ऊपरी भाग के लाइन 2 पर नहीं पहुँचती है। बीम 21 बार आगे और पीछे निरन्तर समानान्तर में बढ़ती रहती है। यह वर्टिकल रिट्रेसिंग कहलाती हैं। इसके द्वारा उत्पन्न की जानेवाली छाया को वर्टिकल रिट्रेस जिसमें 262-1/2 लाइनें हैं, 1/60 सेकेण्ड में घटित होती है। यह एक फ़ील्ड कहलाता है। अगली फ़ील्ड की स्कैनिंग पिक्चर के ऊपरी मध्य में आरम्भ होती है और पहले की तरह समानान्तर बढ़ती है। हालांकि इस बार पिक्चर ट्यूब पहले फ़ील्ड के दौरान स्कैन की गई लाइनों के मध्य स्कैन करता है। दूसरा वर्टिकल रिट्रेस 21 समानान्तर लाइनों का होता है। जहाँ पर स्केनिंग पुनः ऊपरी बाएँ भाग पर शुरू होती है और प्रथम स्कैन के ढंग से बढ़ती है।

2. इंटरलेस्ड स्कैनिंग— स्कैनिंग की इस विधि द्वारा छाया को एक बार स्कैन कर लेने के बाद प्रथम स्कैनिंग लाइनों के बीच में दुबारा स्कैन किया जाता है। दो क्रमानुसार फ़ील्डों द्वारा उत्पन्न की गई छाया एक टेलीविज़न फ्रेम कहलाता है। जब आप एक सीधा प्रसारित टेलीविज़न कार्यक्रम देख रहे होते हैं तो यह प्रक्रिया कैमरा और पिक्चर ट्यूब दोनों में एक समान होती है।

पिक्चर को अर्जित कर उन्हें प्रदर्शित करने में की जानेवाली प्रक्रिया टी.

वी. कैमरा और टी.वी. शिक्षा का एक समान होता है। सिन्क्रोनाइजिंग संकेत, वर्टिकल एवं पैरलल सिंक के नाम से जाने जाते हैं। पिक्चर को बचाने का कार्य इन्टरलेसिंग करती है। यदि स्कैनिंग इन्टरलेस नहीं की गई होती तो पूरी 625 लाइनें स्क्रीन को प्रत्येक सेकेण्ड में 30 बार प्रकाशित करती। जब पिक्चर लगभग 45 बार प्रति सेकेण्ड की दर से स्कैन होती है, नेत्र फ्लैशिंग पिक्चर को मिलाना (Blending) शुरू करते हैं। यह दर्शकों को लगातार प्रकाश प्रतिबिम्ब का प्रभाव प्रदान करती है।

3. ब्लैकिंग—यह एक प्रकार का संकेत होता है, जिसे कैमरा वीडियो आउटपुट से जोड़ दिया जाता है। प्रत्येक हॉरिजेन्टल स्कैन के अंत में हॉरिजेन्टल ब्लैकिंग होती है। प्रत्येक फ़ील्ड के अंत में वर्टिकल ब्लैकिंग सिग्नल को शामिल किया जाता है।

4. सिन्क्रोनाइजिंग सिग्नल—वीडियो पिक्चर को प्रसारित करने के दौरान वीडियो सिग्नल के साथ एक सिन्क्रोनाइजिंग सिग्नल भी भेजा जाता है जो टी.वी. मॉनिटर के स्कैनिंग सर्किट को नियंत्रित करता है।

5. हॉरिजेन्टल सिंक—हर एक लाइन स्कैन के अंत में हॉरिज़ेन्टल ब्लैकिंग सिग्नल शुरू होने के ठीक बाद, हॉरिज़ेन्टल सिंक पल्स को ब्लैकिंग अन्तराल के दौरान सम्मिलित करते हैं। यह अल्पावधि की निगेटिव गोइंग पल्स है जो किरण को वापस भेजती है, ताकि यह सक्रिय स्कैन को शुरू करने के लिए उपयुक्त स्थान तक पहुँच जाए।

6. वर्टिकल सिंक—यह हर एक फ़ील्ड के अन्त में सम्मिलित होता है। यह 6 चौड़ी नकारात्मक पल्सों की नज़दीकी स्पेस्ड श्रृंखला है, जिसे एक टी.वी. रिसीवर में वर्टिकल स्कैनिंग भाग द्वारा महसूस किया जाता है। वे वर्टिकल स्कैन सर्किट को ट्रिगर करते हैं, ताकि वह पीछे जा कर नए फ़ील्ड की स्कैनिंग की शुरुआत कर सके। टी.वी. सेट पर वर्टिकल होल्ड इस वर्टिकल सिंक सिग्नल पर निर्भर है।

7. आकृति अनुपात—यह किसी पिक्चर छाया की चौड़ाई एवं ऊँचाई का अनुपात होता है। एन.टी.एस.सी. में आकृति अनुपात 4:3 का होता है और इसे नैरो गेज फ़िल्म के आकृति अनुपात से मिलाने के लिए बनाया गया था।

8. सेफ टाइटल एरिया—गृह रिसीवर पर पंक्तिबद्ध प्रतिबिम्ब में भिन्नता की वज़ह से छाया (Screen) के किनारे के चारों तरफ 15 प्रतिशत भाग

किसी महत्त्वपूर्ण सूचना को रखने के लिए असुरक्षित समझा जाता है। शेष 85 प्रतिशत भाग सेफ टाइटल एरिया समझा जाता है। टी.वी. के लिए ग्राफ़ के दौरान आकृति अनुपात तथा सेफ टाइटल एरिया का मुख्य ध्यान रखना होता है। ग्राफ़िक का डिज़ाइन तैयार करते समय 4/3 आकृति अनुपात का विचार रखने से पिक्चर स्क्रीन पर सर्वोत्तम फिट होती है। इसी तरह ग्राफ़िक का वह भाग जो सेफ टाइटल एरिया के बाहर होगा वह टेलीविज़न सेटों पर नहीं दिखाई देगा।

9. कलर एडिटिव सिस्टम—जब टेलीविज़न की माँग अधिक होने लगी और इसकी बिक्री भी काफ़ी बढ़ गई तो रंगीन टी.वी. का निर्माण किए जाने पर विचार किया गया। कलर टेलीविज़न का निर्माण करने के लिए कलर एडिटिव प्रणाली का इस्तेमाल किया गया। कलर एडिटिव सिस्टम, लाल, नीले और हरे रंग के प्राथमिक रंगों पर आधारित है। सबका मिश्रण करने पर ये प्राइमरी रंग मेजंटा, स्थान और पीले रंगों में बदल जाते हैं। जब समस्त तीनों रंगों को आपस में मिलाया जाता है तो उनसे सफ़ेद रंग बनता है। इस प्रकार एक रंगीन टेलीविज़न पद्धति सृजित करने के लिए तीन प्राथमिक रंगों को स्कैन, ट्रांसमिट और प्रदर्शित किया जाता है।

एन.टी.एस.सी. रंग प्रक्रिया

एन. बी. सी. को अपनी विधि का विकास करते समय तीन प्राइमरी रंगों को एक सिग्नल में भेजने के लिए एक विधि खोजनी पड़ी थी। उन्होंने 59 प्रतिशत हरा, 30 प्रतिशत नीला और 11 प्रतिशत लाल रंगों के सम्मिश्रण से श्वेत-श्याम सिग्नल को, इस बेस सिग्नल में बदलना शुरू किया। यह बेस सिग्नल "Y" कहलाता है। "Y" श्वेत-श्याम सेट पर काले और सफ़ेद को उत्पन्न करता है। चूँकि "Y" की बैन्डविड्थ में कोई बदलाव नहीं किया गया था, इस वज़ह से टी.वी. सिग्नल का हॉरिज़ेन्टल रिजोल्यूशन 340 लाइनों का ही रहा। एन.बी. सी. का अगला कदम कलर डिफ्रेन्स सिग्नलों का विकास था जो। 'I' और "Q" के नाम से जाने गए। "I" और "Q" सिग्नल 3.58 मेगाहट्र्ज़ पर एन.टी.एस. सी. सिग्नल से इस प्रकार जोड़े जाते थे कि वे सिग्नल के साथ व्यवधान पैदा न कर सके। "I" और "Q" लाल, हरा और नीले रंगों के प्रतिरूप हैं। रंगीन टेलीविज़न सेट "I" और "Q" के प्रयोग से रंग को पैदा करते हैं। "I" और "Q" को मिलाने के लिए टेलीविज़न सिग्नलों की स्कैनिंग गति 30 फ्रेम प्रति सेकेण्ड

से 29.87 फ्रेम प्रति सेकेण्ड करनी पड़ी। इससे विद्यमान श्वेत-श्याम रिसीवरों पर कोई असर नहीं हुआ।

एन.टी.एस.सी. रंग प्रक्रिया दो तरह से प्रभावित होती है। पहला "I" और "Q" सिग्नलों को उत्पन्न करने के लिए प्रयुक्त संपीडन तकनीक पूरी तरह से कलर रिप्रोडक्शन नहीं करती है। एन.टी.एस.सी. के लिए गहरे नीले और गहरे बैंगनी छाया चित्रों को पुनः निर्मित करना कठिन है। दूसरी कमी को आर्टिफैक्ट कहते हैं, ये आर्टिफैक्ट, विस्तृत छाया चित्रों के ऊपर एक रंगीन मोयर के रूप में परिलक्षित होती है। यह इसलिए होता है, क्योंकि "I" और "Q" को ल्युमिनेन्स के समान आवृत्तियों पर मॉड्यूलेट किया जाता है। टेलीविज़न वार्डरोब और सेट डिज़ाइन पर ध्यान देकर आर्टिफैक्ट की समस्याओं का समाधान किया जा सकता है।

एन.टी.एस.सी. मानक

सन् 1954 में अपनाए गए एन.टी.एस.सी. कलर मानक का प्रयोग अभी भी किया जा रहा है। इसका वर्णन अग्रलिखित है।

फ्रेम दर : 29.97 फ्रेम प्रति सेकेण्ड

लाइन दर : 525 लाइनें प्रति फ्रेम, 15,734 लाइनें प्रति सेकेण्ड

इन्टरलेस : 2:1,2 फ़ील्ड प्रति फ्रेम

फ़ील्ड दर : 262-1/2 लाइन प्रति फ़ील्ड, 59.94 फ़ील्ड प्रति सेकेण्ड

अन्य विश्व-मानक

पाल

सन् 1966 में इंग्लैण्ड जर्मनी एवं हॉलैण्ड के द्वारा इसका श्री गणेश हुआ था। इसका कार्य मानक एन.टी.एस.सी. द्वारा उत्पन्न कलर ख़राबी को ठीक करना है। पाल सेट में एन.टी.एस.सी. मॉडल की तरह, ह्यूनियन्त्रक नहीं होता है बल्कि इसमें 625 लाइन प्रणाली होता है जो 50 फ़ील्ड प्रति सेकेण्ड, फ्रेम पर स्कैन करता है।

सेकैम

यह एक ऐसी पद्धति है जिसमें 719 लाइनें होती हैं। इसकी स्कैन गति

50 फ़ील्ड (25 फ्रेम) है। सेकैम मानक फ्रांस द्वारा शुरू किया गया था। फ्रांसवासियों ने अन्य यूरोपियों द्वारा अपनाए गए मानक पाल को समान्य करार देते हुए अपनाने से मना कर दिया। वे महसूस कर रहे थे कि टेलीविज़न के लिए सेकैम को विकसित कर वे स्वयं अपना बाज़ार विकसित कर सकेंगे, परन्तु सेकैम को सम्पादित करना इतना जटिल कार्य था कि प्रायः इसके लिए टी.वी. सिग्नल को पाल में परिवर्तित करना पड़ता था। सेकैम स्टैन्डर्ड की समस्याओं के बाद भी इसे सोवियत संघ, यूरोप और मिडल ईस्ट के कई भागों में ग्रहण किया गया। एन.टी.एस.सी. से कलर से सम्बन्धित समस्याओं को ख़त्म करने हेतु भी यह सिस्टम पसन्द किया गया। यह स्टैन्डर्ड बहुत साधारण वीडियो टेप के साथ कार्य करने के लिए तैयार किया गया, जो टाइम बेस त्रुटियों को दूर करने के लिए अभेद्य था।

आधुनिक टेलीविज़न प्रसारण प्रणाली

इस प्रणाली को निम्न सारिणी के माध्यम से स्पष्ट किया गया है—

तालिका

सिस्टम	लाइन	ट्रांसमिशन बैण्ड ऑडियो	विड्थ	चैनल बैण्ड विड्थ
पाल बी	625	7 मेगाहट्र्ज़	6 मेगाहट्र्ज़	एफएम
सेकैम बी	625	7 मेगाहट्र्ज़	5 मेगाहट्र्ज़	एफएम
पाल डी	625	8 मेगाहट्र्ज़	6 मेगाहट्र्ज़	एफएम
सेकैम डी	625	8 मेगाहट्र्ज़	6 मेगाहट्र्ज़	एफएम
पाल जी	625	8 मेगाहट्र्ज़	5 मेगाहट्र्ज़	एफएम
सेकैम जी	625	8 मेगाहट्र्ज़	5 मेगाहट्र्ज़	एफएम
पाल एच	625	8 मेगाहट्र्ज़	5 मेगाहट्र्ज़	एफएम
पाल आई	625	8 मेगाहट्र्ज़	5.5 मेगाहट्र्ज़	एफएम
सेकैम के	625	8 मेगाहट्र्ज़	6 मेगाहट्र्ज़	एफएम
सेकैम एल	625	8 मेगाहट्र्ज़	6 मेगाहट्र्ज़	एफएम
एन.टी.एस.सी.एम.	525	6 मेगाहट्र्ज़	4.2 मेगाहट्र्ज़	एफएम
एन.टी.एस.सी.एन	625	6 मेगाहट्र्ज़	4.2 मेगाहट्र्ज़	एफएम

टेलीविज़न कार्यक्रम प्रबंधन

टेलीविजन पर प्रसारित कार्यक्रमों का प्रसारण बहुत जटिल प्रक्रिया है जिसमें अभिनेता प्रस्तुतकर्ता के साथ-साथ बहुत से लोग महत्वपूर्ण भूमिका को निभाते हैं। वह अपनी दक्षता या कुशलता से प्रोग्राम को और भी प्रभावी बनाते हैं। यह बात सही है कि कोई कार्यक्रम तैयार करने के लिए अभिनेता, प्रस्तुतकर्ता, समाचार वाचक तथा संवाददाता की आवश्यकता होती है। लेकिन जब वे कैमरा के सामने होते हैं तो इससे पहले उन्हें सही वेश-भूषा में तैयार करने की ज़िम्मेदारी वॉरड्रोब विभाग की होती है। मेक-अप आर्टिस्ट उनका मेक-अप करता है। कभी-कभी तो कुछ लोग जिनका साक्षात्कार लिया जा रहा होता है, प्रसारण से पहले उन्हें भी मेक-अप कर तैयार किया जाता है।

टी.वी. के प्रत्येक भाग में एक कार्यक्रम प्रबन्धक की नियुक्ति की जाती है, जिसका प्रमुख कार्य सभी कार्यक्रमों का ब्योरा समाचार-पत्रों एवं पत्रिकाओं में देना, होता है। टाइम स्लाट में कार्यक्रम भी इसका एक प्रमुख कार्य होता है, दर्शकों की अभिरुचि एवं विचारधारा का ज्ञान कार्यक्रम प्रबंधक के लिए बहुत आवश्यक होता है। प्रोडक्शन विभाग में सभी केन्द्रों के स्थानीय सजीव प्रसारण कार्यक्रम की उपादेयता, विशेषता, क़िस्म, रूप-रेखा, प्रस्तुतीकरण एवं कार्यक्रम प्रतिभा का दायित्व प्रोडक्शन प्रबंधक का होता है। और सामान्यतः कार्यक्रम बजट हेतु भी ज़िम्मेदार होता है। प्रत्येक रेडियो या टी.वी. स्टेशन में तकनीकी विभाग के विशेषज्ञ, उपस्करों के रख-रखाव का कार्य करते हैं।

प्रत्येक वाणिज्यिक टेलिविज़न केन्द्र में विक्रय टीम के रूप में एक ग्रुप होता है। इस ग्रुप का भी उस केन्द्र में विशेष महत्त्व होता है। वाणिज्यिक टेलीविज़न केन्द्र विज्ञापनदाताओं को विज्ञापन समय की बिक्री—कर अपनी आमदनी प्राप्त करते हैं। विज्ञापनदाताओं को आकर्षित करने के लिए प्रस्ताव तैयार करने का कार्य सेल्स रिप्रेजेन्टेटिव का है। इसलिए विज्ञापन के उत्पादन, विपणन एवं व्यापार योजना तथा केन्द्र की श्रोता प्रोफाइल तथा इसकी उत्पादन सुविधाओं दोनों के मध्य अच्छी सूझबूझ होनी चाहिए।

टी.वी. बैन्ड

वी. एच. एफ. टेलीविज़न चैनल 2-4 की कैरियर आवृत्ति की रेंज 54 से

72 मेगाहर्ट्ज़ है। 72-76 मेगाहर्ट्ज़ बैन्ड सरकारी तथा गैर-सरकारी सेवाओं हेतु निश्चित की गई है जिसमें 75 मेगाहर्ट्ज़ पर मानक वैमानिक संकेतक सम्मिलित हैं। वी. एच. एफ. टी.वी. चैनल 5 एवं 6 की आवृत्ति 76 और 88 मेगाहर्ट्ज़ के मध्य में हैं। एफ. एम. रेडियो बैन्ड, वी. एच. एफ. टेलीविज़न चैनल 6 एवं 7 के मध्य 88 से 108 मेगाहर्ट्ज़ तक हैं। 108 से 122 मेगाहर्ट्ज़ से ऊपर एफ. एम. रेडियो की रेंज हवाई पत्तन नियन्त्रण सहित वैमानिक मार्गनिर्देशन हेतु निर्धारित की गई है। 122 से 17 मेगाहर्ट्ज़ बैन्ड सरकारी एवं गैर-सरकारी एवं अन्य सामान्य सेवाओं के लिए हैं। इसमें स्थित एवं मोबाइल यूनिट तथा अव्यवसायी प्रसारण सम्मिलित है। टेलीविज़न चैनल 7 से 13 की आवृत्ति रेंज 174 से 216 मेगाहर्ट्ज़ है। 216-470 मेगाहर्ट्ज़ में कई स्थित एवं मोबाइल संचार विधियों के साथ-साथ कुछ वैमानिक मार्गनिर्देशन एवं नागरिक रेडियो भी सम्मिलित हैं। 470-490 मेगाहर्ट्ज़ में 41 से 83 तक के यू. एच. एफ टेलीविज़न चैनल हैं। 890-300 मेगाहर्ट्ज़ आवृत्तियों में वैमानिक एवं अत्यवसायी प्रयोग स्टूडियो-ट्रांसमीटर लिंक आदि की विविधता सम्मिलित है। 1300-1600 मेगाहर्ट्ज़ राडार बैन्ड है। एफ. एम. केन्द्रों को 220 किलोहर्ट्ज़ पर केन्द्रीय आवृत्तियाँ निर्धारित होती हैं। अधिक-से-अधिक 100 केन्द्रों हेतु विभाजन 88.1 मेगाहर्ट्ज़ पर प्रारम्भ होता है। टेलीविज़न चैनलों में 5 मेगाहर्ट्ज़ विभाजन होता है।

आवृत्तियाँ	54-1600 मेगाहर्ट्ज़
तरंग दूरी	5-55 मीटर 0-187 मीटर
क्वाण्टम ऊर्जा	0.22×10^{-6} से 0.66×10^{-5} eV

उपग्रह संप्रेषण के लिए एल-बैन्ड

अल्ट्राहाई रेडियो आवृत्ति के तहत 1390-1550 मेगाहर्ट्ज़ के मध्य की आवृत्ति एल बैन्ड के रूप में नामित है जिसका प्रयोग विभिन्न उपग्रह संचार के लक्ष्यों हेतु में होता है जैसे ग्लोबल पोजिशनिंग सिस्टम में मार्ग-निर्देशन के लिए इस बैन्ड के दो कैरियर आवृत्तियों का उपयोग होता है।

माइक्रोवेव्र राडार

1,300 से 1600 मेगाहर्ट्ज़ के मध्य की आवृत्ति राडार हेतु प्रयोग में लाया जाता है परंतु अधिकांश माइक्रोवेव्र आधुनिक उपकरण 3,00 से 30,000

मेग्राहट्र्ज़ (3-30 गिगाहट्र्ज़) के बीच की आवृत्ति का प्रयोग करते हैं। आज के दौर का माइक्रोवेव्र ओवेन, 2450 मेगाहट्र्ज़ की आवृत्ति प्रयुक्त होती है। इसके लिए एफ. सी. सी द्वारा यह बैन्ड निश्चित किया गया है। 3-30 गिगाहट्र्ज़ की कुछ आवृत्तियाँ, अव्यवसायी एवं रेडियो दिशानिर्देशन हेतु प्रयोग की जाती है। माइक्रोवेव्र विकरण का कार्य शुरू से आण्विक आवर्तन एवं ऐंठन विकसित करने का काम करता है। यह ऊष्मा उत्सर्जित करता है। माइक्रोवेव़ ओवेन एवं कुछ राडार प्रयोगों हेतु मैगनेट्रान द्वारा माइक्रोवेव्र उत्पन्न की जाती है।

आवृत्ति	1.6-30 गिगाहट्र्ज़ (GHz)
वेव्रलेंथ	187-10 मिलीमीटर
क्वाण्टम ऊर्जा	0.66×10^{-5} से 0.12×10^{-3} eV

मिलीमीटर तरंग टेलीमीटरी

30-300 गिगाहट्र्ज़ की आवृत्ति रेंज का उपयोग प्रयोगात्मक, सरकारी एवं अव्यवसायी लक्ष्यों की उपलब्धता हेतु किया जाता है।

आवृत्ति	30-300 गिगाहट्र्ज़
वेवलेंथ	10-1 मिलीमीटर
क्वाण्टम ऊर्जा	0.12×10^{-2}eV

आयोनॉस्फियर

पृथ्वी के वायुमण्डल का ऊपरी क्षेत्र आयोनॉस्फियर कहलाता है। इसका निर्माण असन्तुलित गैस अणुओं एवं स्वतन्त्र इलेक्ट्रॉन से होता है। इस इलेक्ट्रॉन गैर प्लाज़्मा की पृथक परतें होती हैं।

यह इलेक्ट्रॉन गैस प्लाज्मा एच. एफ. आवृत्ति की विद्युत चुम्बकीय तरंगों को प्रत्यावर्तित कर सकती है और उन्हें अन्तरिक्ष में विलुप्त होने से नियन्त्रित कर सकती है। विघटित गैस अणु, रेडियो तरंगों पर विशिष्ट रूप से योगदान नहीं देते।

उपयुक्त प्रत्यावर्तित रेडियों आवृत्ति इलेक्ट्रॉन के घनत्व पर निर्भर होता है। यह घनत्व पृथ्वी की सतह से ऊँचाई के साथ बढ़ता है। रेडियो तरंगों का प्रत्यावर्तन आयोनॉस्फियर के प्रभाव क्षेत्र के कोण पर भी निर्भर करता है। पुनः रेडियो तरंगों का प्रत्यावर्तन, रेडियो तरंगों का आयोनॉस्फियर में प्रभाव क्षेत्र के

कोण, ट्रांसमीटर एवं ग्राह्य यन्त्र की दूरी, एरियल का प्रकार एवं आयोनॉस्फियर की अवस्था पर निर्धारित करता है।

आयनीकरण की मात्रा (प्लाज़्मा में इलेक्ट्रॉन घनत्व), सूर्य से विकिरण (मुख्यतः पराबैंगनी) पर निर्भर होती है। ये प्लाज़्मा और ऑयन्स निर्माण करने हेतु गैस अणुओं से इलेक्ट्रॉन को पृथक् करते हैं। सूर्य से विकिरण का स्तर-दिन के समय, वृद्धि का मौसम तथा सूर्य के गतिविध की 11 वर्ष (अनुमानित) चक्र की स्थिति पर आधारित होता है। सौर गतिविधि के स्तर का अच्छा आकलन, सूर्य चित्ती की संख्या को गिनकर किया जा सकता है जो सूर्य के सतह पर परिलक्षित होती है। ये सौर प्रवाह स्तर के समानुपात में होती हैं और सोलर टेलीस्कोप द्वारा अवलोकन की जाती हैं। आयोनॉस्फियर की ऊँचाई दिन के समय के साथ घटा-बढ़ा करती है। दिन के समय और प्रवाह में बढ़ोतरी होती है क्योंकि सूर्य दिखाई देता है और आयोनॉस्फियर में इलेक्ट्रॉन घनत्व में बढ़ोतरी होती है। आयनीकरण में नीचे पृथ्वी की तरफ़ फैलता है। यह उच्च आवृत्ति के सिग्नल (कदाचित 20 मेगाहट्र्ज़ के इर्द-गिर्द या इससे भी ऊपर) का लम्बी दूरी तक वितरण करने में मददगार साबित होता है। उच्च आवृत्ति सिग्नल, आयोनॉस्फियर से प्रत्यावर्तित होकर पृथ्वी पर लौट आती है। पृथ्वी से पुनः परावर्तित होकर आयोनॉस्फिर में जाती हैं। इस प्रकार कई दफ़ा पृथ्वी और आयोनॉस्फिर से बदलकर व्यापक दूरी तक यह सिन्नल पहुँच जाती है। रात में जब सौर प्रवाह न्यूनतम होता है, रेडियो ऊर्जा कम अवशोषित होती है और निम्न आवृत्ति का सिग्नल भी अत्यधिक दूर तक पहुँच पाता है।

आयोनॉस्फियर की परतें

आयोनॉस्फियर निम्नानुसार परतों में व्यवस्थित है—

डी सतह

डी परत करीबन पृथ्वी से 60 से 90 किमी. की ऊँचाई पर स्थित होती है जो दिन में उपस्थित होती है। निम्न ऊँचाई पर, वातावरण की सघनता काफ़ी अधिक होती है। अतः निम्न आवृत्ति (7 मेगाहट्र्ज़) तक के सिग्नल का भारी मात्रा में अवशोषण होता है। उच्च आवृत्तियाँ डी लेयर की सघनता का असर कम होता है इसी कारण वे अपेक्षाकृत निम्न तनुकरण (low attenuation) के

साथ उच्च परत में चली जाती हैं। आज मीडियमवेव्ज़ तथा लौंगवेव्ज़ सहित कम आवृत्ति की एच. एफ. सिग्नल अत्यधिक दूरी तक प्रसारित हो जाते हैं।

ई सतह

यह दिन के समय होती है। इस का कार्य लम्बी दूरी में प्रसारण में सहायता करना है। इसकी पृथ्वी से ऊँचाई 100 से 125 किमी है। गर्मियों में (और कई बार शीतकाल में भी) आयनीकरण के घने बादल कम समय के लिए निर्मित हो सकते हैं। ये कम समय की परतें स्पॉर्डिक ई कहलाती हैं। स्पॉर्डिक ई परतें वी. एच. एफ. बैन्ड-11, सिग्नल के लम्बी दूरी तक विस्तार के लिए उत्तरदायी होती हैं तथा प्रायः लम्बी दूरी वी. एच. एफ. प्रचालन (2000 मील की दूरी या इससे अधिक के लिए), अव्यावसायिक रेडियो द्वारा प्रयुक्त की जाती है।

एफ सतह

दिन में, सूर्यविकिरण परत एफ-1 और एफ-2 में बह जाता है। ये परतें रात में एकल परत में शामिल हो जाती हैं। दिन में एफ-1 परत की ऊँचाई पृथ्वी की सतह से क़रीब 200 किलोमीटर होती है तथा एफ-2 परत क़रीब 400 किलोमीटर की ऊँचाई पर होती हैं। शार्टवेव प्रसारणों का अधिकांश विस्तरण एफ-2 परत माध्यम से होता है। एफ परतों की ऊँचाई काफ़ी अधिक होती है। यह परत दिन के अधिक समय के लिए सूर्य के माध्यम से प्रकाशमान होती है। रात्रि में इसके विलुप्त होने में बहुत समय लगता है। सूर्य के निकलने के पहले, परत अपनी न्यूनतम ऊँचाई पर होती है तथा दोपहर के बाद अपनी चरम सीमा पर होती है।

आयोनॉस्फेरिक प्रसारण में फेडिंग, स्कैटर, मिटियोर ट्रेल्स, आरोरिया, आयोनॉस्फोरिक और जियोमैगनेटिक आँधी बाधा पहुँचाते हैं।

आयोनॉस्फियर का बनना बिगड़ना सूर्य की स्थिति, इसके किरण, सूर्य चित्ती (स्पॉट), सूर्य की क्रिया कलाप आदि पर आधारित होता है। अतः इसके द्वारा किया गया प्रसारण मध्यम श्रेणी का होता है।

क्षोभमण्डल विस्तार

यह एक मनोरंजन विधि है, जिसमें आयोनॉस्फियर का प्रयोग नहीं

होता है। क्षोभमण्डल, पृथ्वी की सतह से 10 किलोमीटर तक की ऊँचाई तक के स्तर में होता है। पृथ्वी के इसी वायुमण्डल में मौसम बनता है। परिवेश में, वायु के अपवर्तनांक में विविधता के फलस्वरूप, वी. एच. एफ. आवृत्ति के रेडियो सिग्नल को अपवर्तक करना सम्भव है। ये विविधताएँ आइस क्रिस्टल वातावरण के दबाव में बदलाव तथा ऊष्मा (जहाँ गर्म हवा शीत के शीर्षा में होती है) में उलट-पुलट के कारण होती हैं। क्षोक्षमण्डल विस्तार, सह-चैनल टेलीविज़न बाधा जहाँ सामान्य सिग्नल के होते हुए अन्य चैनल की छाया देखी जा सकती है।

स्थल तरंगें

पृथ्वी की सतह के साथ (अदृश्य तरंगों की तरह) भी रेडियो सिग्नल एक स्थान से दूसरे स्थान तक जाती है। ये निम्न आवृत्ति मीडियमवेव़, लौंगवेव़ तथा नीचे की आवृत्ति के रेडियो सिग्नल को प्रसारित करती हैं। इस प्रकार के विस्तार का उपयोग भूमिगत संप्रेषण तथा पनडुब्बियों के लिए किया जाता है। जिसकी आवश्यकता समुद्र में अन्दर जाते समय संप्रेषण स्थापित करने के लिए होती है। मीडियमवेव़ सिग्नलों का प्रसारण दिन के समय स्थल तरंगों के द्वारा से होता है लेकिन रात में प्रसारण आयोनॉस्फियर के माध्यम से भी होता है।

मूल ऐन्टेना सिद्धान्त

इस सिद्धान्त के अन्तर्गत बहनेवाले इलेक्ट्रॉन से रेडियो तरंगें विकसित होती हैं। जैसे हम पृथ्वी की सतह पर सीधे खड़े एक ऐन्टेना पर विचार करते हैं। जब ट्रांसमीटर द्वारा भेजा गया रेडियो सिग्नल, ऐन्टेना में प्रविष्ट करता है तो इससे विकसित इलेक्ट्रॉन की गति में क्रमशः बदलता रहता है। ये इलेक्ट्रॉन लगातार ऐन्टेना की सतह पर ऊपर नीचे चला करती है।

एक रेडियो केन्द्र जो 1500 मीटर की आवृत्ति पर प्रसारण करता है उसके लिए 750 मीटर लम्बे ऐन्टेना की आवश्यकता होती है। इसका कारण है वहाँ एक कल्पित ऐन्टेना का लाभ होना। यह कल्पित ऐन्टेना, पृथ्वी के ऊपर स्थापित ऐन्टेना के पृथ्वी से मिले होने के कारण से होता है। प्रसारण एरियल और अंभिग्रहण एरियल की जितनी तरंगदैर्ध्य होती है उसके आधे के बराबर एरियल के लम्बाई की ज़रूरत सामान्य रूप से होती है। इस प्रकार के

ऐन्टेना में दिशात्मक क्षमता नहीं होती है। अर्थात् यह सभी दिशाओं में बराबर प्रसारण करता है।

यदि हम पृथ्वी के सतह के विषय में सोचे तो इस तरह ऐन्टेना से प्रसारण का क्षेत्र, एक गोले से दिखाया जा सकता है बहुधा प्रसारणकर्ता गैर-दिशात्मक एरियल का प्रयोग करते हैं। दिशात्मक ऐन्टेना का उपयोग कुछ विशेष दिशाओं में किया जाता है उदाहरणतः यदि हम कोलकाता में एक एफ. एम. टी.वी. ट्रांसमीटर लगाना चाहते हैं। हमारा लक्ष्य मात्र स्थल पर रह रहे व्यक्तियों को सेवा प्रदान करना है वहाँ दिशात्मक ऐन्टेना प्रयोग करना होगा ताकि हमारा विकिरण समुद्र की तरफ़ न जाए। इस प्रकार के उपयोग में ट्रांसमीटर द्वारा प्रसारित ऊर्जा को किसी एक दिशा में भेजा जाता है। दिशात्मक एरियलों का उपयोग समुद्र तट के पास किया जाता है।

समुद्री सम्प्रेषण हेतु भी उच्च आवृत्ति का प्रयोग किया जाता है उदाहरणतः समुद्र तट से पानी के जहाज़ से सम्पर्क करने और दिशा-निर्देश के लिए। इस दशा में दिशात्मक ऐन्टेना का प्रयोग होता है ताकि सिग्नलों को समुद्र की ओर भेजा जा सके। इस तरह की सेवा में यह महत्त्वपूर्ण है कि द्वीप में सिग्नल का रिसाव न हो क्योंकि द्वीप पर उपस्थित केन्द्र उसी आवृत्ति का प्रयोग करते हैं। इस दशा में रिसाव वाला सिग्नल समस्या पैदा कर सकता है। कुछ प्रसारण के अधिकार क्षेत्र भी निश्चित हो सकते हैं।

जब कोई सिग्नल प्रसारणकर्ताओं द्वारा अपनी दूरी सीमा से अधिक दूरी पर पहुँचता है तो यह सिग्नल किसी और स्टेशन के चैनल से प्रसारण को बाधित करते हैं। इसे को-चैनल इन्टरफियरेन्स कहा जाता है। यह सब मौसम के कारण होता है।

टेलीविज़न में प्रयुक्त एरियल

टेलीविज़न के ऐन्टेना को जिस पोल में लगाया जाता है, उसे गुनी पोल कहते हैं। यह या तो ज़मीन में तार के द्वारा या इसे एक बेरा इन्सुलेटर पर लगाया जाता है। टावर की लम्बाई, रेडियो केन्द्र के वेव्रलेन्थ के आधे या चौथाई के सामान होती है। चित्र 5.6 एक एफ. एम. रेडियो ऐन्टेना दर्शाता है।

एरियल मैचिंग नेटवर्क

उसका प्रयोग फीडर के इम्पीडेंस को ऐन्टेना के इम्पीडेंस के बराबर करने

में किया जाता है। इससे ट्रांसमीटर से निकला अधिक-से-अधिक पावर मीडियम में प्रसारित हो जाता है और अल्प-से-अल्प शक्ति या पावर लौट जाती है। यह मैचिंग नेटवर्क, इन्डक्टेंस एवं कैपेसिटेन्स से बना होता है। इसे ऐन्टेना के जड़ (Base) के पास ही स्थापित किया जाता है। अधिकतर ये छोटे कमरे में रखे जाते हैं इनका निर्माण करना कभी-कभी मुश्किल हो जाता है। यह एक तथ्य पर निर्धारित करता है कि ऐन्टेना दिशात्मक है या यह कितने पावर का है। यह नेटवर्क मीडियमवेव़ के लिए प्रयुक्त होता है। एक नेटवर्क एक से अधिक आवृत्ति के लिए प्रयोग किया जा सकता है।

रेडियल

यह अपने इर्द-गिर्द की भूमि में अत्यधिक अनुपात में पावर पैदा करता है यदि पृथ्वी उच्च गुणों से युक्त होती तो इसका प्रतिरोध शून्य होता और पृथ्वी में रेडियेशन का ह्रास नहीं होता। परन्तु ऐसा नहीं हैं। अतः पृथ्वी में छीजन (Loss) बचाने के लिए ताम्बे के रेडियल तारों का जाल बिछाया जाता है। इनकी लम्बाई 0.25 वेव़लेन्ध के बराबर होता है और इन्हें मास्ट के जड़ से जोड़ दिया जाता है। 60 से 120 रेडियल सभी दिशाओं में समानान्तर बिछाए जाते हैं।

अभिग्रहण एन्टेना

हाफ वेव़ डाइपोल

इसके सक्रिय हिस्से को आइपोल की संज्ञा दी जाती है। यह हिस्सा सिग्नल का अभिग्रहण करता है और टी.वी./रेडियो सेट से मिला होता है। ऐन्टेना के साधारण डिज़ाइन में मात्र एक डाइपोल होता है। उपरोक्त आकृति में रिसीवर के तरफ़ दो तार जाते दिखाए गए हैं। यू.एच.एफ. और वी.एच.एफ. के लिए एक तार कॉपर कोर और दूसरा कोएक्सियल केबल का बाहरी तार होता है। आगे बढ़ने से पहले हम गेन की व्याख्या करते हैं। गेन की तकनीकी परिभाषा है "ऐन्टेना के सिग्नल को प्रभावी ढंग से प्राप्त करने की क्षमता"। चित्र में दर्शायी आकृति, डाइपोल की अभिग्रहण पद्धति को दर्शाती है। बीच के क्षेत्र में सामान्य की तुलना में गेन अधिक है। डाइपोल केन्द्र में स्थित है। हम अन्य तत्त्वों को मिलाकर एरियल के अनुर्दिशत्व को बदल सकते हैं, उन्हें निष्क्रिय तत्त्व (passive elements) कहते हैं। ये डाइपोल से विद्युतीय तौर से नहीं जुड़े होते हैं।

निष्क्रिय तत्त्व दो प्रकार के हैं–

डायरेक्टर : डायरेक्टर एरियल की दिशा की शक्ति में परिवर्तित होता है ताकि डाइपोल के ठीक सामने एरियल के 'गेन' में सुधार हों। अधिकतर एरियलों में एक से अधिक डायरेक्टर होते हैं। जिससे एरियल अपेक्षित स्रोत से सिग्नल चुनते समय अन्य कोणों के सिग्नलों को अस्वीकार करने लगता है।

डायरेक्टरों के बीच के खाली स्थान, प्रथम डायरेक्टर ट्यूब का व्यास और डाइपोल के बीच की दूरी, डाइपोल के व्यवहार को नियन्त्रित करते हैं। डायरेक्टरों की लम्बाई, एरियल के बैन्डविड्थ को रोकती है लेकिन अधिकांश उपयोग में, डायरेक्टर की लम्बाई, डाइपोल की लम्बाई का लगभग 75% होता है।

डायरेक्टरों के दिशा में डाइपोल का गेन वृद्धि करता है। इससे अभिग्रहित सिग्नल पर अधिक असर पड़ता है। ज़्यादा प्रभावी होने के लिए नए डायरेक्टर को मिला दिया जाता है। व्यवहार में एक एरियल में 18-20 तक डायरेक्टर शामिल होते हैं। उसके अतिरिक्त भी एरियल के पीछे अभी भी सिग्नल उपलब्ध है। अभी भी यह पीछे के सिग्नलों को प्राप्त कर सकता है। इसको तकनीकी भाषा में 'लो फ्रन्ट टू बैक अनुपात' की संज्ञा दी जाती है।

परावर्तक (Reflector) : आगे-से-पीछे अनुपात में सुधार के लिए हम द्वितीय क़िस्म के निष्क्रिय तत्त्व–परावर्तक को जोड़ सकते हैं। पीछे से आनेवाले सिग्नल को वापस भेजने का कार्य परावर्तक एरियल करता है। इससे ऐन्टेना का 'गेन' बढ़ जाता है।

इस डिज़ाइन को, इसके निम्नकर्ताओं के नाम पर, यानी-उदा (Yagi-Uda) ऐरे कहा जाता है। परावर्तक की दूरी, आकार एवं स्थिति, एरियल की कार्यक्षमता एवं गुणों को प्रभावित करती हैं। परावर्तक धातु प्लेट का रूप भी ले सकता है। (इसमें सुराख कर, हवाओं का दबाव कम किया जा सकता है)। साधारण रूप डाइपोल के मध्य से कई रॉडों को समान दूरी पर लगाया किया जाता है।

फोल्डेड डाइपोल

सिग्नल में होनेवाली हानि को कम करने के उद्देश्य से यह महत्त्वपूर्ण है कि डाइपोल की प्रतिबाधा–ए.सी. के लिए एक प्रकार की रेज़िस्टेन्स, फीडर

केबल तथा रिसीविंग सेट से मेल खाती है। इसकी प्रतिबाधा पर ऊपर चर्चा की गई है यह प्रतिबाधा लगभग 75 ओम (Ohm) है। प्रायः प्रतिबाधा को केबल तथा रिसीविंग सेट के साथ मैच करने के लिए परिवर्तित करने की ज़रूरत होती है। प्रतिबाधा के इस बदलाव के राड को फोल्ड कर प्राप्त किया जाता है ताकि इसकी मोड़ी गई लम्बाई वेव्लेन्थ की आधी रहे।

माइक्रोफ़ोन और उसके गुण

माइक्रोफ़ोन एक प्रकार का उपकरण है। जिसका कार्य ध्वनि अर्जित करना है। यह ध्वनि को अर्जित कर उसे विद्युत आवेग में रूपान्तरिक करता है। माइक्रोफ़ोन में ऐसे तत्त्व का प्रयोग होता है जो एकाउस्टिक ऊर्जा को विद्युत ऊर्जा में बदल देता है। माइक्रोफ़ोनों का वर्गीकरण उनके निर्माण में प्रयुक्त तत्त्व की क़िस्म के अनुसार किया जाता है। तीन प्रकार के माइक्रोफ़ोन प्रयोग में लाए जाते हैं।

डाइनामिक माइक्रोफ़ोन

डाइनामिक माइक्रोफ़ोन को मूविंग क्वायल माइक्रोफ़ोन भी कहते हैं। डाइनामिक के माइक्रोफ़ोन में तरंगें एक डायफ्राम, जो एक तार की क्वायल के साथ जुड़ा होता है, से ध्वनि तरंगे डायफ्राम पर प्रहार करती है, क्वायल चुम्बकीय क्षेत्र में आगे-पीछे घूमता है। इससे विद्युत करंट उत्पन्न होता है। इस विद्युत करंट को सहस्त्रगुणा बढ़ाकर आगे प्रेषित किया जाता है। डाइनामिक माइक को अत्यधिक परिष्कृत व्यवसायिक माइक्रोफ़ोन के रूप में लिया जाता है। इस प्रकार के माइक का चुनाव स्टूडियो में ध्वनि की रिकॉर्डिग, क्षेत्र निर्माण तथा इलेक्ट्रॉनिक समाचार एकत्रित करने के लिए किया जाता है। डाइनामिक माइक्रोफ़ोन तीव्र एवं अचानक उत्पन्न ध्वनि प्रभावों जैसे धमाके एवं विस्फोट को रिकॉर्ड करने के लिए काफ़ी प्रभावी है। इस माइक्रोफ़ोन में एक विशेषता यह है कि उच्च शोर होने पर ये खराब नहीं होते बल्कि उच्च शोर को कम कर देते हैं।

कन्डेन्सर माइक्रोफ़ोन

इसे कैपेसिटर इलेक्ट्रिक माइक भी कहते हैं। कन्डेन्सर माइक्रोफ़ोन के

कार्य प्रक्रिया विद्युत कन्डेन्सर या कैपेसिटर की भाँति होती है। इसके अन्दर एक पतले धातु के डायफ्राम को एक सपाट धातु या सेरेनिक के एक टुकड़े के ऊपर लगा दिया जाता है। ध्वनि तरंगों द्वारा डायग्राम पर आघात करने से विद्युत प्रभार में उतार-चढ़ाव होता है। यह विद्युत प्रभार एक विद्युत स्रोत के द्वारा बनाए रखा जाता है। एक प्री-एम्प्लीफायर का प्रयोग कर परिवर्ती विद्युत प्रभार की शक्ति में वृद्धि की जाती है। प्री-एम्प्लीफायर, माइक्रोफ़ोन हाउसिंग के अन्दर या एक अतिरिक्त इलेक्ट्रॉनिक पैक में स्थित होता है। प्री-एम्प्लीफेयर को चलाने के लिए अधिकतर कन्डेन्सर माइको को विद्युत स्रोत की आवश्यकता होती है। ये विद्युत स्रोत ए.सी. विद्युत या बैटरियों के द्वारा प्रदान की जाती है। बहुधा ए.सी. विद्युत, मिक्सर या ध्वनि कार्ड से प्रदान की जाती है। इसको फैन्टम पावर की संज्ञा दी जाती है।

अकसर दो सूक्ष्म कन्डेन्सर माइको का एक साथ भी प्रयोग किया जाता है। एक माइक के ख़राब हो जाने पर तत्काल दूसरे माइक को चालू कर सकते हैं। डबल माइक्रोफ़ोन की यह तकनीक दोहरा रिडनडैन्सी कहलाती है।

कन्डेन्सर माइक्रोफ़ोन की प्रमुख विशेषता है–

1. छोटा आकार,
2. श्रेष्ठ अतिसंवेदनशीलता
3. सर्वोत्तम उपयोग निम्न हैं।

रिबन माइक्रोफ़ोन

यह भी माइक्रोफ़ोन का एक प्रमुख प्रकार है। इसमें एक अति पतले धातु पत्तर के द्वारा ध्वनि के कम्पन को ग्रहण किया जाता है। डाइनामिक माइक्रोफ़ोन की तरह ही रिबन माइक में कम्पन द्वारा विद्युतधारा उत्पन्न होती है। अपने डिज़ाइन के आकार की वज़ह से रिबन माइक्रोफ़ोन अत्यधिक कमज़ोर होते हैं इनका अधिकांश उपयोग ध्वनि रिकॉडिंग स्टूडियों में होता है। अपनी श्रेष्ठ क्वालिटी के कारण ये माइक्रोफोन बहुत प्रसिद्ध हैं। उद्घोषकों एवं मापकों को ये अत्यधिक भाते हैं। रिबन माइक्रोफ़ोन दिखाया गया है।

दिशात्मक विशेषताएँ

माइक्रोफ़ोन की एक प्रमुख विशेषता यह होती है कि इसको इसके चारोंओर के अतिसंवेदनशील क्षेत्र के आकार के अनुसार वर्गीकृत भी किया

जाता है। दिशात्मक माइक्रोफ़ोन को अन्य दिशाओं की तुलना में कुछ दिशाओं में अधिक सवेदनशील बनाने के लिए तैयार किया जाता है। अर्थात् एक दिशात्मक माइक्रोफ़ोन किसी सिग्नल को ग्रहण करेगा और अन्य दिशाओं से आते सिग्नल को ग्रहण नहीं करेगा। एक पोलर चित्र किसी भी माइक्रोफ़ोन की दिशात्मक विवरण को प्रदान करता है। माइक्रोफ़ोन का प्रदर्शन 0° अक्ष के सामने किया जाता है 180° अक्ष माइक्रोफ़ोन के पृष्ट का प्रदर्शन करता है। माइक्रोफ़ोन की तीन मूल दिशात्मक प्रक्रियाएँ हैं–

1. ओमनी दिशात्मक माइक
2. द्वि-दिशात्मक माइक
3. एकदिशीय माइक।

1. *ओमनी दिशात्मक माइक*– गैर दिशात्मक माइक भी कहा जाता है। ओमनी माइक सभी दिशाओं से आ रही ध्वनियों के लिए समान सवेदनशील होते हैं। इसकी उपयोगिता बहुत अधिक होती है और एक ओमनी को कहीं भी किसी भी स्थिति में प्रयोग किया जा सकता है। यह माइक किसी भी स्थान या दशा में उपयोग भर ध्वनि ग्रहण कर सकता है। ओमनी दिशात्मक माइक विभिन्न उद्देश्यों के लिए बनाए जाते हैं। ओमनी दिशात्मक माइक का प्रयोग कैमरे में भी होता है इस तरह से एक व्यक्ति श्रव्य एवं दृश्य दोनों का अभिग्रहण कर सकता है। यह माइक संगोष्ठियों में ज़्यादा प्रयोग किया जाता है। इसे वक्ता के जेब या कपड़े से लगा देते हैं। इससे वक्ता के हाथ में माइक लेने की आवश्यकता नहीं होती है। यह माइक संगोष्ठियों में बहुधा प्रयुक्त होता है। यह लेवेलियर माइक, ओमनी दिशात्मक माइक का ही एक स्वरूप है।

इसके कुछ गुण विशेष परिस्थितियों में ध्वनि ग्रहण के लिए अत्यन्त अनुकूल है। उदाहरणार्थ, जब एक स्टूडियों में बहुत-से लोग एक माइक्रोफ़ोन के चारोंओर खड़े होकर या बैठकर किसी विषय पर चर्चा कर रहे हो तब चर्चा की रिकॉर्डिंग के लिए यह माइक उपयोगी होता है। वीडियो निर्माण में इस तरह के माइक का प्रयोग आमतौर पर नहीं करते हैं क्योंकि अधिक ध्वनि ग्रहण क्षमता के कारण यह कैमरे के पीछे से उत्पन्न शोर, स्थान में उपस्थित शोर आदि अवांछनीय को भी ग्रहण कर लेता है। उन सभी परिस्थितियों में जहाँ वक्ता/कलाकार माइक के सामने उपस्थित है, ओमनी दिशात्मक माइक का प्रयोग करते हैं।

2. द्वि-दिशात्मक माइक—इसे "आकृति 8" भी कहते हैं। इस माइक की अतिसंवेदनशीलता प्रक्रिया पोलर है और प्राथमिक तौर पर माइक दो दिशाओं, आमने सामने से आ रही ध्वनियों को ग्रहण करता है। इस ध्वनि प्रक्रिया में माइक सीधे आगे की ओर (0° अक्ष) और सीधे पीछे की (180° अक्ष) ध्वनि को पकड़ता है। सामान्यतः साक्षात्कार या ड्रामा में किया जाता है। जहाँ लोग एक टेबल पर बैठकर एक-दूसरे से बातचीत करते हैं। इसका प्रयोग टेलीविजन में बहुत कम होता है क्योंकि यह कलाकारों की ध्वनि के साथ कैमरे में शोर को भी ग्रहण कर लेता है।

3. एकदिशीय माइक—इस प्रकार का माइक किसी एक दिशा से आ रही ध्वनि को ही ग्रहण करते हैं। इन्हें निम्न चार श्रेणियों में बाँटा गया है—

1. सुपर कार्डियोड
2. कार्डियोड
3. पैराबोलिक
4. हाइपर कार्डियोड।

इस वर्गीकरण का आधार माइक की ग्रहण प्रक्रिया है।

विभिन्न माइको की ग्रहण प्रक्रिया

1. *सुपर कार्डियोड*—यह कार्डियोड से अधिक दिशात्मक क्षमता रखता है। सुपर कार्डियोड माइक की संवेदनशीलता प्रक्रिया मनुष्य के कानों की तरह पोलर है। माइक को ध्वनि स्रोत की तरफ़ स्थापित करने पर अन्य दिशाओं से आनेवाली ध्वनियाँ तिरोहित हो जाती है। शाटगन माइक्रोफ़ोन सुपर कार्डियोड का ही रूप है। इन माइको का व्यापक तौर पर उपयोग, आन लोकेशन वीडियो निर्माण के लिए किया जाता है। इस माइक की दिशात्मक प्रक्रिया का सबसे ज्यादा प्रभाव तब होता है जब इसका उपयोग वार्ताकार से 8-15 फीट की दूरी पर किया जाता है।

2. *कार्डियोड*—इसमें सामने की ध्वनि ग्रहण करने की अधिक क्षमता है। अधिक दूर से आनेवाली ध्वनि को भी यह ग्रहण कर सकता है। लेकिन माइक के पीछे से आ रही ध्वनियों को अपेक्षाकृत नहीं ग्रहण कर पाते। कार्डियोड माइक का नामकरण, जो एक उल्टे हृदय जैसा होता है, इसके ग्रहण प्रक्रिया पर किया गया है। इसका प्रयोग स्टूडियो में गायक मण्डली की आवाज़ को रिकॉर्ड

करने में किया जाना लाभदारी होता है। इसका मुख्य कारण इसके सामने की चौड़ा पोलर प्रक्रिया है। तथापि, कार्डियोड माइक्रोफ़ोन अधिकांशतः टी.वी. स्टूडियो में प्रयोग नहीं होते। जब इसे स्पीकर से लगभग 8 फुट या अधिक की दूरी पर रखा जाता है तो यह अवांछनीय, आसपास की ध्वनियों सहित, दीवारों से आ रही प्रतिध्वनि को भी अर्जित कर लेता है।

(3) ***पैराबोलिक माइक***–इसके तहत पोलर पैटर्न का निर्माण करने हेतु 1 फुट से 3 फुट के व्यास का एक पैराबोलिक रिफ्लेक्टर का उपयोग होता है। एकदिशीय माइक पैराबोलिक रिफ्लेक्टर के केन्द्र बिन्दु पर लगाया जाता है। क्योंकि यह रिफ्लेक्टर पैराबोलिक आकार का है सभी ध्वनियाँ रिफ्लेक्टर से परावर्तित होकर माइक्रोफ़ोन की ओर गमन करती हैं। अतः माइक्रोफ़ोन एवं रिफ्लेक्टर का संयोग एक उच्च दिशात्मक माइक प्रदान करता है। इस प्रकार के माइक की ध्वनि ग्रहण क्षमता 300 फीट से भी ज़्यादा है। सामान्य कार्यक्रम निर्माण के लिए ये माइक व्यावहारिक तौर पर पसन्द नहीं किए जाते हैं। इनका उपयोग मुख्यतः खेलों के संग्रहण हेतु होता है।

(4) ***हाइपर कार्डियोड***–इस प्रकार के माइक की संवेदनशीलता भी एक ही दिशा में होती है। कुछ उच्च दिशात्मक शाटगन माइको को हाइपर कार्डियोड श्रेणी में रखा जाता है। यह सिर्फ़ एक सीमित कोण के तहत आनेवाली आवाज़ों को ही ग्रहण करता है। अतः इन माइको को सही तौर पर ध्वनि स्रोतों की ओर नियत करने की ज़रूरत होती है। कलाकारों के एक स्थान पर स्थिर न होने पर माइक्रोफ़ोन को लगातार समायोजित करना होता है।

टी.वी. कैमरा

टी.वी. कैमरा का प्रमुख कार्य दृश्य को विद्युत तरंगों में परिवर्तित करना है। पिक-अप ट्यूब कैमरा द्वारा ली गई पिक्चर की तकनीकी क्वालिटी को नियन्त्रित करने का मुख्य अंग है। सन् 1929 में कैमरे के अन्दर एक आइकोनोस्कोप ट्यूब का इस्तेमाल किया गया था। इस प्रथम इलेक्ट्रॉनिक कैमरे में बहुत बड़े लेंस लगाए गए थे। ऐसा करने का कारण पिक-अप ट्यूब में पर्याप्त प्रकाश पहुँचाना था। बाद में ऑप्टीकल इमेज को इलेक्ट्रॉनिक इमेज से पृथक् कर पहला सुधार किया गया। इस सुधार में दो लाभ प्राप्त हुए। एक तो लक्ष्य का स्वरूप हो गया और दूसरा उपलब्ध लेन्सों का प्रयोग

सम्भव हो गया। इन लेन्सों का निर्माण मूलतः 16 एवं 35 एम.एम. की मोशन-पिक्चर कैमरों के लिए किया गया था। रंगीन टेलीविज़न का विकास होने के बाद तीन प्राइमरी रंगों के लिए तीन ट्यूबों की आवश्यकता पड़ी इससे कैमरा काफ़ी भारी हो गया। इमेज ऑर्थिकान क़िस्म की ट्यूबों का सन् 1950 के दशक में प्रयोग होने लगा। लेकिन ये ट्यूबें सुविधाजनक नहीं थी। इसी समय यूरोप में प्लम्बीकान ट्यूब का प्रयोग रंगीन टी.वी. में किया जाने लगा। यह सुविधाजनक था तभी से आर्थीकॉन कैमरों का उपयोग समाप्त हुआ।

कैमरा ट्यूब

सन् 1929 में अमेरिका के एक प्रसिद्ध वैज्ञानिक वियादीमिर जोरकिन ने एक में आइकोनोस्कोप की खोज की। इसको बनाने के लिए एक वैक्यूम टाइट ग्लास आवरण के केन्द्र में एक माइका निर्मित डाइइलेक्ट्रिक प्लेट का उपयोग हुआ था। इस प्लेट की एक सतह पर धातु की पतली परत लगायी गयी।

सुपर-आइकोनोस्कोप

सन् 1939 में सुपर-आइकोनोस्कोप का निर्माण किया गया था इस ट्यूब में ऑप्टीकल इमेज को इलेक्ट्रॉनिक इमेज से अलग कर दिया गया। ऑप्टीकल इमेज एक पारदर्शक फोटोइलेक्ट्रिक सतह पर डाली जाती थी जिससे एक इलेक्ट्रॉन प्रवाह उत्पन्न होता था। इस प्रवाह को मोजेक पर डाला जाता था।

ऑर्थीकान

इसका अविष्कार भी सन् 1939 में किया गया था। ऑर्थीकान की कार्य प्रणाली, आइकोनोस्कोप के ही सिद्धान्तों पर आधारित थी। एक चालक सतह तथा एक फोटो उत्प्रेरक के मध्य माइका शीट के उपर्युक्त दिशा में किरण डालने की अनुमति दे सके।

रेडियो कॉरपोरेशन ऑफ़ अमेरिका ने सन् 1946 में इमेज ऑर्थीकान का विकास किया। इमेज ऑर्थीकान के अग्रभाग में एक स्क्रीन थी जिसे फोटो कैथोड कहते थे। जब कैमरे के लैन्स की लाइट इस पर पड़ती थी तो यह इलेक्ट्रॉनिक इमेज को संगठित करता था। इमेज में अधिक और कमज़ोर चार्ज किए हुए स्पाट होते थे जो दृश्य के चमकीले और धुँधले क्षेत्र के अनुरूप होते थे। इलेक्ट्रॉन लक्ष्य से बाहर हो जाते थे। इमेज ऑर्थीकान के पृष्ठ भाग पर एक उपकरण होता था जिसे

इलेक्ट्रॉन प्रवर्धक (Multiplier) कहा जाता था। यह लौटती हुई किरण पुंज की शक्ति में व्यापक वृद्धि करता है। यह किरण पुंज टेलीविज़न पिक्चर सिग्नल बनाती थी। सन् 1940 के पूर्वाद्ध में इमेज-ऑर्थीकान के विकास ने आइकोनोस्कोप का अनुसरण किया। आइकोनोस्कोप समान लक्ष्य को पूर्ण करने में सक्षम था, परन्तु इसे सही रूप में चलाने के लिए व्यापक लाइटिंग सिस्टम की आवश्यकता होती थी।

मॉड्यूलेशन तथा प्रेषण तकनीकी

मॉड्यूलेशन प्रक्रिया

एम्प्लीट्यूड मॉड्यूलेशन (ए. एम.) का प्रयोग सन् 1920 से किया जा रहा है। ए. एम. में कैरियर सिग्नल के एम्प्लीट्यूड को, प्रोग्राम के एम्प्लीट्यूड के अनुपात में बदल दिया जाता है। इसका प्रयोग मीडियमवेव एवं शार्टवेव प्रसारण में होता है।

फ्रिक्वेंसी मॉड्यूलेशन का विकास सन् 1955 में हुआ। इसमें कैरियर के फ्रिक्वेंसी को प्रोगाम के एम्प्लीट्यूड के अनुसार बदल दिया जाता है। इसका प्रयोग, वी. एच. एफ. बैन्ड में, एफ. एम. प्रसारण एच. टी. वी. में ध्वनि के प्रसारण के लिए किया जाता है। टी.वी. में दृश्य के प्रसारण के लिए एम्प्लीट्यूट मॉड्यूलेशन (ए. एम.) का प्रयोग होता है। आजकल डिज़िटल माड्यूलेशन का प्रयोग डिज़िटल प्रसारण के लिए किया जाता है।

डिज़िटल मॉड्यूलेशन पद्धति

इस पद्धति में एनालॉग सिग्नल को 'पल्स कोड मॉड्यूलेशन' द्वारा डिज़िटल डाटा में परिवर्तित किया जाता है।

डिज़िटल टी.वी. में स्क्रैम्बिल एन. आर. जेड. पद्धति का प्रयोग कर त्रुटि नियन्त्रण एवं बैन्डविड्थ पृथक किया जाता है। पल्स कोड मॉड्यूलेशन के विभिन्न रूप हैं—

पैम

इसे पल्स एम्प्लीट्यूट मॉडयूलेशन भी कहते हैं। इस पद्धति में सूचना को पल्स प्रवाह के एम्प्लीट्यूड के अनुपात में कोडिंग की जाती है।

डेल्टा मॉड्यूलेशन

इस पद्धति में समान आवृत्ति के पल्स प्रेषित किये जाते हैं जिनका अवधि सूचना का सिग्नल (Modulating Signal) तय करता है।

एडाप्टिव डेल्टा मॉड्यूलेशन

यह पद्धति डेल्टा मॉड्यूलेशन का एक परिवर्तित रूप है लेकिन इसमें ट्रैकिंग सिग्नल के स्लोप में बदलाव संभव है। फेज़ शिफ्ट कीइंग (पी. एस. के.) सूचना, स्थिर कैरियर आवृत्ति पर भेजी जाती है। इसमें कैरियर सिग्नल के फेज़ का बदला है।

डिफरेन्शियल फेज़ शिफ़्ट कीइंग

यह पी. एस. के. का ही एक रूप है परन्तु इसमें सिग्नल की डिकोडिंग बहुत आसान है।

बी. पी. एस. के.

इसे बाइनरी फेज शिफ्ट कीइग कहते हैं। इसमें एकल डाटा चैनल, कैरियर पर आरुढ़ कराया जाता है। एकल बिट बदलने (1 से 0 या 0 से 1) से कैरियर में 180° फेज़ का बदलाव होता है।

क्वाड्रेचर फेज़ शिफ़्ट कीइंग

इस पद्धित के अन्तर्गत दो डाटा चैनल कैरियर को मॉड्यूलेट करते हैं। इसमें कैरियर का फेज़ 90° या 180° बदल जाता है। इसका निष्कर्ष यह निकलता है। कि इसमें दो डाटा प्रवाह–“1”k चैनल एवं “Q”k चैनल भेजे जाते हैं।

स्टैगर्ड क्वाड्राफेज़ शिफ़्ट कीइंग

इस पद्धति में भी दो डाटा चैनल, कैरियल का मॉड्यूलेट करते हैं। ये डाटा चैनल 1/2 बिट से पृथक् होते हैं। जिससे कैरियल 90° बदल जाता है। डाटा चैनल एक ही स्रोत से लिया जाता है। इनको ‘1’ चैनल (फेज़ में) और ‘Q’ चैनल (क्वाड्रेचर) के नाम से जाना जाता है।

स्टीरियो प्रसारण

ए. एम. रेडियो, मोनो और स्टीरियो, दोनों की तरह के प्रसारण में कारगर होता है। स्टीरियो प्रसारण के लिए एक विशेष मॉड्यूलेटिंग सिग्नल का प्रयोग कर, बायाँ और दायाँ चैनल उत्पन्न किया जाता है। इस प्रकार के मॉड्यूलेटिंग सिग्नल का बैन्डविड्थ 60 किलोहर्ट्ज़ होता है उपभोक्ता के मोनो रिसीवर में मोनो सिग्नल ही प्राप्त होता है लेकिन स्टीरियो रिसीवर दो चैनल उपलब्ध करता है।

टेलीविज़न ट्रांसमीटर

उसे प्रमुख दो श्रेणियों में विभाजित किया गया है। देखने के लिए अथवा दृश्य हिस्सा या भाग, दृश्य सिग्नल को ग्रहण कर इसे एक आर. एफ. कैरियर पर आरूढ़ कराने के बाद, इसकी शक्ति बढ़ाकर ऐसे ऐन्टेना पर भेजता है।

श्रव्य ट्रांसमीटर भाग में ऑडियो सिग्नल को आर. एफ. कैरियर पर आवृत्ति मॉड्यूलेशन (एफ. एम.) द्वारा आरूढ़ कराने के बाद, इसकी शक्ति बढ़ाकर इसे ऐन्टेना द्वारा प्रसारित किया जाता है।

वर्तमान दौर में एक एक्साइटर जिसकी/आवृत्ति, इन्टरमिडिएट आवृत्ति (आई. एफ.) के आसपास होती है, का प्रयोग करते हैं और फिर एक अपकर्न्वटर का प्रयोग कर आवृत्ति को बढ़ाते हैं। टी.वी. ट्रांसमीटर में टेट्रोड (वी. एच.एफ.) एवं क्लिस्ट्रॉन (यू.एच.एफ. के लिए) का प्रयोग होता है। आजकल कम शक्ति के पूर्ण सॉलिड स्टेट ट्रांसमीटर भी उपलब्ध है।

टेलीविज़न प्रसारण निम्न वी. एच. एफ. चैनल 2 से 6 उच्च वी. एच. एफ. चैनल 7 से 13, एवं यू. एच. एफ. चैनल 14 से 83, आवृत्तियों पर होता है। इनमें अन्तर केवल अपकर्न्वटर और शक्ति का होता है। टेलीविज़न ट्रांसमीटर की शक्ति, इसके दृश्य के शक्ति पर आधारित है। एरियल गेन का विशेष महत्व है यथा एक निम्न वी. एच. एफ. आवृत्ति का ट्रांसमीटर जिसका ऐन्टेना गेन क़रीब '4' है वह 35 किलोवॉट शक्ति उत्पन्न कर, 100 किलोवॉट इफेक्टिव रेडियेटेड पावर (ई.आर.पी.) दे सकता है। ट्रांसमीटर का पॉवर, ऐन्टेना की ऊँचाई, विभिन्न आवृत्तियों के लिए निश्चित है। यह निम्न तालिका में दर्शाया गया है।

शक्ति एवं ऊँचाई सीमा

बैन्ड	चैनल	शक्ति	किलोवॉट	ऊँचाई मीटर	ज़ोन
निम्न	वी.एच.एफ.	2-6	100	305	1
उच्च	वी.एच.एफ.	7-13	316	305	2,3
	यू.एच.एफ.	14-69	5000	610	1,2,3

उपग्रह प्रसारण

ज़मीन से करीबन 36,000 किलोमीटर की दूरी पर स्थित उपग्रह अचल होता है और उच्च आवृत्ति फ़ोक्स स्पॉट किरण एवं बड़े उपग्रह ऐन्टेना द्वारा पिछले दस वर्षों से अन्तर्राष्ट्रीय दूर-संचार में सहयोगी हैं। उपग्रह प्रसारण में सिग्नल को ट्रांसमीटर से रिसीवर तक जाने में कुछ अवधि लगती है, क्योंकि सिग्नल को 72,000 किमी. वृत्ताकार पथ घूमना पड़ता है।

विश्व में उपग्रहों का मुख्य प्रयोग वीडियों संचार है, इसके द्वारा टेलीविजन प्रसारकों के लिए कार्यक्रम शामिल होते हैं अन्य क्षेत्रों जैसे—दूरवर्ती शिक्षा तथा टेलिकान्फरेंसिंग के लिए भी इनका प्रयोग किया जाता है। अब तक ये सभी कार्यक्रम शहरी केन्द्रों में स्थित बड़े बड़े स्थलीय प्रेषामिग्राहित्र (Transcievers) द्वारा किए जाते थे जो सभी के पहुँच में नहीं थे। उन्हें केवल वे ही उपयोग कर सकते थे जो बड़े-बड़े टी. वी. आर. ओ. (TV Receive Only) ऐन्टेना ख़रीद सकते थे, परिणामस्वरूप अधिकांश गाँवों में प्रसारण पहुँचाने में समस्या होती थी परन्तु आज के दौर में विश्व के विभिन्न राष्ट्रों में विस्तृत रूप से घर-घर में यह उप्लब्धि प्रारम्भ हो गई है। साथ ही ऐसे उपग्रहों की स्थापना की जा रही है जो अधिक शक्तिशाली सिग्नल प्रसारित कर सकते हैं। पहले से कहीं अधिक संवेदी अभिग्रहण उपस्करों का विकास किया जा रहा है। एक नये डिज़िटल हैंडहेल्ड वीडियो के लिए विश्वव्यापी डी. टी. एच. उपग्रह श्रव्य प्रसारण सेवा भी उपलब्ध है। भारत में, सिग्नल अभिग्रहण करने के लिए टी. वी. आर. ओ. का प्रयोग किया जाता है। और फिर इन्हें अल्पशक्ति टी.वी. ट्रांसमीटर द्वारा अनुप्रेषित (Relay) किया जाता है।

वी.एस.ए.टी.

दोतरफा व्यापार के लिए उपग्रह तक प्रसारित करने वाले यन्त्र की उच्च

क़ीमत की वज़ह के कारण यह प्रौद्योगिकी बहुतों की पहुँच से बाहर थी। लेकिन राष्ट्रीय और अन्य बड़े संगठनों के पर्याप्त प्रयत्नों से उपस्कर का आकार तथा लागत कम हो गए हैं। फलस्वरूप वेरी स्मॉल एपर्चर टर्मिनल (वी.एस.ए.टी.) निर्भर पद्धित अत्यधिक प्रसिद्ध चली है। यहाँ तक की कम व्यापार करनेवाले स्थानों पर भी, जैसे कि एक छोटे-से शहर में बैंक की एक शाखा को उसके प्रधान कार्यालय से जोड़ने के लिए इसका प्रयोग होने लगा है। स्टार टोपोलॉजी पद्धति वैकल्पिक मेश टोपोलॉजी से विपरीत है जहाँ हर केन्द्र पर बड़े ऐन्टेना प्रयोग किए जाते हैं, जिससे मूल्य में वृद्धि हो जाती है, लेकिन इससे सीधा बराबर प्रसारण होता है और केन्द्र हब द्वारा प्रेषण ज़रूरी नहीं होता।

वेरी स्मॉल एपर्चर टर्मिनल पद्धति से निर्माण, टर्मिनल मॉनीटरिंग, चैनल निर्धारित करने और रूटिंग के प्रबन्धन के लिए हब स्थलीय केन्द्र उत्तरदायी होता है। सामान्यतया इसका ऐन्टेना बहुत बड़ा होता है (लगभग 20 मीटर) जबकि 10 मीटर सामान्य होता है और सम्पूर्ण सेटअप बनाने में लगभग एक मिलियन डॉलर लगते हैं, लेकिन अतिरिक्त क्षमता और कौशल स्विचिंग युक्त उच्च क्षमता प्रणाली में दस मिलियन डॉलर तक लग सकते हैं।

विगत में हब और वी.एस.ए.टी. के मध्य संचार साधन एक ही आपूर्तिकर्ता से ख़रीदे जाते थे। परिणामस्वरूप वी.एस.ए.टी. यन्त्र के आपूर्तिकर्ता स्थलीय केन्द्र हब इस आशय के साथ प्रदान करते थे कि टर्मिनल की बिक्री बढ़ जाएगी। तथापि अब कई विभिन्न हब और वी.एस.ए.टी. का प्रयोग किया जा रहा है जो अन्तर्राष्ट्रीय व्यापार प्रणाली—आई.बी.एस. मानक का प्रयोग क.रते हैं, जिससे अलग-अलग आपूर्तिकर्ताओं के उपस्कर लगाए जा सकते हैं। कई क्षेत्रों में वी.एस.एटी. संरचना निर्मित करने हेतु हब का निर्माण आवश्यक नहीं है—विदेशी राज्यों में विद्यमान हब का प्रयोग किया जा सकता है। उत्तरी अमेरिका और कई यूरोपियन देशों में विभिन्न हबों में ऐसी सुविधाएँ हैं। लेकिन इन्टरनेट से सेवा हेतु हब की पहुँच स्थानीय उच्च बैन्डविड्थ इन्टरनेट सेवा तक होनी चाहिए। अधिकतर हबों की अधिकतम अपलिंक क्षमता 512 की होती है जबकि कई हब 8 एम. बी. पी. एस. तक चैनल प्रदान कर सकते हैं।

वी.एस.ए.टी. यूनिट प्रशिक्षित व्यक्तियों द्वारा संस्थापित किए जाते हैं। इसमें दक्ष होना सरल है। एक कम्पास और जी. पी. एस. यूनिट के द्वारा ऐन्टेना प्रारंभ किया जा सकता है और प्रणाली को फाइन ट्यून करने के लिए डी. बी. वोल्टमीटर की जरूरत होती है।

उपग्रह की प्रक्रिया

दूर-संचार के लिए प्रयुक्त उपग्रह में कई रेडियो प्रेषित्र-ग्राहित्र होते हैं, इन्हें सामान्यतः ट्रांसपाडर कहा जाता है। ट्रांसपाडर की संख्या जितनी अधिक होगी, उपग्रह पर उपलब्ध बैन्डविड्थ भी उतनी ही अधिक होगी यह 36 मेगाहर्ट्ज़ और 54 मेगाहर्ट्ज़ के मध्य होती है। उपग्रह पर विभिन्न ट्रांसपांडरों की स्थिति, पृथ्वी पर फुटप्रिंट पैटर्न निर्भर करता है जिसमें उपग्रह उपयोगी सेवा (Usable Service) दे सकता है। कुछ ट्रांसपांडर किरणें अभेद्य रूप से प्रकाश का उत्सर्जन करती है, जो फुटप्रिंट का क्षेत्र कम कर देती हैं लेकिन भूमि पर ऐन्टेना की शक्ति तथा अपेक्षित आकार को कम कर देती है। फुटप्रिंट के आकार को निश्चित करने वाली मुख्य चार प्रकार की ट्रांसपांडर किरणें होती हैं।

1. ज़ोन किरणें लगभग 10% कवर करती हैं।
2. स्पॉट किरणें 10% से भी कम कवर करती हैं।
3. ग्लोबल किरणें पृथ्वी का 40% कवर करती हैं।
4. हेमिस्फेस्कि किरणें 20% कवर करती हैं।

फुटप्रिंट की कोई भी सीमा निर्धारित नहीं होती केन्द्र से फुटप्रिन्ट की परिधि, सिग्नल क्षमता में क्रमिक हानि को इंगित करती है जहाँ बड़े ऐन्टेना और अधिक शक्तिवाले यन्त्रों की ज़रूरत होती है। यह ज़रूरी नहीं है कि हब और रिमोट टर्मिनल एक ही फुटप्रिंट में हो—एक क्षेत्र पर लक्षित ट्रांसपांडर से विविध क्षेत्र पर लक्षित दूसरे ट्रांसपांडर पर ट्रैफिक को बढ़ा सकता है।

स्पॉट और ज़ोन किरणें

उपस्कर, डॉलर 500 से कम में और डिज़िटल अभिग्रहण प्रणाली 1500 डॉलर से कम में उपलब्ध है। व्यापक ग्लोबल और हेमिस्फेरिक किरणें सामान्यता सी-बैन्ड (4-7 गिगाहर्ट्ज़) में प्रसारित होती हैं और इन्हें 1.8 मीटर से 10 मीटर के मध्य का ऐन्टेना चाहिए। 1.8 मीटर सी-बैन्ड अभिग्रहण यूनिट की टार्च सामान्य रूप से क़रीबन बीस हज़ार डॉलर से प्रारम्भ हो जाती है। सी-बैन्ड के बाज़ार में लगभग 70% संस्थापित उपस्कर, ह्युग्स नेटवर्क सिस्टम के हैं।

20-30 गिगाहर्ट्ज़ के मध्य वेव्रबैन्ड को अब ब्राडबैन्ड उपग्रह प्रणाली के लिए प्रस्तावित किया जा रहा है। विनियामक निकाय को ग्लोबल कवरेज़ और क्षेत्रीय कवरेज़ की सात प्रणालियाँ प्रस्तुत की गई हैं। इन प्रणालियों का

बैन्डविड्थ और चैनल क्षमता वर्तमान कार्यक्षेत्र में मौजूद किसी भी प्रणाली से अधिक होगी। उदाहरण के तौर पर, ए.टी. एंड. टी. तथा ह्युग्स प्रणाली की क्षमता एक साथ 384 के.बी.पी.एस. के 1,00,000 सर्किट की है। इस क्षमता से इन्टरेक्टिव बहुचैनल वीडियो, वीडियो फ़ोन सेवा, ब्रॉडबैन्ड कम्प्यूटर संयोजन और अन्य सेवाएँ उपलब्ध होती हैं।

हाइड्रोमेट्योर उपग्रह सेवा को बाधित करते हैं, विशेष रूप के. यू. बैन्ड में, जहाँ जल की बूँदें वेव़लेंथ जितनी होती हैं। इससे तूफ़ान के समय सेवा में निरन्तर रुकावट आती है। परिणामस्वरूप अधिकांश डाटा संचार व्यवस्था के विश्वसनीयता के लिए सी-बैन्ड का चयन किया जाता है। तथापि, सी-बैन्ड की फ्रिक्वेंसी कुछ स्थलीय माइक्रोवेव़ प्रणाली की फ्रिक्वेंसी से अत्यधिक मेल खाती है। इसलिए यदि यह उपस्कर आसपास होगा तो समस्याएँ हो सकती हैं।

किसी एक उपग्रह का मालिक ट्रांसपाडर को एक एक करके स्क्रीन अथवा पट्टे पर प्रस्तुत कर सकता है अथवा बाज़ार दर पर बड़ी संस्था में ट्रांसपांडर देनेवाले विक्रेता से मिल सकता है। अधिक समय लगने के कारण, उपग्रह ऑपरेटर दीर्घकालीन अनुबन्धों पर छूट देते हैं। अधिक संवेदी केन्द्रों पर सिग्नल देने के लिए उपग्रह को कम क्षमता की आवश्यकता होती है, इसलिए उपयोग किए गए ऐन्टेना को देखते हुए सर्किट की दर में परिवर्तन संभव है।

इन्टरनेट एवं इन्टरेक्टिव टी.वी. के लिए दो चैनल की ज़रूरत होती है। एक चैनल स्थलीय केन्द्र हब से उपग्रह तक आउटरूट, और दूसरा उपग्रह टर्मिनल से उपग्रह तक इनरूट। इन दोनों चैनलों की बैन्डविड्थ में समानता अनिवार्य नहीं है। यह सामान्य रूप से विषम रूप में पायी जाती है। बहुधा इन्टरनेट एवं इन्टरेक्टिव टी.वी. में सूचना अधिकतर आती है।

केन्द्र उपग्रह के प्रमुख अंग एवं उनका कार्य

केन्द्र उपग्रह के मुख्य तीन अंग है–

1. पैराबोलिक ऐन्टेना या डिश,
2. आउटडोर यूनिट
3. इनडोर यूनिट।

डिश और आउटडोर यूनिट प्रसारण एवं ग्रहण का कार्य करते हैं। इनडोर यूनिट उपभोक्ता के यन्त्र से मिलने और डिज़िटल सिग्नल को एनालॉग में बदलने करने का कार्य करते हैं।

सामान्य साधन

केन्द्र और उपग्रह के बीच सामान्यतः दो प्रोटोकोल कार्यरत हैं–

1. टाइम डिविजन मल्टीपल एक्सेस (टी. डी. एम. ए.) और सिंगल चैनल पर कैरियर (एस. सी. पी. सी.)।
2. टी. डी. एम. ए. निर्भर संरचना की कीमत अधिक नहीं होती लेकिन यह इन्टरनेट हेतु उपयोगी नहीं है।

यह स्टैटिसटिकल मल्टीप्लैक्सिंग डिमान्ड कन्टेन्शन आधारित प्रणाली है जहाँ हब को प्रदत्त बैन्डविड्थ, सभी वी.एस.ए.टी. के मध्य बांट दिया जाता है। सभी स्थलीय केन्द्रों से सिग्नल आने पर इसके द्वारा उचित प्रसारण नहीं हो पाता। इसके अतिरिक्त डबल उपग्रह हॉप से जोड़ने पर सिग्नल आने में अधिक समय लगता है। नेटवर्क मैनेजमेन्ट सिस्टम संरचना प्रबन्धन प्रणाली के साथ इसे जोड़ने में न्यूनतम 2 सेकेण्ड और कई बार 4 सेकेण्ड की भी देरी हो जाती है। फलस्वरूप टी.डी.एस.ए. क्रेडिट कार्ड के सत्यापन जैसे डॉटा के कार्य सम्पादन के लिए अधिक उपयुक्त है।

एस.सी.पी.सी पर निर्भर कार्यक्रम निर्धारित निश्चित बैन्डविड्थ प्रदान करता है और भूमि पर दी जानेवाली सुविधा जैसा ही है। 8 एम.बी.पी.एस. तक सर्किट दिए जा सकते हैं, परन्तु साधारण वी.एस.ए.टी. यन्त्र हेतु ज़्यादातर अधिकतर 2 एम.बी.पी.एस. ही ज़्यादा मशहूर है। एस. सी. पी. सी. डिमान्ड एसाइन्ड मल्टीपल एक्सेस (डी.ए.एम.ए.) अपेक्षाकृत नई सेवा है, जो प्रयोक्ता की पसन्द के अनुसार बैन्डविड्थ प्रदान करती है। तथापि, यदि इन्टरनेट सेवा के लिए बैन्डविड्थ चाहिए तो टी.सी.पी/आई.पी. के कारण कुछ सीमाएँ निश्चित हैं।

डाटा प्रसारण क्षमता

डाटा प्रसारण करते समय डाटा के गुम होने की उम्मीद भी रहती है, दूसरी ओर से पावती सूचना प्राप्त होने तक एक प्रति सुरक्षित रखी जाती है। डाटा जीयो स्टेशनरी कक्ष तक पहुँचने के लिए कम-से-कम 250 मिलीसेकेण्ड लेता है, और पावती वापस आने तक 250 मिलीसेकेण्ड और लगते हैं, इसलिए डाटा की प्रति कम से कम 500 मिलीसेकेण्ड तक सुरिक्षत रखी जाती है चूँकि डाटा तब तक प्रसारित नहीं किया जाता जब तक कि उसे बफर में

एकत्रित न कर लिया जाए और बफर में डाटा की सीमित संख्या ही रखी जा सकती है, पूर्व की सूचना हटाए बिना नयी सूचनाओं को पहुंचाया नहीं जाता है। टी.सी.पी./आई.पी. का बफर आकार 32 के. बी. है और इसका तात्पर्य है कि किसी भी समय, केवल 32 के.बी. प्रसारित किए जा सकते हैं और पावती की प्रतीक्षा कर सकते हैं। परिणामस्वरूप, चैनल की क्षमता से निरपेक्ष किसी भी 32 के.बी. की पावती प्राप्त होने में कम से कम आधा सेकेण्ड लगेगा। इसलिए, प्रति आधा सेकेण्ड का अधिकतम डाटा प्रसारित होने की दर 32 के.बी. है।

प्रेषण के नवीन प्रयोग

प्रेषण की प्राचीन एवं प्रमुख विधियों में जैसे—मिडियमवेव़, शार्टवेव़ तथा एफ. एम. ट्रांसमीटर है। मीडियमवेव़ ट्रांसमीटर भूमि तरंगों द्वारा सेवा प्रदान करती हैं। सायंकाल एवं रात्रि में ये आयोनॉस्फियर द्वारा भी सेवा प्रदान करती है। सेवा प्रदान करने का क्षेत्र ट्रांसमीटर की क्षमता पर आधारित करता है। यह 20 कि.मी. से 100 कि.मी. तक अच्छी सेवा प्रदान कर सकता है। आज के दौर में अच्छी सेवा के लिए एफ. एम. ट्रांसमीटर का प्रयोग होता है। यह लाइन ऑफ़ साइट सेवा देती है। टी.वी. ट्रांसमीटर भी इसी प्रकार की सेवा देता है। शार्टवेव़ लम्बी दूरी की मध्यम गुण की सेवा प्रदान करता है। इसी कारण इसका उपयोग बाह्य सेवा हेतु किया जाता है। आधुनिक युग में अन्य माध्यम जैसे—उपग्रह सेवा के विकास के कारण, शार्टवेव़ धीरे-धीरे बन्द हो रहा है।

प्राथमिक अवस्था में उच्च रेज़ोल्यूशन का प्रयोग उच्च गुणवत्ता के टी.वी. प्रसारण के लिए किया गया परंतु इसमें यह दोष था कि 1,046 लाइनों के उच्च गुणवत्ता के टी.वी. प्रसारण के लिए अत्यधिक बैन्डविड्थ की आवश्यकता होती थी। इस मात्रा की बैन्डविड्थ विश्व के किसी भी कोने में नहीं मिलती थी। डिज़िटल टी.वी. के विकास के साथ ही एच.टी.वी. समाप्त हो गया।

उपग्रह सेवा कई विभिन्न रूपों में, यथा डिज़िटल सेटेलाइट सर्विस डिज़िटल साउन्ड ब्रॉडकास्टिंग सर्विस, डाइरेक्ट टू होम, अत्यन्त विकसित हो रहे हैं। डिज़िटल एवं संपीडन तकनीकी के विकास के साथ ही ये सारी सेवाएँ डिज़िटल हो गई हैं।

डिज़िटल के विकास के विकास के लिए विभिन्न माध्यमों का प्रेषण के

लिए प्रयोग किया जा रहा है। आज ब्रॉडकास्ट सेवाएँ, परम्परागत ट्रांसमीटर के अतिरिक्त, केबल, उपग्रह, फाइबर, इन्टरनेट आदि के द्वारा दी जा रही है। रिसीवर के रूप में घरों में कम्प्यूटर का अधिकांश प्रयोग किया जा रहा है। कुछ संप्रेषण माध्यम निम्न हैं–

कोएक्सियल केबल

कोएक्सियल केबल 100 से 400 मेगा बिट प्रति सेकेण्ड का सिग्नल प्रदान कर सकता है। इसकी क्षमता वीडियो अथवा 1,000 ऑडियो चैनल को प्रेषित करने की है। यह बहुत सस्ता एवं उपयुक्त साधन है।

फाइबर आप्टिक

फाइबर आप्टिक एक सर्वप्रिय, उच्च बैन्डविड्थ, 2 गीगा बिट प्रति सेकेण्ड पर सिग्नल प्रदान करनेवाला, एक बढ़िया साधन है। यह इन्फ्रारेड और दृश्य आवृत्ति (10^{14} से 10^{15} हट्र्ज़) पर कार्य करता है। यह 'सिंगल मोड', 'मल्टीमोड ग्रेडेड इन्डेक्स' और 'मल्टीमोट स्टेप इन्डेक्स' प्रकार का होता है। भविष्य में 'फाइबर टू होम' द्वारा विभिन्न ऑडियो एवं वीडियो चैनल उपभोक्ता को प्रदान किए जा सकेंगे जिसमें मल्टीमीडिया एवं अन्य सुविधाएँ होंगी।

रेडियो

मीडियमवेव़, शार्टवेव़, वी. एच. एफ. एवं यू. एच. एफ., रेडियो/टी.वी. का वर्णन किया जा चुका है।

उपग्रह

उपग्रह का वर्णन किया जा चुका है। इसकी मुख्य विशेषता है–

वी. एच. एफ. बैन्ड (50–146 मेगाहट्र्ज़)	– एल.ई.ओ. उपग्रह
यू. एच. एफ. बैन्ड (0.430–1.3 गिगाहट्र्ज़)	– एल.ई.ओ. उपग्रह
एल बैन्ड (1.53 से 2.70 गिगाहट्र्ज़)	– एल.ई.ओ. उपग्रह
एस बैन्ड (2.7 से 3.5 गिगाहट्र्ज़)	– एल.ई.ओ. उपग्रह
सी-बैन्ड	– जी.ई.ओ. उपग्रह

(नीचे भेजने के लिए–3.7 से 4.2 गिगाहट्र्ज़,

ऊपर भेजने के लिए — 5.925 से 6.425 गिगाहट्र्ज़)

के. यू. बैन्ड — जी. ई. ओ उपग्रह

(नीचे भेजने के लिए 11.7 से 12.0 गिगाहट्र्ज़)

एम.ई.ओ.—इस कक्ष में उपग्रह पृथ्वी की सतह से 5,000 से 15,000 कि. मी. की ऊँचाई पर स्थित होते हैं। सम्पूर्ण पृथ्वी पर सेवा प्रदान करने के लिए बहुत-से उपग्रहों की ज़रूरत होती है।

एल.ई.ओ.—इस कक्ष में उपग्रह पृथ्वी की सतह से 1,500 से 5,000 कि. मी. की ऊँचाई पर उपस्थित होते हैं।

1. टेरेस्ट्रियल माइक्रोवेव्ज़

माइक्रोवेव्ज़ सिग्नल 'लाइन ऑफ़ साइट' में 30 मील की दूरी तक जा सकता है और 45 एम.बी. पी. एम. की क्षमता प्रदान करता है। इसकी विशेषता इसमें केबल की ज़रूरत नहीं होती है। ट्रेरेस्ट्रिल माइक्रोवेव्ज़ में कुछ निम्न दोष भी देखने को मिले—

1. यह रेडियो व्यवधान (Interference) से प्रभावित होता है।
2. बारिश के मौसम में सिग्नल का ह्रास (Attenucation) होता है।
3. इसके लिए खम्भे (Towers) एवं रिपीटर्स की आवश्यकता होती है।

2. अन्य मीडिया

आधुनिक युग में इन सम्पूर्ण साधनों का प्रयोग लगभग शुरू हो गया है आज के दौर में इन्टरनेट एक अत्यधिक शक्तिशाली एवं महत्त्वपूर्ण साधन है जिसका उपयोग प्रत्येक क्षेत्र में विस्तृत रूप से हो रहा है। कुछ अन्य माध्यम—ए. डी. एस. एल. और डी. एस. एल.। ये माध्यम डिज़िटल प्रसारण का उपयोग करेंगे।

उपसंहार

यहाँ पूर्णतः ज्ञात होता है कि आधुनिक युग में उपग्रहों से कार्यक्रमों का प्रसारण कैसे हो रहा है एवं जनसंचार माध्यम के विभिन्न अंगों द्वारा प्रोग्राम का प्रसारण पद्धति के अनुसार कैसे होता है।

7

भारत में सूचना प्रौद्योगिकी का विकास

सूचना प्रौद्योगिकी के क्षेत्र में विकास से उसकी आर्थिक व्यवस्था विशेष रूप से प्रभावित होती है जिसका प्रभाव देश के सामाजिक जीवन पर भी पड़ता है। इस क्षेत्र के विस्तार से इसमें रोजगार के अवसर भी बढ़ रहे हैं तथा जीवन स्तर भी ऊँचा होता जा रहा है। कम्प्यूटर का इस क्षेत्र में एक महत्वपूर्ण योगदान है। जिसका लाभ विकसित तथा विकासशील दोनों ही देश उठा सकते हैं।

जिसका सी.ए.जी.आर. पिछले पाँच वर्षों के दौरान 50 प्रतिशत से भी अधिक रहा है और वर्ष 2000-01 के दौरान 8.2 बिलियन अमरीकी डॉलर का कारोबार तथा 6.2 बिलियन डॉलर का निर्यात हुआ। सरकार ने भारतीय सॉफ्टवेयर उद्योग के लिए वर्ष 2008 तक 50 बिलियन अमरीकी डॉलर के निर्यात का लक्ष्य निर्धारित किया है।

यह सॉफ्टवेयर व्यापार अर्थव्यवस्था में तीव्र गति से उन्नति करने या विकसित क्षेत्र के रूप में स्थापित होने में सक्ष्म है। भारतीय सॉफ्टवेयर विशेषज्ञों ने अंतर्राष्ट्रीय बाजार में अपनी सम्मानजनक स्थिति बना रखी है। प्रतिदिन बाजार में नये-नये लक्ष्यों की पूर्ति हेतु सॉफ्टवेयरों का निर्माण किया जा रहा है।

आज 1,000 प्रतिष्ठित कम्पनियों में से 260 से भी ज़्यादा कम्पनियाँ, अर्थात् विश्व की प्रत्येक चार बड़ी कम्पनियों में से लगभग एक कम्पनी,

अपनी सॉफ्टवेयर की आवश्यकता की माँग भारत को भेजती है। भारत के सॉफ्टवेयर उद्योग ने उत्कृष्ट गुणवत्ता का सॉफ्टवेयर उपलब्ध कराने की प्रतिष्ठा हासिल कर ली है। बड़ी संख्या में भारतीय सॉफ्टवेयर कम्पनियों ने अन्तर्राष्ट्रीय गुणवत्ता प्रमाण-पत्र प्राप्त कर लिए हैं। ज़्यादा महत्त्वपूर्ण बात यह है कि एस आई सी एम. एम. स्तर 5 परिपक्वता (सॉफ्टवेर पद्धतियों के उच्चतर गुणवत्ता मानक) प्राप्त करनेवाली 37 कम्पनियों में से 20 कम्पनियाँ भारत में स्थित हैं। सूचना प्रौद्योगिकी के क्षेत्र में कार्य करनेवाली अधिकांश बहुराष्ट्रीय कम्पनियों के भारत में या तो सॉफ्टवेयर विकास केन्द्र हैं फिर अनुसन्धान विकास केन्द्र हैं।

आज का विज्ञान ज्ञान पर निर्भर है और इस ज्ञान निर्भर अर्थ प्रबन्ध में भारत की प्राकृतिक सम्पदा इसकी प्रचुर मात्रा में उपलब्ध तकनीकी जनशक्ति है। भारत में आज संयुक्त राज्य अमेरिका के बाद विश्व का दूसरा सबसे बड़ा अंग्रेज़ी बोलनेवाले वैज्ञानिक विशेषज्ञ हैं। 31 दिसम्बर, सन् 2000 की स्थिति के अनुसार, भारत से सॉफ्टवेयर उद्योग में लगभग 4,10,000 विशेषज्ञ नियोजित हैं।

सरकार की नीति समुचित वातावरण का निर्माण करके देश में सॉफ्टवेयर विकास तथा हार्डवेयर विनिर्माण दोनों को ही प्रोत्साहित करना है। इस सम्बन्ध में समय-समय पर विभिन्न उपाय किए जा रहे हैं जिससे सम्पदा के सृजन तथा आर्थिक विकास में संगति बनी रहे, ताकि देश में ही रोज़गार के बेहतर अवसर उपलब्ध हो। सरकार ने यह भी सिफ़ारिश की है कि प्रत्येक मन्त्रालय द्वारा सूचना प्रौद्योगिकी के संवर्धन के लिए अपने-अपने बजट को 2-3 प्रतिशत अवश्य आवंटित किया जाए। यह घरेलू सॉफ्टवेयर उद्योग के विकास तथा सरकार के कार्य-कालापों के साथ सूचना प्रौद्योगिकी का एकीकरण करने और ई-शासन की दिशा में एक प्रयास है। इसके परिणामस्वरूप, नागरिक-सरकार इन्टरफेस में सुधार करके तथा पारदर्शी कार्य-प्रणाली उपलब्ध कराकर नागरिकों को बेहतर सेवाएँ प्राप्त हो सकेंगी।

इलेक्ट्रॉनिकी उद्भव

विश्व की मल्टीनेशनल कम्पनी अपने उत्पाद या उत्पादन सुविधाएं, नयी

तकनीक या वित्तीय सहयोग के द्वारा बाजार में उपस्थित है और इस प्रकार उपभोक्ताओं को उत्पाद की विशेषताओं, प्रौद्योगिकी, गुणवत्ता तथा प्रतिस्पर्धी मूल्य की दृष्टि से व्यापक विकल्प प्राप्त है। निर्यात तथा घरेलू क्षेत्र में कम्प्यूटर सॉफ्टवेयर एक महत्त्वपूर्ण एवं तीव्र गति से विकास करनेवाला क्षेत्र है। घरेलू सॉफ्टवेयर उद्योग वर्ष 1999-2000 में 7,200 करोड़ रुपये से बढ़कर वर्ष 2000-01 के दौरान 9,500 करोड़ रुपये हो गया है।

सूचना प्रौद्योगिकी अधिनियम, 2000

यह नियम सरकार द्वारा सन् 2000 में पारित किया गया। ई-वाणिज्य, इन्टरनेट के माध्यम से इलेक्ट्रॉनिक संचार तथा अर्थव्यवस्था को महत्त्वपूर्ण क्षेत्रों में सूचना प्रौद्योगिकी के अनुप्रयोग में तेज़ी लाने की सुविधा प्रदान करने के उद्देश्य से लागू किया गया है। इससे इलेक्ट्रॉनिक वाणिज्य तथा इलेक्ट्रॉनिक लेन-देन में बहुत उपयोगी है तथा इसका उद्देश्य इलेक्ट्रॉनिक अनुबन्धों को मान्यता देना, कम्प्यूटर अपराधों को रोकना, दस्तावेज़ों को इलेक्ट्रॉनिकी रूप में प्रस्तुत करने, अंकीय हस्ताक्षर को मान्यता प्रदान करना आदि है। अधिनियम 17 अक्टूबर, सन् 2000 से लागू हो गया है। प्रमाणन प्राधिकारी नियन्त्रक की नियुक्ति हो चुकी है।

सेमीकण्डक्टर एकीकृत परिपथ अभिन्यास-डिज़ाइन अधिनियम, 2000

सरकार ने सेमीकण्डक्टर एकीकृत परिपथ अभिन्यास-डिज़ाइन तथा उससे सम्बन्धित अनुषंगी मामलों को संरक्षण प्रदान करने के लिए इस नियम को लागू किया है। कार्य एवं नियमों की जानकारी सूचना तकनीकी मंत्रालय को वेबसाइट पर उपलब्ध है। कार्यान्वयन के लिए नियमों का मसौदा सूचना प्रौद्योगिकी मन्त्रालय की वेब साइट पर उपलब्ध करा दिया गया है।

सामुदायिक प्रौद्योगिकी केन्द्र (सी. आई. सी.)

सूचना प्रौद्योगिकी मन्त्रालय ने प्रधानमन्त्री के पूर्वोत्तर क्षेत्र के सामाजिक एवं आर्थिक विकास कार्यक्रम के एक भाग के रूप में 220 करोड़ रुपये की अनुमानित लागत से पूर्वोत्तर तथा सिक्किम के 486 ब्लॉकों में सामुदायिक

सूचना केन्द्र (सी. आई. सी.) स्थापित करने की एक परियोजन शुरू की है जिसके अन्तर्गत ब्लॉक-स्तर पर सम्पर्क उपलब्ध कराए जाएँगे और इस कार्य को 2 वर्षों के अन्दर पूरा किया जाएगा। इस योजना के अन्तर्गत इन्टरनेट सम्पर्क के लिए वी-सेटों का प्रयोग किया जा रहा है। इन केन्द्रों का प्रबन्ध पाँच वर्षों तक केन्द्र सरकार की सहायता से किया जाएगा और उसके बाद राज्य सरक़ार अपने नियन्त्रण में ले लेगी। 30 ब्लॉकों में एक प्रायोगिकी परियोजना पूरी कर ली गई है।

सरकार का उद्देश्य उन प्रोडक्ट के द्वारा 95% ऐसे व्यक्तियों तक भेजना जो विशिष्ट तौर पर शिक्षा, स्वास्थ्य की देख-रेख, ई-शासन, डेटा सम्प्रेषण, अभिलेखीकरण, राष्ट्रीय आपदाओं के प्रबन्ध के लिए सम्पर्क, संकट प्रबन्ध आदि में सूचना प्रोद्योगिकी के अनुप्रयोग की नज़र से अंकीय संसार से बाहर हैं। ये सामुदायिक सूचना केन्द्र स्वास्थ्य, ऊर्जा, जल, शिक्षा तथा साक्षरता और ग़रीबी कम करने की बढ़ती समस्याओं से निपटने में मदद करेंगे।

सूचना प्रौद्योगिकी मन्त्रालय ने भारत में सूचना तकनीक के संवर्धन के लिए समान कार्य योजना तैयार करने के उद्देश्य से दिनांक 15 जुलाई, सन् 2001 को नई दिल्ली में कई राज्यों के सूचना प्रौद्योगिकी मन्त्रियों का पहला राष्ट्रीय सम्मेलन आयोजित किया। प्रधानमन्त्री, श्री अटल बिहारी वाजपेयी ने इस सम्मेलन का उद्‌घाटन किया और कई राज्यों के मुख्यमन्त्रियों ने भी इसमें भाग लिया। प्रधानमन्त्री जी ने इस सम्मेलन में निम्नलिखित तीन महत्त्वपूर्ण निर्णयों की घोषणा की।

(क) राष्ट्रीय लम्बी दूरी प्रचालन (एल. एल. डी. ओ.) के नियमन को पूरी तरह समाप्त करना।

(ख) इन्टरनेट सेवा प्रदानकर्ताओं के लिए समुद्र तलीय प्रकाशित तन्तु सम्पर्क के एकाधिकार को पूरी तरह समाप्त करना।

(ग) सूचना प्रौद्योगिकी में मानव संसाधन विकास के लिए एक कार्यदल का गठन करना।

यह निर्णय दूरसंचार सुविधाओं एवं तकनीकी शिक्षण की सुविधाओं को

सफल बनाने में सहायक होंगे। व्यापक एवं सकारात्मक विचार-विमर्श के पश्चात् भारत में सूचना प्रौद्योगिकी के सवर्धन के लिए एक समान कार्य योजना सर्वसम्मति से पारित की गई।

जन-साधारण हेतु सूचना प्रौद्योगिकी

सूचना प्रौद्योगिकी मन्त्रालय ने 'जन-साधारण—के लिए सूचना प्रौद्योगिकी, पर एक कार्यकारी दल बनाया। कार्यकारी दल ने अपनी रिपोर्ट प्रस्तुत की है और कई महत्त्वपूर्ण सिफ़ारिशें की हैं। जैसे वर्ष 2008 तक पूरे देश में कम से कम 100 मिलियन इन्टरनेट सम्पर्क तथा इन्टरनेट समर्थित कियॉस्क/साइबर कैफे स्थापित करने का विशेष लक्ष्य निर्धारित किया है।

दूर-संचार

इन्टरनेट सेवा प्रदानकर्ताओं को देश में अन्तर्राष्ट्रीय गेटवे तथा समुद्रतलीय अवतरण केन्द्र स्थापित करने की अनुमति प्राप्त हो गई है। इन्टरनेट सेवा प्रदानकर्ताओं को विदेशी उपग्रहों से बैन्डविड्थ किराये पर लेने की आज्ञा दी गई है। इससे इन्टरनेट बैन्डविड्थ की उपलब्धता बढ़ेगी तथा देश में इन्टरनेट क्षेत्र में उन्नति होगी।

—देश में तन्तु प्रकाशित केबल द्वारा वायरिंग।

—राष्ट्रीय लम्बी दूरी तथा आई.एस.डी. दूर-संचार सेवा खोल दी गई है।

—विदेश संचार निगम लिमिटेड का एकाधिकार कम किया गया है।

ई-शासन केन्द्र

विश्व की अर्थव्यवस्था ने आर्थिक कार्य-कलापों में तेज़ी लाने, कुशल शासन तथा मानव संसाधन का विकास करने में सूचना प्रौद्योगिकी को एक प्रभावी साधन के रूप में स्वीकार किया है। इसे शासन के एक भाग में ज़ोर दिए जाने पर सूचना तकनीकी मन्त्रालय का उद्‌घाटन नई सहस्राब्दि में भारत के प्रथम स्वतन्त्रता दिवस के अवसर पर दिनांक 15 अगस्त, सन् 2000 को किया गया।

अपनी तरह के पहले इस केन्द्र में अब तक कार्यान्वित कई भिन्न ई-शासन अनुप्रयोगों का प्रदर्शन किया गया है और साथ ही तकनीकी

परामर्श-सेवा अवधारणा के दृष्टान्त तथा तकनीकी प्रस्तुतीकरण जैसी अन्य सेवाएँ भी प्रदान की जाती हैं।

श्री जॉन चेम्बर्स, अध्यक्ष सिस्को सिस्टम्स ने 14-16 जनवरी, सन् 2001 को दिल्ली में अपनी यात्रा के दौरान यह घोषणा की कि सिस्को ई-शासन को बढ़ावा देने हेतु 2 मिलियन अमरीकी डॉलर के पूँजीनिवेश से एक सेंटर ऑफ़ एशियन प्री-एमिनेंस स्थापित करेगा।

मीडिया लैब एशिया

मेसाचुसेट्स इंस्टीट्यूट ऑफ़ टेक्नोलॉजी, संयुक्त राज्य अमेरिका के सहयोग से मीडिया लैब एशिया निर्माण करने का एक प्रस्ताव विचाराधीन है। यह सूचना प्रौद्योगिकी के क्षेत्र में भावी प्रौद्योगिकियों जैसे कि इन्टरनेट तथा मल्टीमीडिया के विकास पर ध्यान केन्द्रित करेगा और इसका उद्देश्य विचार, तैयार करना तथा अन्तर्राष्ट्रीय प्रतिभा के उद्यमियों का विकास करना भारतीय सन्दर्भ में समस्याओं के समाधान के लिए सम्भावित प्रौद्योगिकियों के प्रयोग पर ध्यान देना तथा एक सृजनात्मक वातावरण में काम करने हेतु छात्रों, अध्यापक-वर्ग, उद्यमियों, उद्योग तथा प्रयोगकर्ताओं के लिए एक परिवेश तैयार करना है। इस मामले पर आगे विचार-विमार्श करने तथा विस्तृत परियोजना दस्तावेज़ तैयार करने के लिए एक संयुक्त कार्यदल का गठन किया गया है, जिसमें मेसाचुसेट्स इंस्टीट्यूट ऑफ़ टेक्नोलॉजी, संयुक्त राज्य अमेरिका तथा भारत के दल शामिल है।

भारतीय भाषाओं के परिप्रेक्ष्य में प्रौद्योगिकी का विकास

सूचना तकनीकी मन्त्रालय के भारतीय भाषाओं हेतु तकनीकी उद्‌भव प्रोग्राम के अंतर्गत विभिन्न क्षेत्रों में विकास हेतु प्रयास किए थे–

1. मानव पत्र सम्पर्क पद्धतियाँ,
2. भारतीय भाषा संसाधन,
3. उच्चारण मदद पद्धतियाँ,
4. सम्पूर्ण पाठ एकत्रित तथा
5. वाक्य व शब्द एकत्रित संसाधनों के विकास के लिए कई कोशिशें की गईं हैं।

भारतीय भाषाओं में सूचना संसाधन का विस्तार करने हेतु पूरे देश में फैले तेरह शैक्षिक तथा अनुसंधान एवं विकास संस्थाओं में एक परियोजना आरंभ की गई है। जिसका औचित्य सूचना तकनीक माध्यम से भारत के सामाजिक जीवन स्तर में परिवर्तन करना। भारतीय भाषाओं में नए उत्पादों तथा सेवाओं का बिकास करना, भारतीय जनता में सूचना के बेहतर प्रचार-प्रसार के लिए भारतीय भाषाओं में सूचना-सामग्री (वेबसाइटों पर) के सृजन को विस्तृत करना तथा भाषा इन्जीनियरी के प्रौद्योगिकी प्रधान क्षेत्रों में शोध कार्यों की सुविधा प्रदान करना है।

राष्ट्रीय सूचना-विज्ञान संस्थान

एन.आई.सी. केन्द्र सरकार के विभागों, राज्य सरकार के विभागों, ज़िला प्रशासनों (540 ज़िले) तथा राज्य सरकारों द्वारा गठित किए जा रहे नए ज़िलों को कम्प्यूटर सहायता उपलब्ध कराता है। राष्ट्रीय सूचना-विज्ञान केन्द्र ने ई-मेल, इन्टरनेट, फाइल अन्तरण, राष्ट्रीय तथा अन्तर्राष्ट्रीय डेटाबेस (जैव-चिकित्सकीय, भू-अभिलेख आदि सहित) की सुविधा प्राप्त करने, इलेक्ट्रॉनिक डाटा इन्टरचेन्ज (ई. डी. आदि), विडियो सम्मेलन के साधन आदि उपलब्ध कराने के लिए एक उपग्रह आधारित कम्प्यूटर संचार के विभागों तथा राज्य सरकार के विभागों में क्षेत्रीय नेटवर्क का निर्माण किया गया है। राष्ट्रीय सूचना-विज्ञान केन्द्र सरकारी कर्मचारियों को नियमित रूप से प्रशिक्षण दे रहा है जिससे वे कम्प्यूटर प्रबन्ध सूचना प्रणाली तथा डेटाबेसों का प्रयोग कर सकें। यह प्रशिक्षण ज़िला-स्तर तक उपलब्ध कराया जाता है।

राष्ट्रीय सूचना-विज्ञान केन्द्र ने न्यायालयों की कार्य-प्रणाली को आसान एवं उद्देश्यजनक बनाने तथा वादियों को पारदर्शिता उपलब्ध कराने और कानूनी डेटाबेस उपलब्ध कराने के लिए देश के उच्चतम न्यायालय, 18 उच्च न्यायालयों तथा 430 निचले न्यायालयों का कम्प्यूटरीकरण किया है।

अत्यधिक जल्दी एवं लग्नता से छात्रों के कई परीक्षणों के निष्कर्ष प्राप्त करने की सुविधा हासिल कराने हेतु राष्ट्रीय सूचना विज्ञान संस्थान ने अपनी वेबसाइट पर केन्द्रीय माध्यमिक शिक्षा परिषद् (सी. बी. एस. ई.) के कक्षा 10 तथा कक्षा 12 के परिणाम, मध्य प्रदेश, महाराष्ट्र तथा तमिलनाडु राज्य शिक्षा

परिषद्, विभिन्न भर्ती परीक्षाओं (सिविल सेवा, चिकित्सा सेवा, इन्जीनियरिंग सेवा आदि) के 30 से भी ज़्यादा परिणाम प्रकाशित किए हैं।

संवर्धनात्मक मामले

अन्तर्राष्ट्रीय सहयोग तथा द्विपक्षीय व्यापार

समीक्षाधीन वर्ष के दौरान सूचना प्रौद्योगिकी विशेष रूप से कम्प्यूटर सॉफ्टवेयर के क्षेत्र में भारत की क्षमता के और अधिक विस्तार को बढ़ावा देने के लिए मन्त्रालय द्वारा संगठित प्रयत्नों के ज़रिए दृढ़तापूर्वक कार्यवाई की गई। इस प्रयोजन से सूचना प्रौद्योगिकी मन्त्रालय ने सूचना प्रौद्योगिकी तथा सम्बन्धित क्षेत्रों में सहयोग के लिए विभिन्न देशों के साथ समझौता-पत्रों पर हस्ताक्षर किए हैं। वर्ष के दौरान, सिंगापुर, आयरलैण्ड, ऑस्ट्रेलिया, ब्राज़ील, फ्रांस तथा चीन के साथ समझौता-पत्रों पर हस्ताक्षर किए गए। इस तन्त्र का लक्ष्य यह है कि प्रतिभागी देशों की सरकारें, जो सुविधा प्रदानकर्त्ता के रूप में उपलब्ध करा रही हैं, दोनों पक्षों को उद्योगों के व्यापारिक गठबन्धन के लिए एक-दूसरे के निकट लाएँगी। इन सम्पर्कों से एक-दूसरे द्वारा पेश की गई पूरक सुविधाओं तथा अवसरों के उपयोग में मदद मिलेगी।

इन समझौता-पत्रों पर गठित कार्यदलों में शामिल सहयोग के व्यापक क्षेत्र जैसे—मानव संसाधन विकास, अनुसन्धान, डिज़ाइन एवं विकास, तीसरे विश्व के बाज़ारों का पता लगाना, सॉफ्टवेयर विकास, सूचना प्रौद्योगिकी समर्थित सेवाएँ, ई-वाणिज्य, इलेक्ट्रॉनिक शासन सूचना सुरक्षा तथा साइबर अपराध प्रमुख हैं।

भारत रूस कार्य-समूह का सूचना तकनीक पर सातवाँ सत्र 25-26 सितम्बर, सन् 2000 को नई दिल्ली में आयोजित किया गया। दोनों पक्ष इलेक्ट्रॉनिकी तथा सूचना तकनीकी उत्पादों के प्रमाण में सहायता के लिए तैयार हो गए जिनके अंतर्गत सॉफ्टवेयर इन्टरनेट सहित संचार तथा नेटवर्क प्रौद्योगिकियाँ सॉफ्टवेयर विकास; उच्च प्रौद्योगिकियाँ तथा इलेक्ट्रॉनिक सामग्रियाँ उच्च कार्य निष्पादन की कम्प्यूटर प्रणालियाँ तथा उनके अनुप्रयोग शिक्षण में सूचना प्रौद्योगिकी में द्विपक्षीय व्यापार है।

31 अक्टूबर, सन् 2000 को नई दिल्ली में संचार तथा सूचना सेवा पर भारत और सिंगापुर कार्यदल की वार्ता का आयोजन किया गया जिसमें कार्यदल ने द्विपक्षीय सहयोग के संवर्धन के लिए विभिन्न मुद्दों पर सोच-विचार किया जिनमें विशेष रूप से ई-वाणिज्य, ई-शासन, मानव संसाधन विकास, अनुसन्धान एवं विकास, इन्फोकॉम मूलसंचना विकास आदि सम्मिलित हैं।

श्री हिमामित्सु अराई, उपमन्त्री, अन्तर्राष्ट्रीय व्यापार एवं उद्योग मन्त्रालय, जापान की अध्यक्षमता में एक उच्चस्तरीय प्रतिनिधिमण्डल ने भारतीय पक्ष को जापानी सूचना प्रौद्योगिकी उद्योग तथा उनकी सरकार द्वारा किए जा रहे कार्यों के विषय में जानकारी दी। ई-वाणिज्य, ई-शासन, जापान-भारत सूचना प्रौद्योगिकी व्यवसाय-विनिमय कार्यक्रम, भारतीय सॉफ्टवेयर उत्पादों पर कर रोकना, जापानी व्यवसाय प्रणालियों पर भारतीय सूचना प्रौद्योगिकी व्यवसायविदों के लिए प्रशिक्षण कार्यक्रम, बी-टेक/बी.ई. पाठ्यक्रमों में जापानी भाषा कार्यक्रम इत्यादि से संबंधित मामलों पर विचार-विमर्श हुआ।

इसके अतिरिक्त जापानी सरकार के निमन्त्रण पर सचिव ने डॉट दल, की 27-28 नवम्बर, सन् 2000 को टोक्यो में हुई पहली बैठक में भाग लिया। यह डॉट दल जी-8 देशों के द्वारा गठित कार्यदल है। इस कार्यदल ने अंकीय विभाजन दूर करने की कई नीतियों पर विचार-विमर्श किया।

सूचना प्रौद्योगिकी मन्त्रालय ने अन्य देशों के साथ द्विपक्षीय विज्ञान एवं प्रौद्योगिकी सहयोग जारी रखा तथा सूचना प्रौद्योगिकी में सहयोग के लिए संयुक्त आयोगों/कार्यदलों/अन्तर-मन्त्रालयों बैठकों में भाग लिया। बीआईएमएसटी-ईसी/सार्क देशों में सूचना प्रौद्योगिकी, डीओईएसीसी तथा एसटीक्यूसी सेवाओं और बहुभाषी प्रौद्योगिकी का संवर्धन किया गया। बीआईएमएसटी-ईसी एक आर्थिक दल है जिसमें बाँग्लादेश, भारत, श्रीलंका, म्यानमार तथा थाईलैण्ड सम्मिलित हैं और जिसका गठन सन् 1997 में बैंकॉक में किया गया था। विज्ञान और प्रौद्योगिकी मन्त्रालय के प्रतिनिधि-मण्डल के एक भाग रूप में सूचना प्रौद्योगिकी मन्त्रालय के एक अधिकारी ने यानगॉन (म्यांमार) में विज्ञान एवं प्रौद्योगिकी में सहयोग के लिए आयोजित भारत-म्यांमार संयुक्त कार्यदल की बैठक में तथा प्रौद्योगिकी के क्षेत्र में बातचीत हेतु बीआईएमएमएसटी-ईसी विशेषज्ञ-दल की बैठक में हिस्सा लिया। एईयू समझौते तथा इसकी नियमावली में संशोधन पर

बातचीत हेतु बैंकॉक में आयोजित एशिया इलेक्ट्रॉनिक संघ के उप-दल की बैठक में भी हिस्सा लिया।

सूचना प्रौद्योगिकी मन्त्रालय ने 21-22 जून, सन् 2000 को एस्कैप तथा संयुक्त राष्ट्र आर्थिक एवं सामाजिक परिषद् के तत्त्वाधान में आयोजित 'सूचना प्रौद्योगिकी तथा विकास' पर एस्कैप राष्ट्रों के पूर्व क्षेत्रीय गोलमेज़ सम्मेलन का आयोजन किया। इस सम्मेलन का प्रयोजन एस्कैप सदस्य देशों को जानकारी प्रदान करना था।

अन्तर-मन्त्रालय विज्ञान एवं तकनीकी मदद

सूचना प्रौद्योगिकी मन्त्रालय अन्य कार्यों के विभागों के तथा अनुसन्धान एवं विकास कार्यों में भी सक्रिय रूप से संलग्न है जिससे उनके कार्यक्रमों का प्रभावी रूप से कार्यान्वयन किया जा सके। इसके एक भाग के रूप में, औद्योगिक अनुसन्धान एवं विकास इकाइयों की कारख़ाना-स्तर पर मान्यता के लिए वैज्ञानिक एवं औद्योगिक अनुसन्धान के लिए मानव संसाधन विकास मन्त्रालय के प्रस्तावों पर जानकारी प्रदान की गई।

नोडल अधिकार द्वारा सूचना प्रौद्योगिकी का संवर्धन

विज्ञान और प्रौद्योगिकी मन्त्रालय तथा तमिलनाडु राज्य में सूचना प्रौद्योगिकी के विस्तार हेतु सूचना प्रौद्योगिकी मन्त्रालय के नोडल अधिकारी द्वारा कई कोशिश की गई। इसके आधार पर, सूचना प्रौद्योगिकी मन्त्रालय ने तमिलनाडु सूचना प्रौद्योगिकी संस्थान (टानीटैक), चेन्नई में तमिलनाडु सरकार के सहयोग से तमिलनाडु राज्य के इन्जीनियरी कॉलेजों के शिक्षक-वर्ग के सदस्यों के लिए वीएलएसआई प्रसार कार्यक्रम का आरंभ किया। अब तक एक-एक सप्ताह के तीन प्रोग्रामों का आयोजन किया जा चुका है और हर प्रोग्राम में तमिलनाडु के 52 इन्जीनियर कॉलेजों के शिक्षक-वर्ग के 87 सदस्य शामिल थे। इस कार्यक्रम में राज्य के शेष 100 इन्जीनियरिंग कॉलेज चरणबद्ध ढंग से स्थापित किए गए हैं। इस कार्यक्रम की आवश्यकताओं की पूर्ति हेतु टानीटैक में वीएलएसआई संसाधन केन्द्र की योजना का निर्माण किया है।

राष्ट्रीय सूचना विज्ञान संस्थान

भारत में सूचना विज्ञान सेवाएँ और सूचना प्रौद्योगिकी अनुप्रयोगों के

क्षेत्र में भारत सरकार के सूचना प्रौद्योगिकी मंत्रालय का 'राष्ट्रीय सूचना विज्ञान केन्द्र' एक तकनीकी एवं वैज्ञानिक गठन है। एन. आई. सी. की स्थापना सन् 1977 में तत्कालीन इलेक्ट्रॉनिकी विभाग के एक भाग के रूप में की गई थी और बाद में राष्ट्रीय, राज्य और ज़िला-स्तर पर निर्णय अनुपोषण में सहायता देने हेतु सरकारी मन्त्रालयों/विभागों, सम्बद्ध तथा अधीनस्थ कार्यालयों, अर्द्ध-सरकारी संगठनों, सरकार द्वारा अधिकांशतः वित्त पोषित सहकारी तथा अन्य संगठनों को कम्प्यूटर आधारित सूचना सेवाएँ उपलब्ध कराने के लिए सन् 1988 में इसे योजना आयोग के अधीन कर दिया गया। राष्ट्रीय सूचना विज्ञान केन्द्र द्वारा निकनेट की स्थापना की गयी थी। यह देश में विख्यात कम्प्यूटर संचार नेटवर्क है जिसे सरकार द्वारा सरकारी नेटवर्क घोषित कर दिया गया है। एन. आई. सी. इस समय एक मात्र ऐसा सरकारी संगठन है जो सी-बैन्ड तथा केयू-बैन्ड (टी. डी. एम. ए. एफ. टी. डी. एम. तथा ए. सी. पी. सी.) वी-सेटों, बेतार महानगरीय क्षेत्र नेटवर्क (मैन) तथा स्थानीय क्षेत्र नेटवर्क (लैन) पर नेटवर्क स्रोत के लिए निकनेट गेटवे सहित नेटवर्क सेवाएँ प्रदान करता है जिससे आर्थिक, सामाजिक, वैज्ञानिक तथा प्रौद्योगिकीय कार्यकलापों और सरकार के 'व्यापार आर्थिक समायोजन कार्यक्रम' को भी बढ़ावा मिल सके।

एशिया इलेक्ट्रॉनिक संघ

एशिया क्षेत्र के राष्ट्रों द्वारा इस संघ की स्थापना लगभग 5 वर्ष पूर्व की गई थी। एईयू में भारत सहित 20 सदस्य हैं तथा कई सरकारी संगठनों, उद्योग और शैक्षणिक संस्थानों के प्रतिनिधि है।

एशिया इलेक्ट्रॉनिक संघ के लक्ष्य : इलेक्ट्रॉनिक सूचना विज्ञान तथा संचार और सम्बन्धित विज्ञान और प्रौद्योगिकी के क्षेत्र में सहयोग को बढ़ावा देना एशिया इलेक्ट्रॉनिक रूप के प्रमुख लक्ष्य है एईयू प्रतिवर्ष तकनीकी सेमिनार आयोजित करता है तथा इसके सदस्य देश हार्डवेयर और सॉफ्टवेयर क्षेत्रों के लिए मानव संसाधनों की आवश्यकता तथा उपलब्धता के मूल्यांकन के लिए कार्य करते हैं। एशिया इलेक्ट्रॉनिक संघ की महा सम्मेलन का अगला कार्यक्रम जो हर दो वर्ष में रची जाती है, अब जुलाई-अगस्त, सन् 2001 के दौरान थाईलैण्ड में आयोजित की जाएगी।

एईयू का सचिवालय इस समय जापान में है तथा इसका बारी-बारी से विभिन्न देशों में स्थान्तरण किए जाने की सम्भावना है। भारत इस मंच में सक्रिय रूप से भूमिका निभा रहा है तथा सन् 2003 में एईयू की महासभा का आयोजन कर सकता है।

जापानी सरकार के निमन्त्रण पर सचिव (सूचना प्रौद्योगिकी मन्त्रालय) ने अंकी अवसर कार्यदल (डॉट दल), जो जी-8 देशों द्वारा गठित एक कार्यदल है, की 27-28 नवम्बर, सन् 2000 की टोक्यो में हुई पहली बैठक में भाग लिया। इस कार्यदल ने अंकीय विभाजन दूर करने की विभिन्न नीतियों पर विचार-विमर्श किया।

सूचना विज्ञान सेवाएँ

सूचना विज्ञान सेवाएँ भारत में सूचना तकनीक की प्रगति में अत्यधिक महत्त्वपूर्ण भूमिका का निर्वाह कर रही है। इसने देश भर में उपग्रह आधारित वी-सेट नेटवर्क (निकनेट) स्थापित किया है और इससे 540 ज़िला प्रशासनों, 25 राज्य सचिवालयों, 7 राष्ट्रीय राजधानी क्षेत्र/संघ शामिल क्षेत्रों को इसके साथ जोड़ा गया है। अण्डमान द्वीप समूह, लक्षद्वीप एवं मिनीकॉय द्वीप-समूह, लद्दाख क्षेत्र, भारतीय उच्चायोग (मारीशस) तथा बी. पी. कोईराला चिकित्सा विज्ञान संस्थान, काठमाण्डू (नेपाल) को भी निकनेट से जोड़ दिया गया है। एनआईसी केन्द्र सरकार के साथ-साथ राज्य सरकारों, निगमित क्षेत्रों, सहकारी क्षेत्रों की सूचना प्रबन्ध, सूचना प्रसार तथा निर्णय अनुपोषण की आवश्यकताओं के लिए सूचना के तकनीकी विकल्प उपलब्ध कराता है। एन.आई.सी. का विकास के लिए सूचना के क्षेत्र में भी विशेष योगदान है, जिनमें अन्य बातों के साथ-साथ निम्न भी सम्मिलित हैं—

डेटा भण्डारण

1. विशेषज्ञ पद्धतियाँ तथा ज्ञान आधार अंकीय पुस्तकालय,
2. नेटवर्क सेवाएँ (इन्टरनेट, इन्ट्रानेट)
3. भौगोलिक सूचना पद्धति (जिस)
4. इलेक्ट्रॉनिकी शासन एवं इलेक्ट्रॉनिकी वाणिज्य,

5. निर्ण प्रौद्योगिकी पद्धति
6. मल्टीमीडिया सूचना पद्धति

निकनेट सेवा समूह, तकनीकी हल सेवाएँ, सूचना विज्ञान शोध एवं विकास समूह, डेटाबेस सेवा प्रभागों, सम्भागीय सूचना विज्ञान प्रभागों, 'सम्पूर्ण सूचना तकनीकी हल' परियोजना प्रभागों, सूचना प्रौद्योगिकी संवर्द्धन इकाइयों (नित्पू), सूचना एवं सुविधा केन्द्रों, सूचना प्रौद्योगिकी प्रशिक्षण इकाइयों राज्य-स्तरीय सूचना इकाइयों एवं ज़िला सूचना विज्ञान केन्द्रों के द्वारा उपलब्ध कराई जाती हैं। निम्नलिखित सूचना तकनीकी योजना सूचना विज्ञान केन्द्र द्वारा संचालिंत की जाती है–

1. ज़िला प्रशासन द्वारा प्रायोजित परियोजनाएँ
2. राज्य क्षेत्र और राज्यों द्वारा प्रायोजित कार्यक्रम
3. केन्द्र द्वारा प्रायोजित और केन्द्रीय क्षेत्र के कार्यक्रम।

निकनेट-निर्णय अनुपोषण हेतु सरकारी सूचना विज्ञान नेटवर्क

विधि नेटवर्कों के माध्यम से एन.आई.सी. निकनेट द्वारा निम्नलिखित सूचना विज्ञान सेवाएँ सुलभ करायी जाती हैं–

1. इनसेट-2 सी तथा इन्टेलसेट-804 पर 35 से अधिक स्थानों में एससीपीसी नेटवर्क आधारित सुदूर दृश्य कार्यक्रम सुविधा।
2. इनसेट-1 डी पर 800 वी-सेट नोड सहितवाले सी-बैन्ड नेटवर्क।
3. इन्टलसेट-804 के 1200 नोड सहित ह्यूजेज के (प्रत्यक्ष पीसी तथा गिलाट स्काईसर्फर) प्रसारण वी-सेट नेटवर्क।
4. इन्टलसेट-804 पर 350 से अधिक नोडो सहित वाले एफ. टी. डी. एम. ए. वी-सेट (गिलाट के)।
5. इन्टलसेट-804 पर 200 से अधिक वी-सेट नोड सहित आई. पी. ए. वी-सेट (ह्यजेज का) नेटवर्क।
6. 1.2 के. बी. पी. एस. (सी-बैन्ड) तथा 256 के. बी. पी. एस. (एस. सी. पी. एस.) के बीच डेटा अपलिंक क्षमता तथा 19.2 के. बी. पी. एस. और 12 के. बी. पी. एस. के बीच डाउनलिंक क्षमता।

7. इन्टरनेट/इन्टरानेट के उपयोग तथा देश-भर में स्थित केन्द्र सरकार तथा राज्य सरकार के विभिन्न कार्यालयों में संसाधन भागीदारी के लिए निकनेट गेटवे सहित स्थानीय क्षेत्र नेटवर्क (लैन) की स्थापना।
8. विस्तारित स्पेक्ट्रम (दिष्ट अनुक्रम) बेतार प्रौद्योगिकी का प्रयोग करते हुए 2.4 गीगाहट्र्ज़ आवृत्ति परास में कार्य करनेवाला हब आधारित बेतार डेटा नेटवर्क स्थापित किया गया ताकि आखिरी स्थान तक निकनेट का सम्पर्क स्थापित किया जा सके।
9. डाउनलिंक गति की क्षमता उपलब्ध कराने के लिए 520 ज़िलों में सी-200 वी-सेटों को प्रत्यक्ष पीसी वी-सेट से जोड़ा गया है।
10. निकनेट नेटवर्क पर 'स्थान सम्बन्धी सुरक्षा' उपलब्ध कराता है।
11. निकनेट की ट्रांसपोडर क्षमता बढ़कर 148 मेगाहट्र्ज़ कर दी गई और इसके अलावा सीमावर्ती क्षेत्रों एवं प्रतिरक्षा परियोजनाओं के लिए 13. 5 मेगाहट्र्ज़ अतिरिक्त क्षमता पट्टे पर ली गई। निकनेट में अब 3 उपग्रहों से पट्टे पर ली गई लगभग 233 मेगाहट्र्ज़ ट्रांसपोंडर क्षमता है।
12. 6 मेगाबाइट प्रति सेकेण्ड वाले ई2 स्तर का अन्तर्राष्ट्रीय गेटवे नई दिल्ली में स्थापित किया गया है और कम क्षमता के गेटवे मुम्बई, चेन्नई तथा कोलकाता में स्थापित किए गए हैं,

राष्ट्रीय सूचना प्रौद्योगिकी सम्वर्द्धित इकाइयाँ

इसे नित्पू भी कहा जाता है। उद्योग, कारोबार तथा वाणिज्य जगत् में इन्टरनेट आधारित मूल्य सम्वर्द्धित सेवाओं का विस्तार करने हेतु एन. आई. सी. ने प्रमुख औद्योगिक एवं वाणिज्य नगरों जैसे—अहमदाबाद, बंगलौर, भोपाल, भुवनेश्वर, कोलकाता, चण्डीगढ़, चेन्नई, गोवा, गुवाहाटी, हैदराबाद, जयपुर, कानपुर, कोच्चि, लखनऊ, लुधियाना, मुम्बई, नागपुर, पानीपत, पटना, पुणे, त्रिसुर तथा विशाखापत्तनम में राष्ट्रीय सूचना प्रौद्योगिकी सम्वर्द्ध केन्द्रों की स्थापना की है।

निकनेट दूर दृश्य कार्यक्रम सुविधा

देश के कुछ महानगरों में दूरदृश्य सुविधाएं उपलब्ध करायी गयी है

जैसे—अगरतला, अहमदाबाद, बंगलौर, भुवनेश्वर, भोपाल, कोलकाता, चण्डीगढ़, चेन्नई, गुवाहाटी, गंगटोक, हैदराबाद, इम्फाल, ईटानगर, जम्मू, जयपुर, कोहिमा, लखनऊ, मुम्बई, नई दिल्ली, मसूरी, उत्तर पूर्व परिषद् (एनईसी), मुख्यालय, पटना, पुणे, त्रिसुर, तिरुवनन्तपुरम तथा विशाखापत्तनम आदि नगरों में दूर-दृश्य सुविधाएँ सुलभ करायी गई हैं।

निकनेट पर इण्डिया इमेज कार्यक्रम

राष्ट्रीय सूचना विज्ञान संस्थान की एक प्रसिद्ध एवं लोकप्रिय वेबसाइट है जिसका नाम इण्डिया इमेज है। यह समूह के सामने भारत एवं भारतीय सरकार की छवि को दिखाता है। प्रधानमन्त्री जी ने देश के 50वें गणतन्त्र दिवस के उपलक्ष्य में मनाई गई स्वर्ण जयन्ती समारोह में इस वेबसाइट को देश को समर्पित किया। भारत सरकार की ऑन लाइन वेब निर्देशिका भी प्रारम्भ की गई है।

केन्द्र सरकार के विभागों हेतु पंचवर्षीय सूचना तकनीकी प्रोजेक्ट

बैंकिंग और बीमा, जैव-प्रौद्योगिकी मन्त्रिमण्डल सचिवालय, रसायन केन्द्रीय सतर्कता आयोग, तथा पेट्रो-रसायन, नागर विमानन, कम्पनी मामले, कोयला, सहकारिता, न्यायालय, सीमा-शुल्क तथा केन्द्रीय उत्पाद, शिक्षा, पर्यावरण तथा वन, उर्वरक, मत्स्य-पालन, खाद्य तथा उपभोक्ता मामले, खाद्य प्रसंस्करण, उद्योग, सूचना तथा प्रसारण, पशु सम्पदा, खान, प्राकृतिक आपदा-प्रबन्ध, अपारम्परिक ऊर्जा स्रोत, पेट्रोलियम तथा प्राकृतिक विद्युत, गैस, कार्यक्रम कार्यान्वयन, सामाजिक न्याय ग्रामीण विकास तथा अधिकारिता, इस्पात, भूतल परिवहन, जनजातीय मामले, शहरी कार्य तथा रोज़गार, जल संसाधन।

टास्कनेट

10 मार्च को कुआलाम्पुर में आयोजित हुई बैठक में विश्व जानकारी सहभागिता सम्मेलन में रूस संगठन को एक क्षेत्रीय संगठन के रूप में मान्यता प्रदान की गई। राष्ट्रीय सूचना विज्ञान केन्द्र तथा ब्रिटिश परिषद् के साथ-साथ विभिन्न राष्ट्रीय, क्षेत्रीय तथा अन्तर्राष्ट्रीय भागीदारों के साथ मिलकर 23 से 24 नवम्बर, सन् 1999 के दौरान नई दिल्ली में

टास्कनेट का आयोजन किया गया। टास्कनेट सम्मेलन इस बात पर केन्द्रित रहा कि दक्षिणी एशिया किस प्रकार इस क्षेत्र के विकासशील देशों के आर्थिक विकास, सामाजिक, एकता तथा निर्धनता निवारण के लिए सूचना प्रौद्योगिकी क्रान्ति को एक शक्ति में बदल सकता है।

प्रवर ग्रामीण शिक्षा संस्था द्वारा आयोजिक प्रोजक्ट

'वरणा वायर्ड ग्राम्य परियोजना' के सफल कार्यान्वयन के पश्चात् एन. आई. सी. ने महाराष्ट्र के प्रवर कॉम्पलेक्स में इन्टरनेट तक पहुँच के लिए एक एफ. टी. डी. एम. ए. वी.–सेट, 8 रेडियो आवृत्ति केन्द्र तथा डायल अप सुविधाओं की सहायता से निकनेट सुविधाओं का कार्यान्वयन किया है। इस परिसर में 45 गाँव हैं। प्रवर ग्रामीण अभियान्त्रिकी कॉलेज, प्रवर चिकित्सा न्यास, प्रबन्ध कॉलेज, बैंक, चीनी मिल, महिला पॉलीटेक्निक, कृषि विज्ञान केन्द्र आदि जैसे संस्थानों में बेतार इन्टरनेट सम्पर्क स्थापित किए हैं। इस परियोजना में इन्टरनेट प्रौद्योगिकी के उपयोग से ग्रामीण एवं कृषि विकास तथा पिछड़े क्षेत्रों के विकास के लिए एकीकृत पद्धति का कार्यान्वयन करना सम्मिलित हैं।

ई डी आई कार्यक्रम-1999

एन. आई. सी. ने ईडीकॉन-1999 के तकनीकी विषय सामग्री का आयोजन किया जिसकी मेज़बानी वाणिज्य मन्त्रालय द्वारा की गई। इलेक्ट्रॉनिक शासन इलेक्ट्रॉनिक वाणिज्य, इलेक्ट्रॉनिक भुगतान, इलेक्ट्रॉनिक वाणिज्य को विधिक, स्वरूप देने सम्बन्धी प्रक्रिया पर सोच-विचार किया गया।

उत्तर पूर्व एवं पिछड़ा क्षेत्र डेटा संचार आधारभूत सुविधाएँ

इस परियोजना के अन्तर्गत देश में आर्थिक रूप से पिछड़े और भौगोलिक रूप से पृथक पड़े उत्तर-पूर्व जैसे क्षेत्रों में सूचना तकनीकी की आधारभूत सुविधाओं में सुधार करने के कार्यों की शुरुआत की गई सुदूर दृश्य सम्मेलन जैसी आधारभूत सुविधा अगरतला, आइज़ल, गंगटोक, गुवाहटी, इम्फ़ाल, ईटानगर, कोहिमा, तथा शिलांग में आरंभ की गई। असम, मेघालय एवं त्रिपुरा के राज्य सचिवालयों में स्थानीय क्षेत्र नेटवर्क (लैन) बनाए गए। कोहिमा में एन.आई.सी. ज़िला केन्द्र का निर्माण किया गया।

इन्टरनेट प्रयोग हेतु निकनेट गेटवे सहित लेन

भारतीय खाद्य निगम मुख्यालय, कृषि शोध भवन, जनपथ भवन, कृषि भवन, लोक नायक भवन, निर्माण भवन, एनआईसी भवन, नार्थ ब्लॉक, संसद भवन और इसकी एनेक्सी, सरदार पटेल भवन, पर्यावरण भवन, सेवा भवन, शास्त्री भवन, श्रम शक्ति भवन, परिवहन भवन, उद्योग भवन और योजना भवन स्थित विभागों के लिए इंटरनेट सेवाओं के लिए क़रीबन 3,000 नोडों के स्थानीय क्षेत्र नेटवर्क (लैन) चौबीसों घंटे कार्यरत है। निम्नलिखित मन्त्रालयों/विभागों/संगठनों और राज्य सचिवालयों में इन्टरनेट सेवाओं हेतु निकनेट गेटवे सहित लेन सफलतापूर्वक निर्माण किया गया–

1. भूतल परिवहन मन्त्रालय
2. सांख्यिकी एवं कार्यक्रम कार्यान्वयन मन्त्रालय
3. पर्यटन मन्त्रालय
4. प्रवर्तन निदेशालय
5. एनआईसी की उड़ीसा राज्य इकाई भारतीय खाद्य निगम
6. गाज़ियाबाद, मुम्बई तथा पुणे स्थित क्षेत्रीय, खाद्य प्रसंस्करण उद्योग
7. पासपोर्ट कार्यालय
8. सर्वोच्च न्यायलय
9. त्रिपुरा राज्य सचिवालय
10. उत्तर प्रदेश राज्य सचिवालय।
11. प्रशासनिक सुधार एवं लोक शिकायत
12. हरियाणा राज्य सचिवालय
13. मन्त्रिमंडल सचिवालय
14. केरल राज्य सचिवालय
15. केन्द्रीय भण्डारण निगम
16. मध्य प्रदेश सचिवालय
17. चण्डीगढ़ संघ शासित क्षेत्र सचिवालय

18. मेघालय राज्य सचिवालय
19. कृषि एवं सहकारिता विभाग
20. नागर विमानन मन्त्रालय
21. पशुपालन एवं डेयरी विभाग
22. पर्यावरण एवं वन मन्त्रालय
23. उर्वरक विभाग (सेवा भवन, जनपथ)
24. खाद्य एवं नागरिक आपूर्ति मन्त्रालय (सुपर बाज़ार, शास्त्री भवन)
25. अपारम्परिक ऊर्जा स्रोत मन्त्रालय
26. कार्मिक एवं प्रशिक्षण विभाग
27. ग्रामीण विकास मन्त्रालय।

निकनेट पर लोक समाधान और देखरेख पद्धति

प्रशासनिक सुधार एवं लोक शिक़ायत विभाग की मदद से निकनेट पर समरूपी ऑन लाइन लोक शिकायत निवारण एवं निगरानी प्रणाली का निर्माण किया गया। यह निर्माण मुख्यमंत्रियों के सम्मेलन में की गई सिफारिशों के आधार पर किया गया। यह प्रणाली केंद्र सरकार के अधिकांश विभागों में स्थापित की गई। परियोजना के द्वितीय-चरण में समरूपी लोक शिकायत निवारण एवं निगरानी प्रणाली का वेब समर्थित संस्करण का डिज़ाइन तैयार किया गया और लोक शिकायत निवारण एवं निगरानी पर गठित सचिवों की स्थायी समिति को प्रदर्शित किया गया। इस प्रणाली को लोक शिकायत निदेशालय, मन्त्रिमण्डल सचिवालय में आरंभ किया गया।

एन्टरप्राइज प्रबन्ध संसाधन मानव पद्धति

केन्द्र सरकार के संस्थानों में कार्य व्यवस्था हेतु एन.आई.सी. ने वेब एवं कार्य प्रवाह आधारित एन्टरप्राइजेज मानव संसाधन प्रबन्ध प्रणाली (ई-एचआरमएमएस) सॉफ्टवेयर बनाया गया है।

केन्द्रीय संस्थानों में इसे अनुसन्धान तौर पर पर प्रतिपादित किया गया है। ई-एचएमआरएस से निम्न क्षेत्रों में सहायता मिलती है।

(क) छुट्टी प्रबन्ध,
(ख) सरकारी दौरा प्रबन्ध,
(ग) वेतन पत्रक,
(घ) प्रशिक्षण,
(ड.) संवर्ग प्रबन्ध,
(च) समीक्षा तथा मूल्यांकन आदि।

इस सॉफ्टवेयर में पृष्ठांत सर्वर के रूप में एमएस-एसक्यूएल 7.0, अनुप्रयोग सर्वर के रूप में आईआईएस और ग्राहक साधन के रूप में किसी भी वेबसाइट का प्रयोग किया जाता है। प्रशासनिक सुधार विभाग की सिफ़ारिशों के आधार पर एन.आई.सी. ने मानकीकृत जटिल वेतन पत्रक के डिज़ाइन एवं विकास का कार्य शुरू किया है। कार्मिक एवं प्रशिक्षण विभागों में इस सॉफ्टवेयर का प्रायोगिक परीक्षण किया जा रहा है।

निकनेट पर इन्टरनेट व्यवस्था (टी. एस. एन.)

सूचना तकनीक को प्रयोग में लाते हुए प्रशासनिक कुशलता में वृद्धि करने के सम्बन्ध में उच्चस्तरीय निर्णय के अनुसार सरकार के केन्द्र सरकार में कार्यरत संयुक्त सचिव अथवा समकक्ष-स्तर के अधिकारियों तथा राज्य सरकार में समकक्ष स्तरों के अधिकारियों को निकनेट के माध्यम से उनके आवास पर 'निकनेट' पर इन्टरनेट सेवाएँ उपलब्ध कराने का निश्चय किया। एन.आई.सी. ने सन् 1999-2000 के दौरान लगभग 350 पात्र अधिकारियों को निकनेट पर 'टेलीकम्यूनिकेटिंग सेवाएँ' उपलब्ध कराई। टीएसएन पर एक विशिष्ट प्रशिक्षण कार्यक्रम आयोजित किया गया। एक विशेष सहायता डेस्क को चौबीस घण्टे कार्य करने योग्य बनाया गया।

निकनेट पर भौगोलिक सूचना पद्धति निर्भर प्राकृतिक उपकरण सम्बन्धी स्थानिक डेटा सेवाएँ

विस्तृत बैन्डड्थि और केयू-बैन्ड आधारित सुपर सूचना हाइवे के माध्यम द्रुत–तीव्रगति के सम्प्रेषण के कारण निकनेट देश में 'जिस' आधारित अनुप्रयोगों हेतु अपेक्षित आधारभूत सुविधा तथा सूचना उपलब्ध कराता है। समानान्तर संसाधन के लिए उपयुक्त संरचनावाले ए-4 नोड के परम 9000 यूएस को

'जिस' सर्वर के रूप में प्रतिष्ठापित किया गया है जिसमें उपग्रह छाया चित्रों की संसाधन क्षमता सहित डेटा संसाधन के लिए उपान्त उपकरणों के साथ-साथ बिम्ब संसाधक तथा ई. ए. एस. आई/पी. ए. सी. ई. ए. पी. ए. एस. एस. जिस्टनिक आदि जिस सॉफ्टवेयर भी सम्बन्धित हैं। एन. आई. सी. की राज्य इकाइयों में अनुकूल परिवेश तैयार किया जा रहा है, जिसका उद्देश्य निकनेट पर 'जिस' आधारित उद्देश्यमूलक डेटाबेस के वितरण और विकेन्द्रीकरण कार्य को सरल बनाना है। मेघालय कई क्षेत्रों में जैसे—पानी सम्भरण क्षेत्र प्रबन्ध, अवसाद विश्लेषण, वन मान चित्रण आदि में डेटा वर्गों एवं आई.आर.एस. लिस. पैन, सर्वे ऑफ़ इण्डिया के भूपत्रकों का उपयोग करते हुए प्रायोजित परियोजनाओं को क्रियान्वित किया गया सिक्किम और मेघालय राज्यों में इस अनुप्रयोगों पर संयुक्त उद्यम परियोजनाएँ भी शुरू की गई। एन. आई. सी. द्वारा विकसित सॉफ्टवेयर एन.आई.सी. द्वारा इस समय प्रयोग किए जा रहे उच्च क्षमता के जिस सॉफ्टवेयरों के अनुकूल हैं।

एन.आर.आई.एस.

एन.आर.आई.एस. का मुख्य उद्देश्य एन. वी. एस. एस. तथा एल. यू. पी. एन., आर. एस. ए. कृषि एवं सहकारिता विभाग तथा राज्य स्तरीय संसाधन संगठन जैसी एजेन्सियों के सहयोग से निकनेट पर 'जिस' आधारित स्थानिक डेटा सेवा उपलब्ध कराना है। 50 से अधिक उद्देशीय क्षेत्रों का पता लगाया है और सुदूर संवेदन, क्षेत्र सर्वेक्षण तथा 'जिस' तकनीकी का प्रयोग करते हुए प्राकृतिक संसाधनों से सम्बन्धित महत्त्वपूर्ण सूचनाओं का संचयन किया है।

सरकारी सूचना विज्ञान परीक्षण कार्यक्रम

इस कार्यक्रम के तहत मुख्यालय और राज्य-स्तर के संस्थानों द्वारा स्वयं के ट्रेनिंग विभागों के द्वारा राज्य शासन के अधिक से अधिक कार्यकर्ताओं को सूचना तकनीकी के प्रयोग पर जोर दिया गया। इसके अंतर्गत नई तकनीकियों के प्रसार प्रशिक्षण दिया गया। विंडोज आधारित ऑफ़िस उत्पादकता साधन, ग्राहक/सर्वर प्रौद्योगिकी, नेटवर्किंग, कार्यालय, स्वचालन, वेब समर्थित अनुप्रयोग विकास आदि थे।

उपादेयता मानचित्रण परियोजना

उपयोगिता मानचित्रण परियोजना के तहत दिल्ली के दक्षिण-पश्चिमी

और उत्तर-पश्चिमी ज़िलों के 1:1250 मापन पर आधारभूत मानचित्र बनाए गए हैं। दिल्ली में दक्षिण-पूर्वी, उत्तर-पूर्वी और दक्षिण ज़िले के कुछ भागों में जल नलिकाओं के मानचित्रण का कार्य पूरा हो गया है। दिल्ली के उत्तर-पूर्वी और दक्षिण-पूर्वी ज़िलों में जल, मूल-व्यन, तथा गैस नेटवर्क के अंकीयकरण का कार्य किया जा रहा है। पूरी दिल्ली को दो वर्षों में शामिल करने के लिए राष्ट्रीय राजधानी क्षेत्र की सरकार के साथ एक समझौता-पत्र पर हस्ताक्षर किए गए हैं।

सामान्य सूचना सेवाएँ

जिस्टनिक डेटाबेस के गहन परीक्षण की सुविधा उपलब्ध कराने के लिए डेटा भण्डारण तकनीक को कार्य में लगाया गया है। ई-मेल आधारित सूचना प्रसार सेवा, टेलनेट, डब्ल्यू.डब्ल्यू.डब्ल्यू, एफ.टी.पी. सेवाओं, जिस्टनिक डेटाबेस पर सूचना-पत्र को चालू किया गया। जिस्टनिक सेवाओं के लिए कम्प्यूटर टेलीफ़ोनी एकीकरण (सी. टी. आई.) को कार्यान्वित किया गया। निकेनेट आधारित 'हेल्थ ऑन लाइन' नामक सुदूर चिकित्सा सेवा को चालू किया गया। जिस्टनिक वेबसाइट का उपयोग सन् 1999-2000 के दौरान लगभग 50,000 व्यक्तियों ने किया। नागरिकों को सूचना उपलब्ध कराने के लिए केन्द्र सरकार के विभिन्न विभागों में 50 से अधिक सूचना सहायता केन्द्र स्थापित किए गए हैं।

विश्व बाज़ार सूचना सेवाएँ

संयुक्त राष्ट्र व्यापार स्थल विकास केन्द्र जिसे संक्षेप में (यू. एन. टी. पी. डी. सी.) भी कहा जाता है कि द्वारा यू. एन. सी. टी. ए. डी. के विशेष कार्यक्रम के संयुक्त सहायक उप-संगठन द्वारा विकसित व्यापार के इलेक्ट्रॉनिक अवसर (ई. टी. ओ.) के जी. टी. पी. नेट के साथ मिलकर एन. आई. सी. अपने नेटवर्क के माध्यम से भारतीय व्यापारियों को लगभग 165 देशों की निकनेट आधारित विश्व बाज़ार सूचना (ऑन लाइन व्यापार) उपलब्ध कराता है। ई.टी.ओ. पद्धति के अन्तर्गत 165 देशों में उत्पन्न होनेवाले विभिन्न प्रकार के उत्पादों की माँग और आपूर्ति की भागीदारी अपने जी.टी.पी. नेट के द्वारा सम्पूर्ण विश्व में 'हॉट' व्यापार के अग्रणी और भारत के साथ व्यापार के

इच्छुक 50,000 से अधिक व्यक्तियों और संगठनों के ब्योरे देते हुए एक वेबसाइट तैयार की गई है।

ग्राफिक्स, डिज़ाइन एवं मॉडलिंग प्रोग्राम

एन. आई. सी. को मेसर्स डेट नार्सक वेरिटास सॉफ्टवेयर, नार्वे के एस. ई. एस. ए. एम. (सुपर एलीमेंट स्ट्रक्चर एनालिसिस माडयूल) सॉफ्टवेयर के वितरण के अधिकार प्राप्त है। एन आई सी द्वारा गत दस सालों रेलवे अभिकल्प एवं मानक संगठन (आर. डी. एस. ओ.), मेकॉन, एन. एच. पी. सी. सी. डब्ल्यू. सी. मारुति, एच. एम. टी. उत्तर प्रदेश सिंचाई, आन्ध्र प्रदेश सिचाई और ओ. एन. जी. सी. की सिविल इन्जीनियरी एवं अफ्तट इन्जीनियरों अनुप्रयोगों में परिमित तत्त्वों के विश्लेषण में तकनीकी और परामर्श तथा प्रशिक्षण सेवाएँ उपलब्ध करा रही है। एन. आई. सी. ने 'चक्रीय समिति समाधान' विकसित किया है और मूल्य संवर्धन के रूप में और एस. ई. एस. ए. एम. के साथ इसे एकीकृत या समावेशित कर दिया गया। एन. आई. सी. ने मेसर्स डेट नार्सक वेरिटास के लिए एस. ई. एम. ए. एस. सॉफ्टेवयर (एन. टी. संस्करण) पर मेकनील एवं हार्डर बेचमार्क परीक्षण प्रारंभ किया है और जून सन् 1999 में एस.ई.एस.ए.एम. (एन. टी. संस्करण) का स्रोत कूट उपलब्ध किया है। मिश्रित या एकीकृत कम्प्यूटर साधित एवं विनिर्माण (आई. सी. ई. एम.), एन. आई. सी. और पैरामेट्रिक तकनीकी कॉर्परेशन (संयुक्त राज्य अमेरिका) का संयुक्त उपक्रम है। कम्प्यूटर साधित डिज़ाइन सॉफ्टवेयर (आई. सी. ई. एम-डी. डी. एन.) मुम्बई, हस्तशिल्प डिज़ाइन केन्द्र बंगलौर, मुरादाबाद, कोलकाता, गुवाहाटी तथा विकास आयुक्त (हस्त शिल्प), कपड़ा मन्त्रालय के ओखला स्थित कार्यालय में प्रतिष्ठापित किया गया है। पैरामेट्रिक टेक्नोलॉजी कॉर्परेशन (संयुक्त राज्य अमेरिका) के साथ हुई एक संविदा के अधीन एन. आई. सी. आई. सी. ई. एम-डी. डी. एन. सॉफ्टवेयर के गुणों में वृद्धि हेतु कार्यरत था। एन.आई. सी. को भारत में आई. सी. ई. एम-डी. डी. एन. सॉफ्टवेयर के वितरण की मान्यता मिल गयी।

एन. आई. सी. की शोध एवं शिक्षण नेटवर्क (रेननिक) सेवाएँ

एन.आई.सी. की शोध एवं शिक्षण नेटवर्क को संक्षेप में रेननिक भी कहा जाता है। शिक्षा एवं शोध नेटवर्क द्वारा यू.जी.सी., ए. आई. सी. टी. ई., डी.

बी. टी., आई. सी. ए. आर., आई. सी. एस. एस. आर., आई. सी. एम., आर. सी. एस. आई. आर., केन्द्र तथा राज्य/संघ शासित क्षेत्रों से मान्यता प्राप्त एवं वित्त पोषित शैक्षणिक संस्थाओं को इन्टरनेट सेवाएँ, डेटाबेस अभिगम सेवाएँ (मेडलार्स, पेटेन्ट, तकनीकी जानकारी डेटाबेस, ग्रन्थ सूची डेटाबेस सेवाएँ) उपलब्ध करा रहा है। भारत में लगभग 500 कस्बों में स्थापित किये गये। एन. आई.सी. केन्द्रों को बहुत ही सस्ती दरों पर डायल अपन मोडम द्वारा घरेलू तथा अन्तर्राष्ट्रीय ई-मेल सुविधा के लिए निकनेट तक पहुँच उपलब्ध कराई जा रही है। अधिकतर संस्थानों एवं प्रयोगशालओं ने अपेक्षाकृत द्रुत इन्टरनेट सेवाओं के लिए निकनेट केयू बेण्ड वी-सेट की स्थापना की गयी तथा इन्टरनेट भी प्रतिष्ठापित किए जा रहें हैं। ए. आई. सी. टी. ई. एवं एन. आई. सी. के बीच हस्ताक्षरित एक समझौता पत्र के अनुसरण में 16 इन्जीनियरी कॉलेजों को समीक्षाधीन वर्ष में निकनेट/इन्टरनेट सम्पर्क सुलभ कराया जाएगा। भारतीय कृषि अनुसन्धान परिषद् ने अपने कृषि अनुसन्धान सूचना प्रणाली (एरिस को सुदृढ़ करने के लिए विभिन्न आई.सी.ए.आर. संस्थानों तथा राज्य कृषि विश्वविद्यालयों (एस. ए. यू.) में लगभग 80 वी-सेट प्रतिष्ठापित किए हैं।

चिकित्सकीय सूचना विज्ञान एवं सुदूर चिकित्सा सेवाएँ

एन. आई. सी. ने राष्ट्रीय औषधि पुस्तकालय संयुक्त राज्य अमेरिका के मेडलार्स डेटाबेस सहित विभिन्न अन्तर्राष्ट्रीय डेटोबेसों से भारत के चिकित्सा समुदाय को जैव चिकित्सकीय सूचना निरन्तर सुलभ करा रहा है। इस समय 150 से अधिक पंजीकृत चिकित्सकीय महाविद्यालय/संस्थान एन.आई.सी. पर उपलब्ध मेइलाइन डेटाबेस का उपयोग कर रहे हैं। मेडलाई और कुछ डेटा बेसो से ड्राप्सी महामारी के सम्बन्ध में जानकारी को एकत्रित किया गया तथा केन्द्र प्रशासन के चिकित्सा प्रभाग और दूसरे अस्पतालयों को उपलब्ध करा दी गई। और उसमें डेटा और पत्रिकाओं के सम्पूर्ण आलेख भी सम्मिलित थे। 'जापानी भस्तिष्क शोथ' पर सूचना एकत्रित की गई और इसे आन्ध्र प्रदेश के चिकित्सकों तथा स्वास्थ्य विशेषज्ञों को ये सूचनाएँ प्रदान की गईं। 77 भारतीय पत्र-पत्रिकाओं (1986 के बाद के वर्षा की) के आधार पर इन्टमेड डेटाबेस को अद्यतन किया गया और इन्टरनेट पर उपयोग के लिए उपलब्ध कराया गया।

कृषि, पशुपालन, पर्यावरण, प्रदूषण एवं विषविज्ञान, जीव-विज्ञान, गणित,

विज्ञान एवं प्रौद्योगिकी के क्षेत्र से सम्बन्धित ग्रन्थ-सूची सेवाएँ निकनेट पर उपलब्ध कराई गई। शैक्षणिक और अनुसंधान संस्थान इस नेटवर्क का प्रयोग नियमित रूप से करते हैं।

बौद्धिक सम्पदा एवं प्रौद्योगिकी ज्ञान सूचना सेवाएँ

एन. आई. सी. अपनी वेब़ साइट पर 'इन्पाडॉक-इपीडॉस' नामक डेटा बेस की बौद्धिक सम्पदा और तकनीकी जानकारी सम्बन्धी 30 मिलियन से अधिक संदर्भों को ऑन लाइन उपलब्ध करानेवाला भारत का अग्रणी संगठन है। यह डेंटाबेस यूरोपीय पेटेन्ट कार्यालय के 65 पेटेन्ट कार्यालयों से प्राप्त सूचना के आधार पर तैयार किया गया है। एन.आई.सी. संयुक्त राज्य अमेरिका, यूरोप तथा विटो पेटेन्टों के दस्तावेज़ों की पूरी जानकारी भी उपलब्ध कराता है।

भू-अभिलेख सूचना पद्धति

भू-अभिलेखों का कम्प्यूटरीकरण कार्यक्रमों का संचालन राष्ट्रीय सूचना विज्ञान केन्द्र और ग्रामीण क्षेत्र एवं रोज़गार मन्त्रालय, सम्बन्धित राज्य सरकारों के संयुक्त प्रयासों से किया जा रहा है। इसके संचालन में प्रत्येक का योगदान एवं सहयोग होना अतिआवश्यक है। एन.आई.सी. ने अपने उत्तरदायित्व के निर्वहन हेतु, अतिरिक्त हार्डवेयर, सॉफ्टवेयर उपकरण, मानकीकृत, अनुप्रयोग सॉफ्टवेयर और राज्य सरकारों के कर्मचारियों को प्रशिक्षित करके अपने ज़िला केन्द्रों को समृद्धशाली बनाया है। वर्तमान समय में यह परियोजना लगभग 534 जिलों से चल रही है। राज्य सरकारों के लगभग 6,000 कर्मचारियों को राज्य सरकारों की राजभाषा में डेटा बनाने तथा अद्यतन बनाने के लिए प्रशिक्षित किया गया है। वेब़ समर्थित अनुप्रयोगों का विकास कर लिया गया है, तथा विभिन्न ज़िलों में इसको प्रयोगात्मक रूप से चलाया जा रहा है।

जनपदों को आधारभूत सूचना (ग्रिड) कार्यक्रम

इस प्रोग्राम का प्रयोजन उप-जनपद स्तरों पर कम्पयूटर पर निर्भर सूचना पद्धति एवं डेटाबेस के द्वारा निम्न क्षेत्रों की आयोजना भू-अभिलेखों का रखरखाव और ग्रामीण विकास से जुड़े अन्य संस्थानों को सुदृढ़ करना इस सूचना कार्यक्रम का प्रमुख उद्देश्य है। एन. आई. सी. ने विश्व बैंक से सहायता प्राप्त राष्ट्रीय कृषि प्रौद्योगिकी मिशन परियोजना (एन. ए. टी. पी.) के तहत 6 प्रायोगिक ज़िलों में

ब्लॉक-स्तर पर एट्मा (कृषि प्रौद्योगिकी प्रबन्ध एजेन्सी) स्थापित करने में कृषि मन्त्रालय की सहायता की। केरल सरकार के ग्रामीण विकास विभाग द्वारा प्रायोजित परियोजना के तहत एन. आई. सी. ने 153 ब्लॉकों को कम्प्यूटरीकृत किया गया है जिनमें सूचना विनिमय के लिए निकनेट सम्पर्क भी उपलब्ध है।

मौसम उपकरण सूचना पद्धति सेवाएँ

एन. आई. सी. ने इन्टरनेट और राष्ट्रीय तथा अन्तर्राष्ट्रीय संस्थानों पर प्राप्त सूचना का उपयोग करके इन्टरनेट आधारित इन मौसम विज्ञान सूचना संसाधनों में मूल्य संवर्धन करके अपनी वेब़साइट के माध्यम से निकनेट पर उपलब्ध कराया है। हाल ही में उड़ीसा में आए प्रलयंकारी चक्रवात के दौरान इस सेवा ने राहत प्रबन्ध कार्यों तथा कृषि एवं सहकारिता विभाग के कार्यों के सम्बन्ध में निर्णय अनुपोषण में अपनी उपयोगिता सिद्ध कर दी है।

इलेक्ट्रॉनिक डेटा आदान-प्रदान (ई. डी. आई.) प्रोग्राम

निकनेट पर इलेक्ट्रॉनिक वाणिज्य (ई. सी.) सर्वर को वर्ष 1999-2000 के दौरान पूरी तरह चालू किया गया और व्यापार चौकियों पर कई प्रकार के अनुप्रयोग शुरू किए गए। आयातकर्ताओं, निर्यातकर्ताओं तथा सीमा-शुल्क एजेन्टों को व्यापार चौकी के माध्यम से किसी भी इन्टरनेट सेवा प्रदानकर्ता (आई. एस. पी.) का प्रयोग करके अपने दस्तावेज़ों को इलेक्ट्रॉनिक रूप में फाइल करने में सक्षम बनाया गया। लगभग 200 सीमा-शुल्क गृहों के अभिकर्ता/आयातकर्ता/निर्यातकर्ता सीमा-शुल्क गृहों के साथ दस्तावेज़ों के आदान-प्रदान में व्यापार चौकियों का प्रयोग कर रहे हैं। निकनेट के ई. सी. सर्वर का प्रयोग करते हुए किसी भी आई. एस. पी. के माध्यम से केन्द्रीय उत्पाद-शुल्क इलेक्ट्रॉनिक का विवरण रूप है।

केन्द्र सरकार प्रभाग प्रणाली स्वचालन (ओ. पी. ए.)

एन. आई. सी. ने केन्द्र सरकार के विभागों/मन्त्रालयों में कार्यान्वयन के लिए फाइल खोजी सॉफ्टवेयर, कार्यालय प्रक्रिया स्वचालन (ओ. पी. ए.) को मानकीकृत कर लिया है। एनटी/डीबी 2 तथा एम. एस. एस. क्यू. एल/एम. एस-एक्सेस पर इस सॉफ्टवेयर के क्लान्इट/सर्वर संस्करण का विकास कर लिया गया है और इसका कार्यान्वयन केन्द्र सरकार के कई मन्त्रालयों तथा विभागों

में किया जा रहा है। इलेक्ट्रॉनिक फाइलिंग प्रणाली का विकास किया गया और इसे ओ. पी. ए. सॉफ्टवेयर के साथ एकीकृत किया गया है।

केन्द्र सरकार के मन्त्रालयों तथा कार्यालयों हेतु निकनेट सुविधाएँ

केन्द्र सरकार के मन्त्रालय तथा विभागों में स्थित एन. आई. सी. केन्द्रों ने निर्णय अनुपोषण में सूचना प्रणाली/डेटाबेस के विकास के लिए निकनेट सहायता देना जारी रखा। विविध भवनों में लैन स्थापित किए गए और निकनेट सेवाएँ 24 घण्टे उपलब्ध हैं। अर्थव्यवस्था के अधिकांश क्षेत्रों में डेटा भण्डारण और डेटा खनन तकनीक का प्रयोग करते हुए निर्णय अनुपोषण प्रणाली (डी. एस. एस.) प्रांरभ की गई है। केन्द्र सरकार के विभिन्न मन्त्रालयों तथा विभागों में शुरू किए गए सूचना विज्ञान विकास कार्यों का विवरण विभिन्न क्षेत्रों में दिया गया है जो निम्नलिखित हैं—

विदेश मन्त्रालय

इस मन्त्रालय ने कोलकाता, अहमदाबाद बरेली, भोपाल, चण्डीगढ़, बंगलौर, चेन्नई, हैराबाद, जयपुर, जालन्धर, दिल्ली, गोवा, कोची, पटियाला हाउस, कोझीकोड, लखनऊ, मुम्बई, तिरुवनन्तपुरम, तिरुचिरापल्ली तथा विशाखापत्तनम के पूर्ण कम्प्यूटरीकृत पासपोर्ट कार्यालयों तथा अकबर भवन, साउथ-ब्लॉक, आई. सी. सी. आर. तथा आई. एस. आई. एल. भवन आदि में स्थित मन्त्रालय के अन्य प्रभागों को प्रचालन सहायता उपलब्ध कराई है। पासपोर्ट कम्प्यूटरीकरण परियोजना वाई- 2 की भांति निर्मित की गयी है। सामान्य जनता के बहुभाषी सवालों हेतु टेली-इन्क्वायरी का नया संस्करण प्रतिष्ठापित किया गया है। पासपोर्ट, वीजा तथा पी. आई. ओ. कार्ड के क्षेत्र में सार्वजनिक सुविधाओं से सम्बन्धित वेबसाइट प्रारंभ किया गया है। अनिवासी भारतीयों पर डेटाबेस बनाया गया है तथा विदेशों में स्थित लगभग 160 मिशनों में प्रतिष्ठापित किया गया है।

भूतल परिवहन

पोर्टनेट को समृद्धशाली बनाने के लिए प्रमुख बंदरगाहों जैसे—कोलकाता, तूतीकोरिन, मुम्बई, काण्डला, कोची, मारमुगोवा, विशाखापत्तनम, जवाहर

लाल नेहरू बन्दरगाह, मंगलूर तथा भारतीय बन्दरगाह संघ में वी-सेट नोडें स्थापित की गईं जिससे इन्टरनेट तथा ई. डी. आई. सम्पंर्क सुविधा प्राप्त होगी। कम्प्यूटरीकृत शिपकार्ड प्रणाली, मुम्बई, कोलकाता, तूतीकोरिन, विशाखापत्तनम तथा भारतीय बन्दरगाह, मंगलूर, पारादीप तथा भारतीय बन्दरगाह संघ में कार्यान्वित की गई। नोएडा, कोलकाता, पटना, गुवाहाटी, भागलपुर तथा कोची स्थित भारतीय अन्तर्देशीय जलमार्ग प्राधिकरण के कार्यालयों को 'निकनेट' से जोड़ दिया गया है। भारतीय मैरीटाइम सूचना विज्ञान को सुदृढ़ करने हेतु निकनेट पर इन्टरानेट का विकास किया जा रहा है। यूएन-ई एस. सी. ए. पी बैंकॉक द्वारा विकसित टैम्पलैटों पर आधारित मैरीनेट वेब़पेज के विकास का प्रस्ताव है। सड़क आँकड़ों, मोटर परिवहन आँकड़ों तथा राज्य सड़क परिवहन उपक्रम (एस. टी. यू.) के कार्य निष्पादन सम्बन्धी डेटाबेस को अद्यतन करके उपयोग के लिए निकनेट पर उपलब्ध कराया गया है। एन. आई. सी. ने भारतीय सड़क कांग्रेस के साथ मिलकर राज्य के सार्वजनिक कार्य विभागों के अधिकारियों के लिए 'निकनेट के प्रयोग से सड़क क्षेत्रों के लिए कम्प्यूटरीकृत एम. आई. एस. पर प्रशिक्षण कार्यशालाओं का आयोजन किया। इन्टरनेट/इन्टरानेट के उपयोग के लिए 35 नोडों की लेन सुविधा स्थापित की गई। एन. आई. सी. ने कई राज्यों में प्रायोजित परियोजनाओं के तौर पर, कई राज्यों में सड़क परिवहन वाहन पंजीकरण के कम्प्यूटीकरण पर कार्य शुरू किया है। एन. आई. सी. ने 'वायरलेस टैग तथा बेस स्टेशन' का भी विकास किया है। जिसका प्रयोग चौकी से गुज़रनेवाले वाहनों की जाँच करने तथा यातायात प्रबन्ध में भी किया जा सकेगा।

सूचना तथा प्रसारण

सूचना ब्यूरो (पी. आई. बी.) तथा दूरदर्शन को 'संसदीय चुनाव-99' के परिणामों के विश्लेषण के लिए निकनेट सेवाएँ प्रायोजित परियोजना के तहत उपलब्ध कराई गई। दूरदर्शन के 24-घंटे समाचार प्रसारण को बढ़ावा देने के लिए, एन.आई.सी. ने 'समाचार-कक्ष स्वचालन' नामक परियोजना को कार्यान्वित किया, जिसमें इस व्यवस्था के द्वारा हिन्दी तथा अंग्रेज़ी दोनों भाषाओं में समाचार प्रस्तुत करने की सुविधा है। इस परियोजना के लिए एन. आई. सी. को भुगतान प्राप्त हुआ है। एक आद्योपान्त परियोजना के

रूप में प्रचार निदेशालय के 22 क्षेत्रीय कार्यालयों तथा रजिस्ट्रार ऑफ़ न्यूज़ पेपर्स ऑफ़ इण्डिया (आर. एम. आई.) के 4 क्षेत्रीय कार्यालयों की नेटवर्किंग का कार्य पूरा कर लिया गया। इन्टरनेट के चुनाव 99 वेबसाइट पर 10 लाख से भी अधिक लोगों ने जानकारी प्राप्त की। नौवीं योजना के कम्प्यूटरीकरण कार्यक्रम के एक भाग के रूप में निकनेट पर एक इन्टरानेट के रूप में पिबनेट की स्थापना की गई, जिसके साथ पत्र सूचना ब्यूरो के मुख्यालय तथा क्षेत्रीय शाखा के कार्यालय जोड़े गए हैं। पी. आई. बी. के अभिलेखागार में वर्ष 1947 के बाद की सामग्री (समाचार-पत्र, चित्र) के अंकीयकरण की परियोजना रिपोर्ट पी. आई. बी. को उनके अनुमोदन के लिए प्रस्तुत की गई।

खाद्य, सार्वजनिक वितरण एवं ग्राहक मुद्दें

विभिन्न जनपदों के अनेक क्षेत्रों में एफ.सी.आई. इन्टरनेट निकनेट पर स्थापित किया गया है। केन्द्रीय भण्डारण निगम (सी. डब्ल्यू. सी.) के व्यापार सूचना प्रबन्ध को कम्प्यूटरीकृत किया गया। आँकड़ों के उपयोग के लिए मूल्य आँकड़े, खाद्यान्न समाचार, चीनी मिलों की निर्देशिका तथा उपभोक्ता मंचों की निर्देशिका से सम्बन्धित वेब समर्थित कार्यक्रम बनाए गए हैं। एन. आई. सी. द्वारा प्रस्तुत सूचना प्रौद्योगिकी योजनाओं को सम्बन्धित मन्त्रालयों ने अनुमोदित कर दिया है और वर्ष 1999-2000 तथा 2000-01 के लिए बजट परिव्यय निर्धारित कर दिया गया है।

न्याय एवं कानून से जुड़े मुद्दे

एन. आई. सी. के द्वारा उच्चतम न्यायालय, उच्च न्यायालय तथा 430 ज़िला न्यायालयों के कम्प्यूटरीकरण के लिए अनुदान दिया जा रहा है। लम्बित वादों की ऑन-लाइन जानकारी हेतु उच्चतम न्यायालय में एक परस्पर सक्रिय ध्वनि अनुक्रिया पद्धति (आई. वी. आर.) को स्थापित किया गया। उच्चतम न्यायालय, दिल्ली उच्च न्यायालय, मध्य प्रदेश उच्च न्यायालय तथा कर्नाटक उच्च न्यायालय की दैनिक वादों की सूची निकनेट के द्वारा विस्तृत स्तर पर उपलब्ध की जाती है। औसतन 20,000 प्रयोगकर्ता प्रतिदिन दैनिकवादों की इस सूची का प्रयोग करते हैं। देश में 430 ज़िला न्यायालयों में ज़िला न्यायालय

सूचना प्रणाली (डी. सी. आई. एस.) को संचालित किया गया है। जूडिस सी. डी. संस्करण 2.0 का उपयोग करते हुए पाठ आधारित पुनर्प्राप्ति सॉफ्टवेयर जारी किया गया। आन्ध्र प्रदेश, केरल, बिहार, पश्चिम बंगाल, महाराष्ट्र, मध्य प्रदेश, दिल्ली, हिमाचल प्रदेश तथा उड़ीसा के ज़िला न्यायाधीशों के लाभार्थ कम्प्यूटर पाठ्यक्रम आयोजित किए गए।

रेलवे

सम्पूर्ण मण्डलों को मिलाते हुए उत्तर रेलवे में एक 'इन्टरनेट' का निर्माण किया गया है। वेब तकनीक की मदद से विभिन्न एम.आइ.एस. कार्यक्रम को कार्यान्वित किया है, जो निम्नलिखित हैं–

(1) यात्रियों की शिकायतों तथा रेलवे की अकुशलता की मॉनिटरिंग

(2) गाड़ियों का आवागमन

(3) मॉनिटरिंग रैक तथा माल डिब्बे की स्थिति

(4) आवश्यक वस्तुओं का आवागमन।

रेलवे हेतु निकनेट आधारित लोक शिकायत निगरानी परियोजना प्रारम्भ की गई है तथा आरम्भ में 100 रेलवे स्टेशनों को शिकायत निवारण काउन्टर तथा उचित शिकायत निगरानी सॉफ्टवेयर उपलब्ध कराए जा रहे हैं। एन. आई. सी. ने भारतीय रेल की परियोजना 'मालभाड़ा प्रचालन सूचना प्रणाली (एफ. आई. ओ. एस.) के लिए एक प्रोटोटाइप 'बेतार टैग एण्ड बेस स्टेशन' का विकास किया है। इस 'बेतार टैग एण्ड बेस स्टेशन का प्रयोग यातायात नियन्त्रण के लिए वाहन निगरानी के साथ-साथ देश-भर में स्थित राज्य सरकार के विभिन्न जाँच चौकियों के सत्यापन में अनुप्रयोग किया जा सकता है।

उद्योग

कम्पनी मामले विभाग, भारी उद्योग विभाग, औद्योगिक विकास, औद्योगिक नीति तथा संवर्धन, खान, सार्वजनिक उद्यम, खाद्य प्रसंस्करण उद्योग, लघु उद्योग तथा ग्रामीण उद्योग, इस्पात तथा बी. आई. एफ. आर, एम. आर. टी. पी. आयोग तथा टैरिफ आयोग को निकनेट सेवाएँ उपलब्ध कराई गई। एन. आई. सी. ने बड़ी आद्योपान्त परियोजनाएँ शुरू की हैं

जिसमें कम्पनी मामले के रजिस्ट्रार (आर. ओ. सी.) के कार्यालय का कम्प्यूटरीकरण शामिल है। आर. ओ. सी. परियोजना के प्रथम चरण की सफलता के परिणामस्वरूप पंजीकरण प्रक्रिया से सम्बन्धित द्वितीय चरण को अनुमोदन दिया गया। इसकी परियोजना लागत 19.97 करोड़ रुपये (अनावर्ती) तथा 1.94 करोड़ रुपये (आवर्ती) है। ज़िला उद्योग केन्द्रों से राज्य उद्योग निदेशालयों एवं ज़िला लघु उद्योग केन्द्र मुख्यालयों के लघु उद्योग केन्द्र के बीच सूचना का प्रसार करने के लिए डी. आई. सी. कम्प्यूटरीकरण परियोजना के तहत निकनेट आधारित सूचना प्रणाली परियोजना को चालू किया गया। डी. सी. एस. एस. आई. से निकनेट पर 20,000 विनिर्माता इकाइयों से 500 से अधिक वस्तुओं के उत्पादन आँकड़े हर महीने प्राप्त होते हैं।

ग्रामीण क्षेत्रों का विकास

ग्रामीण क्षेत्रों के विकास हेतु इंटरनेट वेबसाइट का संचालन किया गया। लगभग दो सौ जनपदों में एकत्रित ऊसर एवं परती ज़मीन उन्नति प्रोग्राम पर निकनेट पर निर्भर देखरेख सूचना पद्धति चालू की गई है। 'जी. आई. एस. आधारित वॉटरशेड प्रबन्ध सूचना विज्ञान मॉडल' पर प्रायोजित परियोजना 15 चुनिन्दा साइटों पर ठीक काम कर रही है। एन. आई. सी. को 15 ज़िलों के ग्रामीण विकास एजेन्सियों (डी. आर. डी. ए.) में वी-सेट आधारित इन्टरनेट सुविधाएँ स्थापित करने के लिए परियोजना की मंजूरी दी गई। आधुनिक सॉफ्टवेयर तकनीकी ने तैयार किया गया। क्रिस्प सॉफ्टवेयर (रूरलसॉफ्ट) के पुनर्निमित संस्करण का परीक्षण प्रायोगिक ज़िलों में किया जा रहा है। कापार्ट तथा इसके क्षेत्रीय कार्यालयों की नेटवर्किंग के यू बैण्ड वी-सैटों के ज़रिए की गई है। एन. आई. सी. ने देश में (राजीव गाँधी राष्ट्रीय पेयजल मिशन परियोजना) की लगभग 1400 कार्यान्वयन एजेन्सियों को कम्प्यूटर प्रणाली के खरीद के लिए विक्रेता चयन सम्बन्धी परामर्श सेवाएँ प्रदान की। एस. आर. एस. दस्तावेज़ों को अन्तिम रूप देकर प्रस्तुत किया गया।

संसद से संबंधित कार्य

सूचना विज्ञान परियोजना ने संसद के कार्य हेतु एक इन्टरनेट वेबसाइट

तथा समर्थित सॉफ्टवेयर का प्रतिपादन एवं कार्यान्वयन किया गया है, जिससे विभिन्न मन्त्रालयों से संसदीय प्रश्नों के उत्तर ई-मेल द्वारा उपलब्ध किए जा सकते हैं तथा वेब पर उन्हें उपलब्ध कराकर उनका तत्काल लाभ प्राप्त किया जा सकता है। पटल कार्यांकल, सांसदों के जीवन-वृत्त, संसदीय प्रकाशन, समिति की बैठकों, यात्रा एवं रिपोर्ट, सदन की कार्यवाही की शब्दशः रिपोर्टिंग, सम्पादकीय तथा संक्षेपण शाखाओं के लिए भी वेब समर्थित सॉफ्टवेयर का विकास तथा कार्यान्वयन किया गया है। राज्यसभा में स्थानीय क्षेत्र नेटवर्क स्थापित किया गया है जिसके साथ राज्य सभा सचिवालय की सभी शाखाओं को जोड़ा गया है। लोकसभा तथा राज्यसभा दोनों सदनों के सदस्यों के लाभार्थ कम्प्यूटर प्रशिक्षण तथा कम्प्यूटर क्लीनिक आयोजित किए गए। संसद सदस्यों को उनके आवास पर ई-मेल/इन्टरनेट सुविधा भी उपलब्ध कराई गई।

नागर विमानन

नागर विमानन सुरक्षा ब्यूरो (ब. सी. ए.एस.) के साथ परामर्श करके कई हवाई अड्डों द्वारा प्रयोग किए जानेवाले फोटो पहचान-पत्रों के स्वचालन के लिए एक व्यापक कम्प्यूटरीकरण योजना तैयार की गई। बी.सी. ए. सी. के कोलकाता, चेन्नई, दिल्ली तथा मुम्बई स्थित चार क्षेत्रीय कार्यालयों में यह प्रणाली कार्यान्वित की गई है। नागर विमानन महानिदेशक के लिए वेब समर्थित एम. आई. एस. अनुप्रयोग का विकास करने का प्रस्ताव है।

सहकारी संस्थाएँ

कृषि मन्त्रालय ने देश भर की सहकारी संस्थाओं में निकनेट आधारित सूचना प्रणाली कार्यान्वित करने का निर्णय किया है। राष्ट्रीय सहकारिता विकास परिषद् (एन.सी.डी.सी) के लिए 'सम्पूर्ण-सूचना प्रौद्योगिकी समाधान' और इसके 15 क्षेत्रीय कार्यालयों में निकनेट सम्पर्क के लिए एक ओद्योपित परियोजना शुरू की गई। हिमाचल प्रदेश राज्य में 'सहकारिता सूचना विज्ञान' विषय पर परियोजना कार्यान्वित हो रही है। 'इफको' के देशव्यापी नेटवर्क के लिए एक परियोजना प्रस्ताव पेश किया गया। सहकारिता सम्बन्धी आँकड़ों के कम्प्यूटीकरण की आद्योपान्त परियोजना के लिए ई. एफ. सी. नोट परिचालित किया गया। इस परियोजना की लागत 10 करोड़ रुपये हैं।

सांख्यिकी तथा कार्यक्रम कार्यान्वयन

इन परियोजनाओं की देखरेख हेतु एन.आई.सी. अपने इन्टरनेट कार्यों के द्वारा इन निम्नलिखित विभागों की मदद कर रहा है–

(क) एम. पी. एल. ए. डी. योजना

(ख) बीस सूत्री कार्यक्रम

(ग) 100 करोड़ रुपये तथा उससे अधिक लागतवाली परियोजनाओं की मासिक निगरानी की फ्लैश रिपोर्टिंग और 20 करोड़ रुपये तथा उसे अधिक लागत वाली परियोजनाओं की तिमाही निगरानी।

'निकनेट' पर सभी सम्बद्ध विभागों/मन्त्रालयों/सार्वजनिक क्षेत्र के उपक्रमों द्वारा प्रयोग करने के लिए एक इन्टानेट सर्वर शुरू किया गया है। केन्द्रीय सचिवालय की अपेक्षाओं के अनुसार नागर विमानन, खान मन्त्रालय, पेट्रोलियम तथा प्राकृतिक गैस, बन्दरगाह, विद्युत, सड़कें तथा दूर-संचार के क्षेत्र में निजी तथा संयुक्त परियोजनाओं की 'डेटाबेस प्रणाली' शुरू की गई।

गृह मन्त्रालय

विभिन्न विभागों को निकनेट सेवाएं उपलब्ध करायी गयी है जिनमें आन्तरिक सुरक्षा विभाग, राज्य विभाग, जम्मू तथा कश्मीर मामले विभाग, गृह विभाग तथा राजभाषा विभाग प्रमुख हैं। बाँग्लादेश नागरिकों के वीज़ा नियन्त्रण परियोजना के कम्प्यूटीकरण के एक भाग के रूप में एन. आई. सी. ने एन. एस. सी. बी. आई. ए. (कोलकाता) तथा भारत-बाँग्लादेश सीमा पर स्थलीय जाँच चौकी (हरिदासपुर) कम्प्यूटरीकरण तथा नेटवर्क से उसे जोड़ा जाता है, जिससे निकनेट ने आगमन-बहिर्गमन के समयान्तरण को सुगम बनाया है। भारतीय उच्चायोग (ढाका) के कार्यालय में वीज़ा नियन्त्रण पद्धति योजना के संचालन से जुड़ी गतिविधियों और एन. एस. सी. बी. आई. (कोलकाता) और भारत-बाँग्ला सीमा पर स्थलीय जाँच चौकी, हरिदासपुर के बीच डेटा आदान-प्रदान की सुगम सुविधा उपलब्ध कराने के लिए 'निकनेट' ने सम्पर्क उपलब्ध कराने का कार्य प्रारंभ किया गया।

एन. आई. सी. की कोर्टिस' परियोजना की सूचना के आधार पर 'निर्णय अनुपोषण प्रणाली' का संचालन किया गया। गृह मन्त्रालय की एक 'इन्टरनेट'

साइट 'निकनेट' पर बनाई है। गृह मन्त्रालय में सरकारी कर्मचारियों के लिए जारी पहचान-पत्र के कम्प्यूटरीकरण के लिए एक सॉफ्टवेयर का विकास एवं परीक्षण किया गया है तथा उसे प्रयोग के लिए गृह मन्त्रालय को सौंप दिया गया है। गृह मन्त्रालय में सूचना प्रौद्योगिकी में प्रशिक्षण देने के लिए एक निकनेट प्रशिक्षण केन्द्र की स्थापना की गयी है। राजभाषा विभाग में लेन पर एक द्विभाषी वेबसाइट डिज़ाइन कर उपयोग के लिए डाली गई। प्रायोगिक विभागों में द्विभाषी कम्प्यूटरीकरण की वृद्धि की जा रही है।

राजस्व

आई. सी. ई. एस. सॉफ्टवेयर के द्वारा कस्टम को डी. जी. एफ. टी. बन्दरगाहों, हवाई अड्डों, बैंकों तथा ए. ई. पी. सी. को जोड़ना शुरू किया गया है तथा दस्तावेज़ों का आदान-प्रदान नियमित किया गया। 'कटस्म ई. डी. आई. कम्प्यूनिटी प्रणाली' बनाने के लिए अन्तर्राष्ट्रीय व्यापार से जुड़ी विभिन्न एजेन्सियों की कार्य-प्रणाली को पुनः तैयार करने का विस्तृत प्रस्ताव किया गया तथा इसे भारत सरकार द्वारा अनुमोदित कर दिया गया। सीमा-शुल्क तथा अन्य एजेन्सियों के बीच विस्तृत सूचना फॉरमेट को अन्तिम रूप देकर प्रस्तुत कर किया गया। आयातकर्ताओं, निर्यातकर्ताओं, सीमा-शुल्क (नई दिल्ली) के बीच ई. डी. आई. सेवा को 'निकनेट' के इलेक्ट्रॉनिक सर्वर पर डाला गया है, जिससे प्रयोगकर्ताओं को किसी भी 'इन्टरनेट' सेवा प्रदानकर्ता (आई. एस. पी.) का प्रयोग करना आसान होगा तथा अपने दस्तावेज़ इलैक्ट्रोसिटी के माध्यम से व्यक्त करना सम्भव होगा। केन्द्रीय उत्पाद निकनेट के माध्यम से शुल्क इलेक्ट्रॉनिक रूप में दस्तावेज़ प्रस्तुत करने की प्रक्रिया, उत्पाद-शुल्क, आयुक्तालय के कार्यालय में शुरू की गई।

केन्द्रीय उत्पाद निदेशालय के सभी पी. ए. ओ. में चल रहे सभी केन्द्रीय उत्पाद शुल्क आयुक्तालय 'राजस्व लेखांकन पैकेज-रीवेक्ट' नामक सॉफ्टवेयर पैकेज में, सी. बी. ई. सी. के मुख्य लेखा नियन्त्रक की अपेक्षाओं के अनुसार सुधार किया गया। समय पर डेटा हासिल करने तथा शुद्धता बढ़ाने की दृष्टि से केन्द्रीय आर्थिक असूचना ब्यूरो तथा प्रवर्तन निदेशालय में 'आर्थिक अपराधियों' के डेटाबेस को अपेक्षाकृत पूर्ण बनाया गया है।

भारत संचार निगम लिमिटेड

उद्देश्य

परिवहनीय मूल्यों पर उच्च तकनीक का उपयोग करके अपने विश्वासी एवं महत्त्वपूर्ण कस्टमरों अथवा ग्राहकों को विश्वस्तर पर तकनीकी सेवाएँ उपलब्ध कराना है।

'भारत संचार निगम लिमिटेड' की स्थापना 1 अक्टूबर सन् 2000 को की गयी जो दूर-संचार के इतिहास में एक ऐतिहासिक घटना थी। आज भारत संचार निगम लिमिटेड तीन करोड़ दस लाख ग्राहकोंवाला राष्ट्र का सबसे बड़ा उपक्रम है। इसका उत्तरदायित्व पहले से त्रुटिरहित संचार व्यवस्था में सुधार, संचार तकनीक का विस्तार, सभी गाँवों में दूर-संचार सेवा का विस्तार और ग्राहकों का की विश्वसनीय है।

इस निगम का प्रथम उद्देश्य अपने विश्वासी ग्राहकों के उचित मूल्य पर अत्याधुनिक तकनीकी से युक्त विश्वस्तरीय संचार सेवा आदान करना है।

भारत संचार निगम लिमिटेड को बदलते विनियम, बाज़ार, तकनीकी प्रतिस्पर्धा तथा ग्राहकों की बढ़ती आवश्यकताओं ने विशाल सेवा तथा अतिरिक्त से निपटने हेतु तैयार है। कम्पनी अपनी सुदृढ़ आर्थिक क्षमता के बदौलत दूर-संचार में आनेवाली चुनौती के लिए तैयार है। कम्पनी मोबाइल सेवा के क्षेत्र में बड़े धमाके के साथ प्रवेश कर चुकी है। देश के 6 शहरों के बीच इस सेवा का विस्तार किया जा रहा है। अन्य नवीन तकनीक जैसे संचार सागर योजना क्रियान्वयन एक अन्य पहलू है। कम्पनी अपने कई उत्पादों तथा व्यावसायिक सेवा, उचित रख-रखाव तथा ग्राहकों की आकांक्षा तथा संतुष्टि हेतु वचनबद्ध है।

टेलीफ़ोन

दूर संचार के क्षेत्र में टेलीफोन का महत्वपूर्ण योगदान है। भारत दूर-संचार निगम लिमिटेड देश का सबसे बड़ा प्रचालक है। टेलीफ़ोन लगभग सौ साल से भी ज़्यादा समय से प्राथमिक दूर-संचार सेवाओं के लिए जाना जाता है। वर्तमान समय में टेलीफ़ोन अत्यन्त आधुनिक सेवा है जो 32,000 इलेक्ट्रॉनिक एक्सचेन्जों, 326 डिज़िटल ट्रंक ऑटोमेटिक एक्सचेन्ज (टी. ए. एक्स.), डिज़िटल पब्लिक स्विच्ड

टेलीफ़ोन नेटवर्क (पी. एस. टी. एन.) द्वारा प्रदान की जा रही है। ये सभी हमारे माननीय उपभोक्ताओं को बहुत-सी फ़ोन प्लस वेल्यू एडिशनों सहित 2.4 लाख कि.मी. ऑप्टिकल फाइबर केबल पर एक-दूसरे से संयुक्त है।

इन्टेलीजेंट नेटवर्क

इन्टेलीजेंट नेटवर्क का प्रयोग करने वालों की संख्या में हो रही तीव्र वृद्धि उम्मीदों एवं आशाओं पर अपेक्षाओं को देखते हुए, बी. एस. एन. एल. को ग्राहकों के दूर-संचार क्रान्ति के अनुरूप स्थापित होना है। इस दिशा में दूर-संचार सेवा शब्द को मूल्य वर्धित सेवाए शुरू करके इन्टेलीजेन्ट नेटवर्क के रूप में पुनः परिभाषित यह प्रौधोगिकी आपके लिए अतिरिक्त कारोबार के साथ समय तथा लागत प्रभावी सेवाएँ, अधिकतम समाधान, सम्भव बनाती है।

कार्य-पद्धति

इन्टेलीजेन्ट नेटवर्क स्विच से मुक्त एक केन्द्रीयकृत स्थान पर विभिन्न प्रकार की सेवाएँ सृजित करने के लिए एक ढाँचा नेटवर्क में उपभोक्ता द्वारा सृजित करने के लिए एक ढांचा नेटवर्क में उपभोक्ता द्वारा सृजित कालें नज़दीकी सेवा स्विचन प्वाइन्ट की ओर रूट (एस.सी.पी.) से सेवा मौजूदा टेलीफ़ोन का प्रयोग करके किसी भी प्रभार के एक्सचेन्ज से जुड़े उपभोक्ता द्वारा प्रयोग में लाया जा सकता है।

पर्याप्त सेवाएँ

निःशुल्क फ़ोन सेवा-काल प्रभार का भुगतान कॉल किए गए व्यक्ति द्वारा किया जाता है। सेवा तथा पर्यटन उद्योग हेतु

प्रीमियम पर सेवा—व्यवसायिक के लिए फ़ोन पर मूल्य/परामर्श बेचने का सशक्त उपकरण।

भारतीय टेलीफोन कार्ड— किसी भी टेलीफ़ोन से स्थानीय एस. टी. डी. या आई. एस. डी. कॉल करने के लिए पूर्व भुगतान सुविधा।

वर्चुअल प्राइवेट नेटवर्क— सस्ते तथा लचीले राष्ट्रव्यापी प्राइवेट नेटवर्क के रूप में कार्य करने हेतु प्रोग्रामित सामान्य टेलीफ़ोन ।

सार्वभौमिक नम्बर— विश्वव्यापी अद्वितीय नं।

टेलीमेटिंग– बी.एस.एन.एल. का नेटवर्क प्रयोग करके लोकमत तथा सर्वेक्षण का आयोजन।

एकाउन्ट कॉलिंग कार्ड– इस सेवा का उपयोग ऐसे लोग कर सकते हैं जो बी. एस. एन. एल. में स्थायी लेखा रखना चाहते हैं।

आईनेट

'आईनेट' बी. एस. एन. एल. के 25 पैकेट स्विच्ड पब्लिक डॉटा नेटवर्क आधारित के ज़रिए देश में तथा विदेशों में विभिन्न कार्यालय विनिर्माता यूनिटों में अपने कम्प्यूटरों डाटा टर्मिनलों, होस्ट तथा लेन के नेटवर्क द्वारा व्यवसाय पद्धति में बदलाव करके उच्चगति व्यापक क्षेत्र नेटवर्किंग आवश्यकताओं के काफ़ी लागत प्रभावी लगता तथा विश्वसनीय समाधान प्रदान करता है।

विभिन्न अनुप्रयोगों में ट्रेवल रिज़र्वेशन, इन्टरनेट कनेक्टिविटी, डाटा आधारित सेवाएँ, दूरस्थ जॉब एप्लिकेशन, क्रेडिट काई सत्यापन, इलेक्ट्रॉनिक मेल सेवा, पुनः सूचना प्राप्त करना तथा कॉर्पोरेट कम्यूनिकेशंस आदि को प्रयोग में लाया जा सकता है–

पट्टेयुक्त लाइन (लीज़्ड लाइन)

कम्प्यूटर एवं इलेक्ट्रॉनिक सूचना माध्यमों के मध्य सूचना संप्रेषण के लिए बी. एस. एन. एल. अपने उपभोक्ताओं को डाटा संचार सेवा सर्किट तथा साथ ही डॉयल अप लाइनों के विकल्प की पेशकश करता है। अधिकांश शहरों में माँग पर बैन्डविड्थ उपलब्ध 64 के. बी. पी. एस. की गति सहित सर्किट देने की रियायत प्रदान करता है। यह इन्टरनेट पट्टे युक्त लाइनों तथा अन्तर्राष्ट्रीय प्रिन्सिपल समर्पित प्वाइन्ट टू प्वाइन्ट स्पीच हेतु प्राइवेट वायर टेलीप्रिन्टर तथा डाटा सर्किल लीज़्ड आधार पर दिए जाते हैं। उपभोक्ता सेवा विभिन्न स्थानों पर उनके बीच कम्पनियों एवं कार्यालयों में प्वाइन्ट टू प्वाइन्ट आधार पर अथवा विभिन्न स्थानों को इन्टरनेट की सेवा प्रदान किये जाते हैं।

सेवाएँ

स्पीच सर्किट (हॉट लाइन अथवा निजी वॉयर) के माध्यम से किसी भी नगर में दो स्थानों के भीतर दोतरफा संकेतन तथा स्पीच सम्भव है।

1. डाटा सर्किट अनेक गतियों अर्थात् एन 64 के. बी. पी. एस. तथा 2 एम बी. पी. एस. पर स्थानीय अथवा लम्बी दूरी के डाटा सर्किट।
2. टेलीग्राफ़ तथा टेलीप्रिन्टर सर्किट स्थानीय तथा लम्बी दूरी के टेलीग्राम तथा टेलीप्रिन्टर सर्किट।
3. अन्तर्राष्ट्रीय पट्टेयुक्त सर्किट वी. एस. एन. एल. के द्वारा दिया हुआ।

बी. एस. एन. एल. ने विश्वस्तरीय निष्पादन से जी. एस. एस. सेल्यूलर सेवा में 4 मिलियन उपभोक्ताओं हेतु परियोजना को आरम्भ करने हेतु अत्याधुनिक जी.एस.एम. प्रौद्योगिकी को अपनाया है।

बी. एस. एन. एल. के सेल्यूलर मोबाइल फोन

बी.एस.एन.एल. के सेल्यूलर मोबाइल फोन जैसे—प्री-पेड, वर्चुअल प्राइवेट नेटवर्क (वी. पी. एन.), पर्सनल नम्बरिंग आई. एम. पी. सी. एस. (मुख्य) परियोजना, बिना शुल्क फ़ोन, स्पलिट प्रभारण उदाहरणार्थ देश के भीतर कहीं भी स्थानीय टैरिफ़, प्रीमियम दर उदाहरणार्थ सूचना लाइनें और मनोरंजन, यूनिवर्सल एक्सेस नं., एडवांस्ड रोमिंग सेवाएँ (ए. आर. एस.), वॉयस मेल सेवा, लघु सन्देश सेवा (एस. एम. एस.), सेल ब्रॉडकास्ट सेवा, इन्टेलीजेन्ट नेटवर्क सेवाएँ तथा इन्टरनेशनल रोमिंग मदद आदि सहयोग प्रदान करेंगे।

वायरलैस इन लोकल लूप (डब्ल्यू. एल. एल.) मोबाइल टेलीफ़ोन कनेक्शन

वायरलेस इन लोकल लूप संचार प्रणाली एक ऐसी प्रणाली है जो ग्राहकों एवं टेलीफ़ोन एक्सचेन्ज के मध्य सम्पूर्ण कनेक्शन के या जुड़े पारम्परिक तारों हेतु रेडियो आवृत्ति संकेतों को अनुकल्प के रूप में प्रयोग करके उपभोक्ताओं को पब्लिक स्विच्ड टेलीफ़ोन नेटवर्क (पी. एस. टी. एन.) से जोड़ती है।

निम्नलिखित क्षेत्रों हेतु जो सामान्य नेटवर्क के लिए अव्यवहार्य है, डब्ल्यू. एल.एल. की देशव्यापी कार्यवाही चल रही है।

1. शहरी क्षेत्रों में सामान्य केबल/वायर आधारित नेटवर्क में कनेक्शनों के संकुलन से राहत प्रदान करने में उपयोगी।
2. दूरस्थ तथा छितरे हुए ग्रामीण क्षेत्रों में संयोजकता।
3. बिना किसी एयर-टाइम के प्रभार के सीमित मोबिलिटी।

आई. एस. डी. एन.

आई. एस. डी. एन. ग्राहक टेलीफोन लाइन की मौजूदगी वायर पेयर (बुनियादी दर आई.एस.डी.एन.) पर एक साथ दो स्वतन्त्र कॉलें (सिवाय इसके जहाँ टर्मिनल उपस्कार ऐसा हो कि यह वीडियो कॉन्फ्रेन्सिंग आदि जैसे महानगर में एक ही कॉल के लिए बी चैनलों का प्रयोग करता हो) जबकि इस समय एँनालाग लाइन/टेलीफोन कनेक्शन पर केवल एक कॉल सम्भव है। आई.एस.डी.एन में दो साथ-साथ की गई कॉलें स्पीच, डाटा, इमेज आदि जैसी किसी भी प्रकार की हो सकती है दो आई.एस.डी.एन. उपभोक्ताओं के बीच एक कॉल हेतु कॉल सेटअप समय काफ़ी कम, 1-2 सेकेण्ड का होता है। आई.एस.डी.एन. अनुपूरक सेवाओं के नाम के अलावा सेवाओं का एक पूर्णतया नया सेट भी प्रदान करता है।

संयोजकता

आई.एस.डी.एन. उपभोक्ता राष्ट्रीय तौर पर अन्य समकक्ष टेलीफ़ोन उपभोक्ताओं से पूर्ण संयोजकता प्राप्त करेंगे। वर्तमान समय में नार्वे, फिलिपीन्स, सिंगापुर, स्विट्ज़रलैण्ड, जर्मनी, आयरलैण्ड, इटली, इज़राइल, जापान, मलेशिया, नीदरलैण्ड, थाईलैण्ड, इंग्लैण्ड, यू.एस.ए., संयुक्त अरब अमीरात, ऑस्ट्रेलिया, ऑस्ट्रिया/बेल्ज़ियम, कनाडा, डेनमार्क तथा फ्रांस आदि देशों के लिए भारत से तथा भारत को आई.एस.डी.एन. सेवाएँ पर्याप्त हैं–

आई. एस. डी. एन. से दी हुई सेवा

आई. एस. डी. एन. से दी हुई प्रमुख सेवाओं को निम्नलिखित पंक्तियों में स्पष्ट किया गया है–

1. 384 के. बी. पी. एस. पर (3 आई. एस. डी. एन. लाइनों सहित सम्भव) वीडियो कॉन्फ्रेन्सिंग।
2. सामान्य टेलीफ़ोन एवं फैक्स (जी-3)
3. कॉल करनेवाले उपभोक्ता के नं. की पहचान करने सहित अंकीय टेलीफ़ोन तथा अन्य सुविधाएँ जी-4 फैक्स।
4. आई. एस. डी. एन. कन्ट्रोलर कार्ड सहित 64 के. बी. पी. एस. पर डाटा पारेषण 128 के. बी. पी. एस. पर वीडियो कॉन्फ्रेन्सिंग।

5. भारत में बी एस एन एल के आई.एस.डी.एन. स्टेशनों की सूची।

आई.एस.डी.एन. द्वारा विभिन्न अनुपूक सेवाएं

आई. एस. डी. एन. के द्वारा दी प्रमुख अनुपूरक सेवाओं को निम्नलिखित पंक्तियों में स्पष्ट किया गया है–

1. कॉल होल्ड (सी. एच.)
2. कॉल वेटिंग (सी. डब्ल्यू.)
3. उपभोक्ता से उपभोक्ता सिग्नलिंग (यू.एस.आई.)
4. अभिगम्यता (एक्सेस) के प्रभार
5. बहुसंख्यक उपभोक्ता संख्या (एम.एस.एन.)
6. टर्मिल पोटेन्टिबिलिटी (टी. पी.)
7. कॉलिंग लाइन आइडेन्टिफिकेशन प्रेजेन्टेशन (क्लिप)
8. कॉलिंग लाइन आइडेन्टिफिकेशन रजिस्ट्रेशन (क्लिप)।

आई.एस.डी.एन. हेतु दो तरह की अभिगम्यता है

इस अभिगम्यता को निम्न प्रकार से स्पष्ट किया गया है–

1. प्राथमिक दर अभिगम्यता (पी.आर.ए.) स्पीच तथा डाटा हेतु 64 के. बी. पी. एस. के 30 चैनल।
2. संकेतन हेतु 64 के. बी. पी. एस. का 1 चैनल।
3. बुनियादी दर अभिगम्यता (बी. आर. ए.) 2 बी स्पीच तथा डाटा हेतु 64 के. बी. पी. एस. के 2 चैनल। सिग्नलिंग के लिए 16 के. बी. पी. एस. का चैनल।

भारतीय अन्तरिक्ष अनुसन्धान संगठन (इसरो)

भारतीय अंतरिक्ष अनुसंधान संगठन को संक्षेप में इसरो भी कहा जाता है। यह कार्यक्रम डॉ. विक्रम साहा की परिकल्पना अथवा प्राकल्पना है। भारतीय अन्तरिक्ष कार्यक्रम का जन्मदाता इन्हीं को माना जाता है। कुछ ऐसे व्यक्ति भी हैं जो इस प्रगतिशील देश में अन्तरिक्ष क्रियाकलापों के सम्बन्ध में सवाल करते हैं। हमारे लिए प्रयोजन साफ़ व स्पष्ट चन्द्रमा अथवा उपग्रहों या मानव-युक्त अन्तरिक्ष उड़ानों के बारे में खोज करने में आर्थिक रूप से सम्पन्न

देशों के साथ प्रतिस्पर्धा करना हमारा सपना नहीं है। लेकिन हमें विश्वास है कि यदि हमें राष्ट्रीय रूप में और राष्ट्रों के समुदाय के बीच में कोई सार्थक भूमिका अदा करनी है, तो हमें मानव और समाज की वास्तविक समस्याओं के लिए उन्नत प्रौद्योगिकीयों के उपयोग में किसी से पीछे नहीं रहना चाहिए।

भारत सरकार ने जून सन् 1972 में अन्तरिक्ष आयोग और अन्तरिक्ष विभाग (डी. ओ. एस.) की स्थापना की थी। भारतीय अन्तरिक्ष अनुसन्धान संगठन (इसरो) अन्तरिक्ष विभाग के अधीन भारत में विभिन्न स्थानों में स्थापित अपने संस्थानों के माध्यम से अन्तरिक्ष कार्यक्रम का क्रियान्वयन करता है। अन्तरिक्ष कार्यक्रम के प्रोग्राम के प्रमुख प्रयोजन में उपग्रहों, प्रमोचक यानों, परिज्ञापी रॉकेटों और भू-प्रणालियों का विकास शामिल है।

इसने अनेक प्रमुख उपलब्धियाँ अर्जित की हैं।

इसके प्रायोगिक चरण में उपग्रह शैक्षणिक दूरदर्शन परीक्षण (साइट), उपग्रह दूर-संचार परीक्षण परियोजना (स्टेप), सुदूर संवेदन उपयोग परियोजनाएँ, आर्यभट्ट, भास्कर, रोहिणी और एप्पल जैसे उपग्रह तथा एस.एल.वी.-3 और ए. एस.एल.वी. जैसे—प्रमोचक रॉकेट सम्मिलित थे।

आधुनिक प्रचालनात्मक अन्तरिक्ष-पद्धतियों में दूर-संचार, दूरदर्शन प्रसारण, मौसम विज्ञान और आपदा चेतावनी हेतु भारतीय राष्ट्रीय उपग्रह (इन्सेट) तथा संसाधनों के मानीटरिंग और प्रबन्ध हेतु भारतीय सुदूर संवेदन उपग्रह (आई. आर.एस) सम्मिलित है।

आई.आर.एस. उपग्रहों के प्रमोचन के लिए ध्रुवीय उपग्रह प्रमोचक रॉकेट (पी.एस.एल.वी.) का प्रयोग किया जाता है तथा अब निर्माणाधीन भू-तुल्यकाली उपग्रह प्रमोचक रॉकेट (जी.एस.एल.वी.) को इन्सेट श्रेणी के उपग्रहों के प्रमोचन हेतु निर्माण कर रहे हैं।

अन्तरिक्ष विज्ञान सम्बन्धी क्रियाकलापों में श्रोस उपग्रह और आई.आर. एस.-पी 3 उपग्रह शामिल हैं, जो एम.एस.टी. राडार जैसे अन्तर्राष्ट्रीय विज्ञान अभियानों और भू-प्रणालियों में भाग ले रहे हैं। इसरो सहयोगी व्यवस्था अनेक देशों और अन्तरिक्ष एजेन्सियों को आवृत्त करती हैं। इसरो अन्य देशों के कार्मिकों को अन्तरिक्ष के क्षेत्र में प्रशिक्षण प्रदान करता है।

व्यापारिक दृष्टि से भारतीय अंतरिक्ष अनुसंधान संगठन को हार्डवेयर

तथा सेवायें एन्ट्रिक्स कॉर्पोरेशन के माध्यम से उपलब्ध हैं। अन्तरिक्ष विभाग ने अन्तरिक्ष कार्यक्रम की क्रियान्वयन हेतु आवश्यक अवसंरचना और मानव शक्ति के साथ सुदृढ़ अनुसन्धान व विकास तथा तकनीकी आधार का प्रतिपादन किया है। अन्तरिक्ष विभाग के विभिन्न अन्तरिक्ष केन्द्र हैं जिनमें विक्रम साराभाई अन्तरिक्ष केन्द्र (वी.एस.एस.सी.), इसरो उपग्रह केन्द्र (आइजेक), शार केन्द्र, द्रव नोदन प्रणाली केन्द्र (एल.पी.एस.सी.), अन्तरिक्ष उपयोग केन्द्र (सैक), विकास तथा शैक्षिक संचार यूनिट (डेकू), इसरो दूरमिति, अनुवर्तन तथा आदेश नेटवर्क (इस्ट्रैक), इन्सेट मुख्य नियन्त्रण सुविधा (एम.सी.एफ.), इसरो जड़त्वीय प्रणाली यूनिट (आई.आई.एस.यू.), राष्ट्रीय सुदूर संवेदन एजेन्सी (एन. आर.एस.ए.), प्रादेशिक सुदूर संवेदन सेवा केन्द्र (आर.आर.एस.एस.सी.), भौतिक अनुसंधान प्रयोगशाला (पी.आर.एल.) तथा राष्ट्रीय मध्यमण्डल/समता मण्डल क्षोभ मण्डल राडार सुविधा (एन.एम.आर.एफ.) प्रमुख हैं–

देन

परमाणु ऊर्जा विभाग द्वारा अन्तरिक्ष शोध हेतु भारतीय राष्ट्रीय समिति (इन्कोस्पार) का निर्माण और थुम्बा भू-मध्यरेखीय रॉकेट प्रमोचन केन्द्र (टर्ल्स) की स्थापना का कार्य सन् 1962 से शुरू हुआ।

1963 थुम्बा भू-मध्यरेखीय रॉकेट प्रमोचन केन्द्र (टर्ल्स) से प्रथम परिज्ञापी रॉकेट का प्रमोचन (नवम्बर 21, सन् 1963)।

1965 थुम्बा में अन्तरिक्ष विज्ञान और तकनीकी केन्द्र (एस.एस.टी.सी.) की स्थापना।

1967 अहमदाबाद में उपग्रह दूर-संचार भू-केन्द्र का निर्माण।

1969 थुम्बा भू-मध्यरेखीय रॉकेट प्रमोचन केन्द्र (टर्ल्स), संयुक्त राष्ट्र संघ को समर्पित (फरवरी 2, सन् 1968)।

1972 अन्तरिक्ष विभाग और अन्तरिक्ष आयोग का निर्माण भारतीय अन्तरिक्ष अनुसन्धान संगठन (इसरो) का अन्तरिक्ष विभाग के तहत लाया गया। (जून 1, सन् 1972)।

1975 भारतीय अन्तरिक्ष अनुसन्धान संगठन (इसरो) का एक सरकारी संगठन का निर्माण (1 अप्रैल सन्, 1975)।

19 अप्रैल सन् 1975 को प्रथम भारतीय उपग्रह आर्यभट्ट का प्रमोचन किया गया।

सन् 1975-76 उपग्रह शैक्षिक दूरदर्शन परीक्षण (साइट) का आयोजन।

सन् 1977 उपग्रह दूर-संचार परीक्षण परियोजना (स्टेप) आयोजित की गई।

सन् 1980 उपग्रह प्रमोचन रॉकेट एस.एल.वी.-3 की द्वितीय प्रायोगिक उड़ान। 18 जुलाई सन् 1980 को रोहिणी उपग्रह की कक्षा में सफलतापूर्वक स्थापना की गयी।

सन् 1981 एस.एल.वी.-3 की प्रथम विकासात्मक उड़ान। 31 मई सन् 1981 को आर.एस.डी. उपग्रह कक्षा में स्थापित की गयी और इसी वर्ष 19 जून को एक प्रायोगिक भू-स्थायी संचार उपग्रह, एप्पल, को सफलतापूर्वक प्रमोचित किया गया। 20 नवम्बर सन् 1981 को भास्कर-11 उपग्रह का प्रमोचन किया गया। 10 अप्रैल सन् 1982 इन्सेट-1ए उपग्रह का प्रमोचन किया गया। 6, सितम्बर, सन् 1982 को इस निष्क्रिय बना दिया गया। सन् 1983 एस.एल.वी.-3 की द्वितीय विकासात्मक उड़ान 17 अप्रैल, सन् 1983 को आर. एस.डी.-2 उपग्रह कक्षा में स्थापित तथा इसी वर्ष 30 अगस्त को इन्सेट-1 बी उपग्रह का प्रमोचन किया गया। अप्रैल सन् 1984 भारत-सोवियत मानवयुक्त अन्तरिक्ष मिशन तथा सन् 1987 भारत-सोवियत मानवयुक्त अन्तरिक्ष मिशन किया गया। 17 मार्च सन् 1988 प्रथम प्रचालनात्मक भारतीय सुदूर संवेदन उपग्रह, आई.आर.एस. 1 ए का प्रमोचन तथा इसी वर्ष 21 जुलाई को इन्सेट-1 सी उपग्रह का प्रमोचन किया गया। तथा 13 जुलाई सन् 1988 को ए.एस.एल. वी. की श्रोस-2 सहित द्वितीय विकासात्मक उड़ान उपग्रह को कक्षा में स्थापित नहीं किया जा सका। नवम्बर 1989 में उपग्रह का निष्क्रिय किया गया।

12 जून सन् 1990 को इन्सेट-1 डी उपग्रह का प्रमोचन को कक्षा में स्थापित किया गया।

29 अगस्त सन् 1991 को द्वितीय प्रचालनात्मक सुदूर संवेदन उपग्रह, आई.आर.एस.-1 बी. को स्थापित किया गया।

20 मई सन् 1992 को ए.एल.एस.वी. की श्रोस-सी सहित तृतीय विकासात्मक उड़ान तथा इसी वर्ष 10 जुलाई को स्वदेशी रूप में निर्मित दूसरी पीढ़ी के इन्सेट-2 शृंखला के प्रथम उपग्रह, इन्सेट-2 ए का प्रमोचन किया गया।

23 जुलाई, 1993 को इन्सेट-2 शृंखला के द्वितीय उपग्रह, इन्सेट-2 बी का प्रमोचन किया गया और 20 सितम्बर सन् 1993 को पी.एस.एल.वी. की आई. आर.एस.-1 ई सहित प्रथम विकासात्मक उड़ान किया गया। उपग्रह कक्षा में स्थापित नहीं किया जा सका। 1994 ए.एस.एल.वी. की श्रोस-सी 2 सहित चतुर्थ विकाम्रात्मक उड़ान (मई 4, सन् 1994)। उपग्रह कक्षा में स्थापित। पी. एस.एल.वी. की आई.आर.एस. पी 2 सहित द्वितीय विकासात्मक उड़ान (अक्टूबर 15, सन् 1994)। उपग्रह ध्रुवीय सूर्य तुल्यकाली कक्षा में सफलतापूर्वक स्थापित।

1995 इन्सेट-2, शृंखला में तृतीय उपग्रह, इन्सेट-2 सी का प्रमोचन (दिसम्बर 7, सन् 1995)। तृतीय प्रचलनात्मक भारतीय सुदूर संवेदन उपग्रह (आई.आर.एस.-1 सी) का प्रमोचन (दिसम्बर 28, सन् 1995)।

1996 पी.एस.एल.वी. की आई.आर.एस.-पी-3 सहित तृतीय विकासात्मक उड़ान (मार्च 21, सन् 1996)। उपग्रह की ध्रुवीय सूर्य तुल्यकाली कक्षा में स्थापना।

1997 इन्सेट शृंखला में चतुर्थ उपग्रह इन्सेट-2 डी को प्रमोचित किया गया (जून 4, सन् 1997)। यह अक्टूबर 4, सन् 1997 को विफल हो गया। (एक कक्षीय उपग्रह अरबसेट-1 सी, जिसे हाल ही में इन्सेट-2 डीटी का नाम दिया गया है, को इन्सेट पद्धति के आंशिक संवर्धन हेतु नवम्बर 1997 में हासिल हुआ। आई.आर.एस.-1 डी सहित पी.एस.एल.वी. का प्रथम प्रचलानात्मक प्रमोचन (सितम्बर 29, सन् 1997)। उपग्रह कक्षा में स्थापित।

1998 अरबसेट से हासिल किए गए इन्सेट-2 डीटी की तैयारी के साथ इन्सेट पद्धति की क्षमता का विस्तार किया गया (जनवरी, सन् 1988)।

1999 इन्सेट-2 शृंखला में अन्तिम बहुउद्देशीय उपग्रह, इन्सेट-2 ई को एरियान प्रमोचक रॉकेट द्वारा कौरू, फ्रेंच गुयाना से प्रमोचित किया गया (अप्रैल 3, सन् 1999)। ध्रुवीय उपग्रह प्रमोचक किया गया (अप्रैल 3, सन् 1999)। ध्रुवीय उपग्रह प्रमोचक रॉकेट (पी.एस.एल.वी.-सी 2) द्वारा भारतीय सुदूर संवेदन उपग्रह, आई.आर.एस.-पी 4 (ओशनसेट) को कोरिया गणराज्य के किटसेट-3 उपग्रह तथा जर्मनी के डी.एल.आर.-टबसैट के साथ श्रीहरिकोटा से प्रमोचित किया गया (मई 26, सन् 1999)।

2000 इन्सेट-3बी, इन्सेट-3 शृंखला की तीसरी पीढ़ी के पहले उपग्रह को एरियान प्रमोचक रॉकेट द्वारा कौरू, फ्रेंच गुयाना से प्रमोचित किया गया (मार्च 22, सन् 2000)।

2001 जीसेट-1 प्रयोगात्मक उपग्रह के साथ भू-तुल्यकाली उपग्रह प्रमोचक रॉकेट (जी.एस.एल.वी.) की सफलतापूर्वक जाँच उड़ान (अप्रैल 18, सन् 2001)। भारत के टी.ई.एस., बेल्जियम के प्रोबा और जर्मनी के बर्ड-तीनों उपग्रहों को ध्रुवीय सूर्य-तुल्यकाली कक्षा में रखते हुए पी.एस.एल.वी.-सी 3 का सफलतापूर्वक प्रमोचन (अक्टूबर 22, सन् 2001) कौरू, फ्रेंच गुयाना से इन्सेट-3 सी का सफलापूर्वक प्रमोचन (जनवरी 24, सन् 2002)

दूरदर्शिता

अन्तरिक्ष संस्था का मुख्य प्रयोजन राष्ट्र की सम्पूर्ण उन्नति में मदद देने हेतु यह विज्ञान और तकनीकी का समन्वय और प्रयोग को बढ़ावा देना

कार्यक्रम

अन्तरिक्ष विभाग ने अन्तरिक्ष विज्ञान और अन्तरिक्ष तकनीक के उपयोग को विकसित करने एवं बढ़ावा देने के उद्देश्य से निम्नलिखित कार्यक्रमों को विकसित किया है।

अन्तरिक्षयानों को प्रमोचित करने के लिए स्वदेशी क्षमता के साथ प्रमोचन रॉकेट कार्यक्रम। दूर-संचार, प्रसारण, मौसम विज्ञान, विकास शिक्षा इत्यादि के लिए इन्सेट कार्यक्रम। कई उन्नतिशील उद्देश्यों हेतु उपग्रह प्रतिबिम्बन के उपयोग के लिए सुदूर संवेदन कार्यक्रम और राष्ट्रीय विकास हेतु अन्तरिक्ष विज्ञान एवं प्रौद्योगिकी का उपयोग करके लक्ष्य प्राप्त करने में सहायता हेतु इसमें अनुसन्धान एवं विकास।

अन्तरिक्ष विभाग को दी हुई सेवाएँ

अन्तरिक्ष विभाग इनको प्राप्त कराने के लिए निम्नांकित रूप में वचनबद्ध है—

देश की दूर-संचार सम्बन्धी ज़रूरतों को पूरा करने के लिए राष्ट्रीय अन्तरिक्ष अवसंरचना उपलब्ध कराना, मौसम पूर्वानुमान, मानीटरिंग इत्यादि के लिए आवश्यक उपग्रह सेवाएँ उपलब्ध कराना, देश की विकासात्मक और सुरक्षा

सम्बन्धी ज़रूरतों के लिए अपेक्षित उपग्रह प्रतिबिम्बिकी उपलब्ध कराना। केन्द्रीय सरकार, राज्य सरकार, अर्द्ध-सरकारी संगठन, गैर-सरकारी संगठन तथा निजी क्षेत्रों को विकासात्मक उद्देश्यों के लिए अन्तरिक्ष विज्ञान और प्रौद्योगिकी के उपयोग के लिए आवश्यक उपग्रह प्रतिबिम्ब की और निर्दिष्ट उत्पाद तथा सेवाएँ उपलब्ध कराना।

इसे विज्ञान एवं तकनीकी में शोध और उन्नति में या विकास में इस्तेमाल।

विदित प्रयोजनों का प्रचालनीकरण करते समय, अन्तरिक्ष विभाग आवश्यक प्रषानुकर और सुविधाओं को अपनी ही क्षमता और यदि ज़रूरत पड़े तो अतिरिक्त क्षमता को किराये पर लेकर उपलब्ध कराएगा। भारतीय उपग्रह प्रणाली को सार्वजनिक और निजी क्षेत्रों के लिए पंजीकृत करवाएगा। सभी प्रयोक्ता/ग्राहकों को अपने उत्पाद एवं सेवाएँ निष्ठा, दक्षता और रिश्वत लिए बिना उपलब्ध कराएगा।

सुदूर संवेदन आँकड़ा हेतु

राष्ट्रीय सुदूर संवेदन एजेन्सी, जोकि अन्तरिक्ष विभाग के अधीन एक स्वायत्त संस्थान है, प्रयोक्ता संस्थानों तथा प्रत्येक नागरिक द्वारा अपेक्षित उपग्रह आँकड़ा उत्पादों को निर्दिष्ट समय सीमा के अन्दर एन.आर.एस.ए. आँकड़ा केन्द्र के ज़रिए आपूर्ति करेगा।

8

ग्लोबल मीडिया एवं टेलीविजन रिपोर्टिंग

सूचना और समाचार ही एक ऐसा साधन (माध्यम) है जिसमें सुदूर इलाकों में रहने वाले मनुष्य समुदाय को आपस में जोड़ा जा सकता है। इसके लिए टेलीविजन सबसे उपयोगी साधन है। आज किसी भी बड़ी घटना, राजनीतिक उथल-पुथल, खेल, मौसम, विशिष्ट अवसर आदि के लिए दूरदर्शन के समाचार का सहारा लिया जाता है। दूरदर्शन समाचारों की यह विशेषता है कि बगैर शिक्षित व्यक्ति भी सूचनाओं को देखकर व सुनकर संतुष्ट हो जाता है। टेलीविजन रिपोर्टर को सच्चाई की परत दर परत की विवेचना करनी पड़ती है। टेलीविजन रिपोर्टर को हमेशा अपने कैमरे व वॉइस रिकॉर्डर (Voice Recorder) के साथ चौकन्ना रहना होता है। उसे अपने उपकरणों के इस्तेमाल में निष्णात होना चाहिए। साथ ही उसके पास ऐसे उपकरण हों जिससे दिन हो या रात, पास हो या दूर उसका समाचार कहीं भी छूटने न पाए। क्योंकि प्रेस हेतु रिपोर्टर घटना के बाद भी याददाश्त के आधार पर अपनी रिपोर्ट को लिख सकता है पर टेलीविजन का रिपोर्टर यदि घटना से चूक गया तो इस चूक (गलती) की दुबारा भरपायी नहीं हो पायेगी।

समाचार अवधारणा

कैमरा आपकी आंखों से देखता है और आपके मस्तिष्क की सोची हुई बात को अंकित करता जाता है। न्यूज को विजुअलाइज करते समय एक प्रखर

मस्तिष्क के साथ तकनीकी व वैचारिक समृद्धता आवश्यक है। दूरदर्शन समाचार तीन तरह से प्रभाव डालते हैं–

(1) आंख पर,

(2) कान पर,

(3) मन पर।

अतएव खबरों के संदर्भ में अपने विचारों की प्रस्तुति करते समय इन मुख्य बिन्दुओं पर विशेष रूप से ध्यान देना चाहिए। तकनीकी दृष्टि से यह कार्य भले ही जटिल हो पर विभिन्न कोणों से तालमेल बैठाने पर इसके बेहतर परिणाम सामने आते हैं। समाचार-संकलन से प्रस्तुति तक बहुधा ऐसा होता है कि समाचार नई करवट ले लेता है। ऐसे में न्यूज की परिकल्पना का सटीक होना आवश्यक है। आतंकवादी हमले, बाढ़, भूकम्प, रेल-विमान दुर्घटना आदि में इस प्रक्रिया की जरूरत बहुत प्रखरता से महसूस होती है। यदि समाचार दिया गया है कि भीषण दुर्घटना में 10 मरे और प्रसारण तक यह संख्या 100 तक पहुंचती है तो संयोजन व प्रस्तुति की यह एक भूल होगी। वैसे भी यह सर्वमान्य नियम है कि 'देखी हुई स्थिति' दर्शकों को लम्बे समय तक प्रभावित करती है। अतः न्यूज-विजुअलाइज करते समय इस तथ्य को दृष्टिगत रखें।

कुछ वर्षों पहले गुजरात में आए विध्वंसकारी भूकम्प ने व्यापक तबाही मचायी। मलबे में दबे एक मासूम के शव के समाचार की प्रस्तुति ने दर्शकों के मध्य न्यूज परिकल्पना के तथ्य को स्पष्ट किया और लोगों ने तन-मन-धन से भूकम्प प्रभावित लोगों को सहयोग दिया। आपदा के समय समाचार परिकल्पना व प्रस्तुति ही वह माध्यम होता है जिससे लोग एकजुट हो संघर्ष के लिए उठ खड़े होते हैं। न्यूज-विजुअलाइजेशन हेतु प्रमुख बिन्दु इस प्रकार हैं–

(1) प्रेरक, सकारात्मक, सांस्कृतिक, ऊर्जावान, मूल्यवर्द्धक समाचारों में न्यूज-विजुअलाइजेशन को प्राथमिकता मिले।

(2) तार्किकता व दृश्यता का सम्बन्ध सटीक हो।

(3) दृश्य को इस प्रखरता से कैमरे में कैद किया जाए ताकि सामान्य जनता सकारात्मक मूल्यों को ग्रहण कर सके।

(4) समाचार साधारण से लेकर अति-विशिष्ट तक के लिए होता है और उसके प्रभाव व्यापक होते हैं अतः यह दृष्टिकोण हमेशा ध्यान में रखना चाहिए।

(5) परिकल्पना व प्रस्तुति में आए परिवर्तनों का ध्यान रखा जाए।

समाचार ब्यूरो

प्रत्येक टी.वी. समाचार चैनलों को राष्ट्रीय-अंतराष्ट्रीय समाचारों को इकट्ठा करने के लिए समाचार ब्यूरो की जरूरत पड़ती है। ज्यादातर चैनलों ने अपने-अपने ब्यूरो राज्यों की राजधानियों में बनाए हुए हैं, लेकिन पूर्वोत्तर राज्यों को कवर करने के लिए एक ब्यूरो असम की राजधानी गुवाहाटी में स्थापित किया गया है। सन् 2010 के बाद समाचारों के ज्ञात करने के लिए रिपोर्टर (संवाददाता) को घटनास्थल पर भेजा जाता है। भारत के प्रमुख महानगरों में उदाहरणार्थ—दिल्ली, मुंबई, कोलकाता, बैंगलोर, चैन्नई इत्यादि में ही रिपोर्टर होते थे। लेकिन बाद में प्रतिस्पर्द्धा बढ़ने और कैमरों की कीमत घटने के कारण ब्यूरो कार्यालयों की संख्या में वृद्धि हुई। वर्तमान समय में समाचार चैनलों के ब्यूरो ना केवल राज्यों की राजधानियों में हैं, बल्कि किसी राज्य के अन्य बड़े शहरों में भी अलग से संवाददाता रखे हुए हैं।

समाचार का महत्व—समाचार ब्यूरो कार्यालयों की स्थापना में बहुत ही ज्यादा लागत आती है। लेकिन सबसे पहले नवीनतम समाचारों को इकट्ठा करने के लिए रिपोर्टरों की जरूरत होती है। इसी प्रतिस्पर्धा के कारण अब समाचार चैनल ब्यूरो ऑफिस के अलावा बड़ी संख्या में जिला मुख्यालयों पर भी अंशकालिक संवाददाता स्ट्रिंगर, नियुक्त कर रहे हैं। इन संवाददाताओं को किसी भी स्टोरी की सूचना एकत्रित करने से पहले मुख्यालय से अनुमति लेनी अनिवार्य है और प्रति स्टोरी ही इन लोगों को भुगतान होता है। ब्यूरो ऑफिस की सरंचना ब्यूरो प्रमुख, दो रिपोर्टर, दो कैमरा पर्सन, लाइट / आडियो, एडिटर, तकनीकी सहयोग, सहायक ओबी वैन।

कुछ समय पहले ब्यूरो कार्यलय में एक पत्रकार तथा एक कैमरा होता था लेकिन अब प्रांतीय राजधानियों के ब्यूरो, काफी विस्तार ले चुके हैं। किसी राज्य ब्यूरो में एक ब्यूरो प्रमुख, दो रिपोर्टर, कम से कम दो कैमरा टीमें, और सहयोगी कर्मचारी होते हैं। अब ये ब्यूरो केवल न्यूज कवरेज करने का ही काम नहीं करते, ये सभाओं का सीधा प्रसारण करते हैं। सैटेलाइट के माध्यम से सीधे मुख्यालय से जुड़े सभी ब्यूरो आफिस निरंतर खबरों की फीड भेजते रहते हैं। इस प्रकार के ब्यूरो में एक छोटा सा स्टूडियो होता है। इस स्टूडियो से संक्षिप्त वार्तालाप का सीधा प्रसारण दिखाया जाता है। अनेक ब्यूरो एडिटिंग सुविधा युक्त भी हैं

जिसकी मदद से अब शूट टेप या असंपादित विजुअल के स्थान पर एडिटिड न्यूज पैकेज मुख्यालय भेजे जाते हैं। जिसमें रिपोर्टर का ही वॉयस ओवर और स्क्रिप्ट होती है। इसका एक लाभ यह भी हुआ है कि मुख्यालय की टीम पर काम का दबाव अधिक हो गया है। ब्यूरो टेलीफोन, सैटेलाइट लिंक, फैक्स, ईमेल, आदि से सीधे मुख्यालय से जुड़े रहते हैं।

अनेकानेक चैनल बड़े-बड़े महानगरों में बड़े-बड़े स्टूडियो को स्थापित कर रहे हैं। इन ब्यूरो की संरचना एक छोटे समाचार चैनल की ही तरह है। हर प्रकार की प्रसारण सुविधाओं से सुसज्जित ये ब्यूरो दरअसल टेलीविजन समाचार चैनल के एक एक्सटैंशन के रूप में कार्य करते हैं। चैनल कई बुलेटिनों को सीधे प्रसारित करते हैं। एक छोटे स्टूडियो के अलावा मुंबई ब्यूरो में कई दर्जन पत्रकार दिन-रात काम करते हैं। बड़े चैनलों ने तो अपने रिपोर्टर दुनिया के प्रमुख देशों की राजधानियों में नियुक्त किये हुए हैं। इस संबंध में बी बी सी और सी एन एन का नेटवर्क दुनिया में सबसे बड़ा है। इंटरनेशनल कुछ भारतीय चैनलों ने भी लंदन और न्यूयार्क में अपने संवाददाता रखे हुए हैं। जब-जब कोई महत्वपूर्ण घटना अन्य देशों में घटित होती है, भारतीय चैनल अपने रिपोर्टर वहां कवरेज के लिए भेजते हैं। संयुक्त राष्ट्र सम्मेलन और क्रिकेट विश्व कप, इराक युद्ध, अफगानिस्तान के खिलाफ अमेरिकी हमले जैसी महत्वपूर्ण घटनाओं को कवर करने के लिए ज्यादातर भारतीय चैनलों ने अपने रिपोर्टर भेजे थे।

समाचार ब्यूरो की कार्यप्रणाली—भारत के सभी राज्यों की खबरों को प्रकाशित करने के लिए ब्यूरो को एकजुट होकर काम करना पड़ता है। भारत के अधिकांश राज्य इतने बड़े हैं कि उनमें एक स्थान से दूसरे स्थान तक जाने में ही दस घंटे लग सकते हैं। ऐसे में बहुत ही कम साधनों में पूरे राज्य को कवर करना दुरूह कार्य है। ब्यूरो प्रमुख सुबह सवेरे दिन भर घटित होने वाली घटनाओं की सूची पर विचार करता है और संपादकीय बैठक में पूरे दिन के काम का विभाजन कर दिया जाता है। दरअसल, एक दिन पहले ही अगले दिन की अपेक्षित घटनाओं की सूची तैयार कर ली जाती है। लेकिन समस्या तब आती है जब अनपेक्षित रूप से कोई घटना या दुर्घटना हो जाती है और वो राजधानी से बहुत दूर होती है। ऐसे अवसरों पर किसी एक रिपोर्टर को घटना स्थल पर फौरन भेजना पड़ता है। दूसरा रिपोर्टर राजधानी में ही अन्य जानकारी जुटाता है। उदाहरणस्वरूप मध्यप्रदेश के खंडवा में यदि कोई दुर्घटना हो जाती है, तो

राजधानी भोपाल स्थित ब्यूरो प्रमुख को चाहिए कि वो सबसे पहले खंडवा के समीप के रिपोर्टर को इसकी खबर दे। ऐसा भी हो सकता है कि खंडवा स्थित स्ट्रिंगर या इंदौर स्थित अन्य रिपोर्टर ने ही ये जानकारी भोपाल के ब्यूरो प्रमुख को दी हो। किसी भी बड़ी दुघर्टना को ब्यूरो प्रमुख और उनके सहयोगी तुरंत देखने के लिए घटना स्थल पर पहुँचते हैं। दुर्घटना की गंभीरता को देखते हुए यदि उसकी लाइव रिपोर्टिंग करने का फैसला किया जाता है तो ओ.बी. वैन को भी दुर्घटना स्थल की तरफ भेज दिया जाता है। एक अनुमान के अनुसार चैनलों पर प्रसारित राज्यों की खबरों का बड़ा हिस्सा राजधानियों से ही तैयार किया जाता है। राजधानी एवम् बड़े महानगरों को छोड़ कर अधिकतर सभी कस्बों या गांवों में जाते हैं जब वहाँ कोई बड़ी दुघर्टना घटती है।

समाचार ब्यूरो समाचारों को एकत्रित करने में प्रमुख भूमिका होती है एवम् साथ ही ये चैनल का मार्केटिंग का प्रतिनिधित्व भी करते हैं। ये लोग चैनल की विस्तृत जानकारी रखते हैं। इसके लिए मार्केटिंग विभाग समय-समय पर केबल ऑपरेटरों की बैठक कर उनसे तालमेल बनाये रखता है। विपणन विभाग उस राज्य में चैनल रखने के लिए विज्ञापन जुटाने का काम भी करता है। उनका काम राज्य में, चैनल की दर्शकता के बारे में उद्योगपतियों को बताकर उन्हें चैनल पर विज्ञापन दिखाने के लिए राजी करना होता है। प्रतिस्पर्द्धा के वर्तमान युग में मार्केटिंग कुछ हद तक चैनल की खबर नीति को भी प्रभावित करने लगी है। अतः पत्रकारों को इन मुद्‌दों पर विशेष ध्यान देना होता है। मार्केटिंग का व्यक्ति निरंतर राज्य में चैनल की लोकप्रियता को बनाये रखने के लिए नवीन सुझाव देता रहता है।

समाचार ब्यूरो रिपोर्टिंग के अतिरिक्त जिला मुख्यालयों में फैले स्ट्रिंगरों को भी दिशा-निर्देशित करता है। ये अंशकालिक संवाददाता समय-समय पर अपने स्टोरी आइडिया ब्यूरो में भेजते रहते हैं और स्टोरी आइडिया पसंद आने पर ब्यूरो प्रमुख स्ट्रिंगर को उसे शूट करने की अनुमति प्रदान कर देता है। कई बार ब्यूरो से भी अंशकालिक संवाददाताओं को स्टोरी विशेष कवर करने के निर्देश दिए जाते हैं। दरअसल राज्य ब्यूरो के जरिए समाचार चैनल पूरे प्रांत में अपने कारोबार को यथावत् रूप से चलाते हैं।

पीस टू कैमरा—कैमरे के सामने बोला गया कोई भी वक्तव्य जिसके

माध्यम से एंकर अथवा रिपोर्टर अपनी बात कहता है, उसे पीस टू कैमरा कहते हैं। पीटीसी टेलीविजन पत्रकारिता में इस्तेमाल होने वाले सबसे लोकप्रिय शब्दों में से एक है। हरेक नये रिपोर्टर की ये इच्छा रहती है कि वो भी कैमरे के सामने चैनल का लोगो लगा माईक हाथ में पकड़कर घटना स्थल से पीटीसी करे। प्रायः टेलीविजन रिपोर्टर पर्दे के पीछे रहकर दर्शकों तक अपनी रिपोर्ट भेजता है और दर्शक उसकी आवाज और नाम ही जान पाते हैं। किंतु विशेष अवसरों पर पीटीसी के जरिए रिपोटर दर्शकों से सीधा रूबरू होता है। दरअसल, समाचार पत्रों में जो महत्त्व बाईलाइन और एंकर स्टोरी का होता है वही स्थान टेलीविजन में पीटीसी वाली खबर का होता है। पीटीसी के प्रयोग का मतलब ही है कि या तो समाचार विशेष है या फिर वो एक्सक्लूसिव है।

खबरों की विश्वसनीयता

खबरों की प्रामाणकिता एवम् विश्वसनीयता बनाए रखने में पीटीसी प्रमुख भूमिका निभाता है। रिपोर्टर के घटना स्थल पर खड़े होकर पीटीसी करने से दर्शक को महसूस होता है कि रिपोर्ट किसी एजेंसी के विजुअल या स्टॉक विजुअल की मदद से ना बनाकर ताजा कवरेज से बनाई गई है और रिपोर्टर से जुड़ाव पैदा करने में मदद करता है। दर्शक रिपोर्टर विशेष की खास छवि अपने मन में बना लेता है। और उसी प्रकार उसकी रिपोर्ट को भी देखता है। पीटीसी के जरिए रिपोर्टर खबर के बारे में अपने विचार, संपादकीय टिप्पणी या कोई सवाल भी उठा पाता है। प्रायः रिपोर्टर क्या होगा ये तो आने वाला वक्त ही बताएगा या फिर सवालिया निशान तो लगा ही दिया है आदि वाक्यों से अपना पीटीसी खत्म करने की आदत बना लेते हैं। इस तरह की शब्दावलियों का प्रचलन बढ़ता जा रहा है।

ऐसा समझा जाता है कि पीटीसी का स्थान एक न्यूज पैकेज के अंत में ही होता है। हालांकि आज भी सबसे अधिक पीटीसी अंत में ही रखे जाते हैं, लेकिन इस बारे में कोई भी एक नियम नहीं बना सकता है। ये मुख्य रूप से रिपोर्टर की योजना एवम् समाचार की जरूरत पर निर्भर करता है। पीटीसी समाचार न्यूज पैकेज के आरंभ, मध्य और अंत किसी भी स्थान पर रखा जा सकता है।

प्रारंभ में पीटीसी : इस समय मैं कुख्यात डाकुओं के लिए मशहूर चंबल घाटी में खड़ा हूं, और मेरे पीछे आप जो जंगल देख रहे हैं, इनमें ....।

बीच में पीटीसी : रिपोर्ट के बीच में पीटीसी या तो दो टुकड़ों को जोड़ने का काम करता है इसलिए इसे ब्रिज पीटीसी भी कहा जाता है।

अंत में पीटीसी : प्रायः सभी घटनाओं का सार प्रस्तुत करने के संबंध में पीटीसी प्रमुख भूमिका निभाता है। अंत में होने के कारण रिपोर्टर इसमें अपनी टिप्पणी या राय भी देता है।

पीटीसी की पृष्ठभूमि

किसी भी समाचार की पृष्ठभूमि या वो माहौल जिसमें पीटीसी किया जाता है भी कहीं ना कहीं खबर का हिस्सा होता है। समाचार और पीटीसी के स्थान में सामंजस्य होना आवश्यक है। उदाहरण के लिए बर्फीली पहाड़ियों, दुर्घटना स्थल, युद्ध स्थल, आंदोलन की भीड़ आदि के विजुअल अगर पीटीसी कर रहे रिपोर्टर की पृष्ठभूमि में हों तो दर्शकों को महसूस होता है कि रिपोर्टर ने कितना जोखिम उठाते हुए रिपोर्ट बनाई है लेकिन ये सब नाटकीय होता है। अत्यधिक नाटकीयता का प्रयोग करना कई बार हास्यापद भी हो जाता है। उदाहरणार्थ पंच सितारा होटल में स्वीमिंग पूल या समुद्र तट की रिपोर्टिंग करते समय रिपोर्टर का अंडरवियर पहनकर पीटीसी करना कुछ समय के लिए रोचक भले ही लगे लेकिन दर्शक भी इसे अधिक पसंद नहीं करेंगे। रिपोर्टर को कुछ महत्वपूर्ण बातों का ध्यान रखना चाहिए कि समाचार की प्रस्तुति बेहद आकर्षक ढंग से हो। पीटीसी की प्रस्तुति दरअसल विषयानुरूप ही होनी चाहिए।

पीटीसी लेखन

पीटीसी के लिए एक अनुभवी समाचार ब्यूरो की आवश्यकता होती है क्योंकि समाचार मार्केटों में अनेक रिपोर्टर लगे हुए हैं जो बेहतर लेखन एवम् वाक् कला से दर्शकों को अपने शिकंजे में जकड़े रहते हैं। पीटीसी तैयार करते समय मुहावरे और प्रतीकों का प्रयोग पीटीसी को यादगार बना सकता है। अक्सर कुछ पत्रकार पीटीसी को एक भाषण मंच बना देते हैं, जबकि पीटीसी संक्षिप्त और छोटा होना चाहिए। एक सामान्य पीटीसी चार वाक्यों या चालीस से साठ शब्दों का होना चाहिए, क्योंकि रिपोर्टर का काम रिपोर्ट करना है फैसला सुनना नहीं इसलिए रिपोर्टर को विवादों और घटनाओं पर पीटीसी करते समय

अपने निर्णय सुनाने या सीधे टिप्पणी करने से बचना चाहिए। पीटीसी की भाषा और प्रस्तुति घटना का अनुभव होना चाहिए। जैसे दुखद घटना की खबर के बीच पीटीसी के दौरान रिपोर्टर की आवाज या चेहरे पर मुस्कान या अन्य लटके-झटके दिखना अश्लील लगेगा।

पीटीसी का प्रस्तुतीकरण—बेहतर पीटीसी लेखन के लिए उसका अत्यंत प्रभावशाली होना जरूरी है। अक्सर ड्रेस सेंस के अभाव में कुछ रिपोर्टरों के शब्द और भाव कम, उनकी पोशाक अधिक आकर्षण का केंद्र बन जाती है। ऐसा तब होता है जब रिपोर्टर तड़क-भड़क या चटक रंगों वाले कपड़ पहनते हैं। अजीब फैशन के कपड़ों से भी रिपोर्टर को बचना चाहिए। घटना स्थल और खबर से कपड़ों का तालमेल जरूरी है। कोट और टाई के साथ उड़ीसा में कालाहाड़ी के गांव की रिपोर्टिंग किसी को भी अटपटी लग सकती है। परिस्थिति के अनुसार स्वयं को सहज बनाए रखना प्रस्तुति को बेहद आकर्षक बना देता है। अक्सर कुछ रिपोर्टर पीटीसी करते समय जरूरत से ज्यादा शरीर के किसी भी अंग हो हिलाते हैं। चाहे सिर हिलाना हो या हाथों की स्थिति, सब कुछ व्यक्ति विशेष के साथ अलग-अलग रूप ले लेता है। लेकिन रिपोर्टर को इस दिशा में खुद को स्क्रीन पर देखकर कुछ सुधार भी करना पड़ता है। सुधार के लिए वरिष्ठ पत्रकारों की सलाह भी ली जा सकती है।

पीटीसी का तकनीकी पक्ष—प्रायः दर्शकगण टेलीविजन चैनलों पर वही देख पाते हैं जो उन्हें कैमरा मैन रिपोर्टर दिखाना चाहता है। पहले पीटीसी के दौरान अक्सर स्थिर क्लोज अप या मिड शॉट बनाया जाता है लेकिन आजकल रिपोर्टर पीटीसी फिल्माने में भी नये प्रयोग कर रहे हैं। पीटीसी में जूम इन और जूम आउट शॉट्स का भी खूब इस्तेमाल चल पड़ा है। पीटीसी चल कर भी बोला जा सकता है। कोशिश यही रहे कि किस तरह से पीटीसी को अधिक रोचक बनाया जाए। लंबा पीटीसी होने की स्थिति में कैमरा आसपास की किसी प्रासंगिक चीज पर भी कुछ समय के लिए फोकस किया जा सकता है। आजकल टी.वी. चैनल समाचार चैनलों पर पीटीसी का प्रयोग बढ़ता ही जा रहा है। यूं तो कोई संख्या निर्धारित कर पाना कठिन है लेकिन पीटीसी की अधिकता आखिरकार इसके महत्व को कम कर देती है। इसलिए बेहतर होगा कि पीटीसी को विशेष रपटों के लिए ही सुरक्षित रखा जाए और इसे एक आम बात ना बनने दिया जाए।

वॉक्स पॉप—प्रायः समाचार टी.वी. चैनलों पर जन माध्यमों की आलोचना यह कह कर कि टेलीविजन जैसे माध्यम समाज के कुछ साधन सम्पन्न लोगों द्वारा आम व्यक्तियों के लिए चलाये जाने वाले माध्यम हैं। रेडियो श्रोताओं के पत्र और उनकी मांगों को सुनते हैं। वहीं समाचार चैनल आम लोगों की आवाज को कैमरे में रिकार्ड करके टेलीविजन पर दिखाते हैं। उस पर आम आदमी की क्या धारणा है। उदाहरण के लिये बजट पारित होने के तुरंत बाद उस बारे में लोगों की क्या प्रतिक्रिया है या वो इस बारे में क्या सोचते हैं ये अपने आप में एक खबर है क्योंकि इसका सीधा असर उन पर पड़ने वाला है। इसके अतिरिक्त किसी बड़े देश के राष्ट्रपति की भारत यात्रा के बारे में आम राय को खबर में दिखाया जा सकता है।

वॉक्स पॉप का अर्थ—इसका अर्थ किसी घटना विशेषकर आम आदमी (जन) की राय जानना है और फिर उनको एक साथ संपादित करके दिखाया जाता है। ये एक प्रकार का छोटा सा जनमत सर्वेक्षण ही है। जैसे चुनाव के दौरान आम लोगों की नेताओं से क्या उम्मीदे हैं। इस बारे में अलग-अलग सामाजिक, सांस्कृतिक और आर्थिक पृष्ठभूमि के लोगों से राय ली जा सकती है।

सूचना का महत्व

भारत लोकतंत्र प्रधान देश है जिसमें मीडिया की अहम् भूमिका है। टेलीविजन अपने दर्शकों को कार्यक्रमों में अधिकाधिक शामिल कर रहा है। आम दर्शक जब देखते हैं कि उन जैसे लोगों को भी टेलीविजन पर दिखाया जा रहा है तो उनका चैनल से लगाव बढ़ जाता है। 'आज तक' ने इसे अपना मूल उद्देश्य बनाया। ज्यादातर वॉक्स पॉप आम लोगों को टेलीविजन समाचार में शामिल करने का बेहतरीन तरीका है। अनेक बार जटिल राष्ट्रीय मसलों पर साधारण लोग बहुत ही सरल लेकिन असाधारण सी सटीक टिप्पणी कर देते हैं। उदाहरणार्थ मंदिर मसले पर अगर कोई बूढ़ी औरत सरल तरीके से कहे कि पूजा तो हम घर में मंदिर बनाकर कर लेंगे लेकिन बेटे की पढ़ाई और रोजगार समस्या का क्या करें। तो ये बहुत ही सटीक एवं उपयोगी टिप्पणी होगी।

अच्छे वॉक्स पॉप के नियम

1 सवाल सीधे, सपाट और छोटे पूछें ताकि साफ प्रतिक्रिया मिले।

2. सबसे सवाल एक जैसे ही पूछें जिससे एडिटिंग में सुविधा हो।
3. सभी तबकों, उम्र, लिंग, वर्गों के लोगों को महत्व दिया जाए।
4. पक्ष-विपक्ष दोनों तरह के विचारों को प्रतिनिधित्व दिया जाए।
5. आवश्यकता से अधिक व्यक्तियों को वॉक्स पॉप में नहीं बढ़ाया जाए।
6. अगर उत्तर संतोषजनक नहीं मिल रहे हैं तो अपने प्रश्न में सुधार करें।
7. तकनीकी तौर पर अलग-अलग कैमरा एंगल से इंटरव्यू रिकार्ड करें।
8. प्रश्न पहले ना बताएं इससे उत्तर की स्वाभाविकता मर जाती है।
9. संपादन में बाईट का चुनाव रोचकता और संक्षिप्तता के आधार पर करें।

सीधा प्रसारण

टेलीविजन पत्रकारिता में उपग्रह प्रसारण और डिजिटल क्रांति ने इसका स्वरूप बिलकुल ही बदल डाला है। किसी भी समाचार को तत्काल दर्शकों तक पहुंचाने में पहले काफी मुश्किल आती थीं। सबसे बड़ी समस्या तो शूट किये गये विजुअल को प्रसारण के लिए चैनल आफिस में पहुंचाने में आती थी। इसके लिए पहले वीडियो टेप को सभी शहरों से विमान के जरिये दिल्ली मुख्य कार्यालय में भेजा जाता था। इस प्रकार किसी भी समाचार की विजुअल शाम के बुलेटिन में ही दिखा पाते थे। हालांकि 80 के दशक से दूरदर्शन के पास सीमित संख्या में स्थलीय प्रसारण के लिए आउट स्टेशन वैन हैं। परंतु दूरदर्शन भी सीधा प्रसारण केवल महत्वपूर्ण अवसरों पर ही करता है। उदाहरणार्थ गणतंत्र दिवस परेड, संसदीय चुनाव, केन्द्रीय मंत्रिमंडल का शपथ समारोह, किसी विशिष्ट व्यक्ति का अंतिम संस्कार आदि।

जब 1990 के दशक में 24 घंटे के खबरिया चैनल प्रारंभ किए गए तो अनेक चैनलों के लिए आवश्यक हो गया था कि वे थोड़े-थोड़े अंतराल पर समाचार दिखायें। अब दर्शक दिन भर के समाचार शाम को देखने के बजाय उसी समय देखना चाहने लगे जब वे घटित हो रहे थे। सन् 1999 के आम चुनाव में पहली बार समाचार चैनलों ने अपने ब्यूरो आफिसों को सैटेलाइट के जरिये मुख्य

कार्यालय दिल्ली से जोड़ दिया। वी सेट की सहायता से अब सभी ब्यूरो रिपोर्टर न केवल तत्काल रिपोर्ट भेज सकते थे बल्कि अपने स्टूडियो में बैठकर चर्चा, विमर्श का भी सीधा प्रसारण सैटेलाइट से कर सकते थे। इसके अतिरिक्त चैनलों ने अपने ओ.बी. वैनों की संख्या भी अधिक हो गयी है। चैनलों में सबसे तेज गति से समाचारों को प्रसारित करने की होड़ लग गई, जिससे सीधा प्रसारण रिपोर्टिंग का चलन बढ़ गया। टीआरपी के दवाब को देखते हुए 'आज तक' चैनल ने छोटी-से-छोटी घटनाओं का सीधा प्रसारण कर रहा है। उसके रिपोर्टर भी घटनास्थल से अधिकाधिक सीधा समाचार विश्लेषण करने लगे। इससे दूसरे चैनलों में भी प्रतिस्पर्धा की होड़ मच गयी।

सीधा प्रसारण की प्रौद्योगिकी—अनेक टी.वी. चैनल सीधा प्रसारण करने के लिए ओ.बी. वैन का इस्तेमाल करते हैं जो आधुनिक उपकरणों से सुसज्जित है। एक या दो कैमरे जिनके आउटपुट को एक विशेष फ्रिक्वेन्सी की तरंगों में तब्दील कर वाहन की छत पर स्थापित डिश एंटिना की मदद से उपग्रह की तरफ भेज देता है। जहाँ उसके बाद इन सिग्नलों को उपग्रह मुख्य कार्यालय के डिश एंटीना को भेज देता है, दोबारा इन्हें वीडियो टेप पर विजुअल में बदलकर रिकार्ड कर लिया जाता है। या फिर दर्शकों के लिए सीधा प्रसारित कर लिया जाता है।

समाचारों में सीधे प्रसारण का महत्व—किसी घटना का सीधा प्रसारण तभी किया जाता है जब कोई महत्वपूर्ण घटना होती है और दर्शक उसे पसंद करते हैं। लाईव प्रसारण का फैसला समाचार चैनल के वरिष्ठ लोग करते हैं, लेकिन अधिकांश ये फैसले अन्य चैनलों से प्रतिस्पर्द्धा में लिये जाते हैं। सीधा प्रसारण केवल उन्हीं घटनाओं का सफल हो पाता है जिन समाचारों में विजुअल घटनाक्रम ऐसा है, जिसे दर्शक लगातार देख पायें। कई ऐसे अवसर आते हैं जब समाचार चैनलों के पास आकर्षक दृश्य नहीं होता है। जैसे गणतंत्र दिवस के मौके पर परेड और अन्य सांस्कृतिक झलकियाँ काफी रोचकता लिये होती हैं जो निरंतर दर्शकों को बांधे रखती हैं। जबकि सन् 1999 में अनेक चैनलों ने आकाश में तारे टूटने की अभूतपूर्व खगोलीय घटना का सीधा प्रसारण करने का फैसला किया। वैज्ञानिकों ने घोषणा की थी कि आकाश में तारे टूटने की इस घटना से आतिशबाजी जैसा नजारा प्रस्तुत होगा। लेकिन भारत के

आकाश में इस तरह का कोई दृश्य दिखाई नहीं दिया। टेलीविजन कैमरे आकाश में टेलीजूम करते रहे और उनका सीधा प्रसारण बीच में ही रोकना पड़ा।

जब भारत के तत्कालीन प्रधानमंत्री अटल बिहारी वाजपेयी एवम् परवेज मुर्शरफ के बीच आगरा वार्ता प्रारंभ हुई थी तो ठीक यही घटना घटी थी। सभी चैनलों ने आगरा में डेरा डाल दिया, जबकि जगजाहिर बात थी कि यह वार्ता बंद कमरे में होगी। संकट तो तब पैदा हुआ जब वार्ता के बाद दोनों नेताओं ने पत्रकारों के समक्ष कोई औपचारिक घोषणा नहीं की। अब सीधे प्रसारण में क्या दिखाया जाए। ज्यादातर चैनलों ने दोनों नेताओं के थोड़े बहुत से उपलब्ध विजुअलों की मदद से उनकी बॉडी लैंग्वेज का विश्लेषण करना शुरू कर दिया और मुर्शरफ की चाय पार्टी के प्रसारण को लेकर काफी विवाद भी पैदा हो गया। अंततः आगरा वार्ता के दौरान चैनलों की अति उत्साही भूमिका की आलोचना की गई।

प्रायः ऐसा होता है कि जब सभी समाचार चैनल समाचार लेने के लिए आपस में प्रतियोगिता करने लगते हैं जिसके परिणामस्वरूप काफी गलतियाँ हो जाती हैं। यह उनकी अनुभवहीनता को भी दर्शाता है। किसी घटना के सीधे प्रसारण के फैसले से हम दूसरे अर्थों में उस समाचार को अत्यधिक महत्व भी प्रदान करते हैं। लाईव प्रसारण के पहले उसके समाचार मूल्य के बारे में भली भांति विचार कर लिया जाना चाहिए। एक चैनल ने मध्यप्रदेश के एक ऐसे व्यक्ति का लाईव प्रसारण दिखाना शुरू कर दिया था जिसने यह घोषणा की थी कि ज्योतिष के मुताबिक उसकी मौत उसके जन्मदिन के मौके पर निर्धारित समय पर होगी। इसका अनुसरण करते हुए ज्यादातर समाचार चैनल इस बेवकूफी भरी घटना के लाईव प्रसारण में कूद पड़े और अंत में वह व्यक्ति यह कहकर वापस घर चला गया कि शायद उसकी पत्नी के पूजा पाठ के कारण उसकी मौत टल गई। लेकिन इस पूरे घटनाक्रम के दौरान चैनलों ने आपसी होड़ में बहुत ही गैर जिम्मेदाराना रवैया अपनाया। उन्होंने अवैज्ञानिक बातों को समाज में फैलाने में अप्रत्यक्ष योगदान किया।

सीधी रिपोर्टिंग के नियम

जब रिपोर्टरों द्वारा सीधा प्रसारण किया जाता है उनकी भूमिका दो प्रकार

की हो जाती है। पहली, घटना के विजुअल की व्याख्या करना और दूसरी, उसका विश्लेषण करना। गुजरात के अक्षरधाम मंदिर में छिपे आतंकवादियों से जब कमांडो जूझ रह थे तो समाचार चैनल उसके सीधा प्रसारण में व्यस्त थे। इस तरह की घटना के दौरान कैमरा पर्सन लगातार घटनाओं को दिखाते रहते हैं और रिपोर्टर माइक संभाले घटनाओं को देखकर उनकी व्याख्या करते रहते हैं। वे ऐसी जानकारियाँ दर्शकों को देते हैं जो उन चित्रों में नहीं होतीं। जैसे आतंकवादी हमला कब हुआ? आज का कमांडो ऑपरेशन कितनी देर से चल रहा है? कितने आतंकवादी अंदर हैं? कमांडो को कितनी सफलता प्राप्त हुई है?

इस दौरान रिपोर्टर घटनास्थल या ब्यूरो आफिस की छत पर खड़ा होकर समाचार विशेष के बारे में अपनी राय और विश्लेषण प्रस्तुत करते हैं। वर्तमान में इस प्रकार के विंडो चैट लगभग सभी चैनलों में सामान्य बन चुकी है। दर्शकों के लिये ये खिड़कीबाजी काफी रोचक और नाटकीय होती है। चैनल इस तरह के सीधे वार्तालाप से अपनी तकनीकी योग्यता का भी परिचय देते हैं। चुनावों के दौरान अनेक बार स्टूडियो में बैठे एंकर देश भर के दस-बारह रिपोर्टरों से एक साथ भी चैट करते हैं। यह सब सैटेलाईट टेक्नोलॉजी की देन है।

किसी घटना का लाइव प्रसारण करने के लिए रिपोर्टर के पास पर्याप्त अनुभव होना चाहिए। सीधे प्रसारण के दौरान गलतियों को ठीक करने का मौका नहीं मिल पाता, इसलिए संवाददाता के लिये यह आवश्यक है कि वह सधी हुई भाषा से सटीक बात कहे। घटनाक्रम की प्राप्त जानकारियाँ पहले से जुटा लेना, घटना की पृष्ठभूमि का अध्ययन करना और घटना की मन में पूरी पड़ताल कर लेना ऐसी बातें हैं जिनका विशेष ध्यान रखना चाहिए। जरूरी सूचनाओं के साथ-साथ उन्हें प्रकट करते समय उपयुक्त हाव-भाव भी दिखाना चाहिए। प्रायः सीधे प्रसारण के दौरान रिपोर्टर से अपेक्षा की जाती है कि वह संबंधित विषय पर कम सूचनायें प्राप्त होने के बावजूद धाराप्रवाह बोलता रहे। ऐसा तभी संभव है जब रिपोर्टर के जेहन में पूरे घटनाक्रम की तस्वीर साफ हो। तभी वह समाचार के बारे में अतीत, वर्तमान और भविष्य के पहलुओं को मिलाकर न केवल सूचनाएँ प्रस्तुत कर पायेगा जबकि उनका समुचित विश्लेषण भी कर सकेगा।

संभवतः सीधा प्रसारण करना एक चुनौती होती है। लाईव रिपोर्टिंग के दौरान कुछ समस्यायें तकनीकी भी होती हैं। जैसे ऑडियो लिंक टूट जाना या

फिर ट्रांसमिशन डिले के कारण एंकर और रिपोर्टर के बीच बातचीत में व्यवधान उत्पन्न होना। सामान्यतः रिपोर्टर को पहले से समझा दिया जाता है कि उसे स्टूडियो से एंकर का प्रश्न कुछ सैकेंड देरी से सुनाई देगा, तब तक वह इंतजार करते हुए कैमरे के सामने गर्दन हिलाकर दर्शकों को यह महसूस नहीं होने देगा कि उसे कुछ सुनाई नहीं दे रहा है।

फोनो समाचार

सभी टी.वी. पत्रकारों की कोशिश रहती है कि समाचार को दर्शकों के समझ जल्द से जल्द पहुँचा दिया जाए। इस कोशिश में चैनल हरसंभव तकनीक का सहारा लेते हैं। टेलीफोन विशेषकर मोबाइल फोन एक कारगर माध्यम है जिससे पत्रकार दर्शकों तक सरलता से ताजा सूचनायें पहुंचाता है। टेलीविजन न्यूज फार्मेट के रूप में भी फोनो रिपोर्ट ने एक विशेष स्थान बना लिया है। जैसे ही समाचार घटित होता है रिपोर्टर आसपास से सूचनाएं एकत्रित करके फोनो रिपोर्ट हेड आफिस भेजता है। तुरंत विजुअल शूट करके उन्हें भेजना संभव नहीं होता इसलिए आरंभ के समाचारों में फोनो रिपोर्ट का ही उपयोग किया जाता है।

अगर इटारसी के नजदीक रेल दुर्घटना हो जाए तो भोपाल ब्यूरो के रिपोर्टर को इटारसी तक पहुंचने, घटना शूट करने और विजुअल भेजने में काफी समय लगेगा। लेकिन समाचारों का प्रसारण तो लगातार चौबीस घंटे चलता रहता है। ऐसे में यह उपयुक्त होगा कि जैसे ही घटना की जानकारी रिपोर्टर को मिलती है। वह भोपाल में ही फोन से रेलवे अफसरों से जानकारी बटोरकर फोनो के माध्यम से रिपोर्ट मुख्य कार्यालय भेज देता है। विस्तार से रिपोर्ट वह घटनास्थल पर पहुंचकर ही दे सकता है।

वास्तव में आजकल मोबाइल फोन इतने सस्ते हो गए हैं कि इसका प्रयोग बिना किसी परेशानी के साथ हर स्थान से किया जा सकता है। इसके जरिये ठीक उसी समय घटित हो रहे समाचारों को भी दर्शकों तक पहुंचाया जा सकता है। बस इसकी एक ही सीमा है वह है इसका विजुअल उपलब्ध करा देना। लेकिन कैमरा फोन भी अब बाजार में उपलब्ध हो गये हैं। शीघ्र ही पत्रकार कम गुणवत्ता के ही सही लेकिन कुछ विजुअल क्लिप कैमरा मोबाइल के माध्यम से अपने मुख्य कार्यालय भेज सकेंगे और दर्शक उसे अपने टेलीविजन स्क्रीन पर देख सकेंगे।

ज्यादातर टी.वी. चैनल देर रात तक फोनो की सहायता से संवाददाता से खबर लेते रहते हैं, क्योंकि विजुअल पैकेज तो दिन भर की घटनाओं को ही कवर कर पाते हैं और वे थोड़े पुराने भी पड़ जाते हैं। ऐसे में एंकर कहता है—आइये, इस बारे में ताजा जानकारी के लिए हम अपने रिपोर्टर के पास चलते हैं, जो इस समय मौजूद हैं ......। परंतु अनेक बार रिपोर्टर के अलावा समाचार से संबंधित किसी व्यक्ति का इंटरव्यू भी फोन की मदद से लिया जाता है। उदाहरणार्थ—जम्मू कश्मीर के उरी इलाके के एक सेना कैम्प में यदि बम विस्फोट हो जाता है तो जम्मू स्थित रिपोर्टर को वहां पहुँचने में विलम्ब हो सकता है। किंतु दिल्ली हैड ऑफिस से भी उरी क्षेत्र के किसी सेना अधिकारी को फोन पर जानकारी देने के लिये राजी कर लिया जाये तो संबंधित घटना का ब्यौरा शीघ्र मिल सकता है और उस फोन इंटरव्यू को बुलेटिन के प्रसारण के लिए सुरक्षित रिकार्ड कर लिया जाता है।

फोनो समाचार के प्रकार—सम्भवतः फोनो रिपोर्ट दो प्रकार के होते हैं: 1. रिकार्डेड 2. लाइव। पहली बार कोशिश रहती है कि एंकर के सवालों का जवाब रिपोर्टर या अन्य व्यक्ति लाइव दे और इस दौरान बातचीत को सीधा प्रसारित किया जाता है। लेकिन अनेक बार रिपोर्टर या अन्य व्यक्ति समय पर उपलब्ध नहीं हो पाता या फिर उस समय कोई अन्य कार्यक्रम चल रहा होता है जिसे बीच में रोकना संभव नहीं होता। ऐसे अवसरों पर फोनो को रिकार्ड करके अगले बुलेटिन में प्रसारित कर दिया जाता है।

खबरों में फोनों का महत्व—वर्तमान बदलते हुए परिवेश में खबरों में फोनो भी महत्वपूर्ण होता जा रहा है। उदाहरण के लिए यदि किसी महत्वपूर्ण मुद्दे पर कैबिनेट की बैठक चल रही हो और सभी रिपोर्टर बैठक समाप्त होने का इंतजार कर रहे हों। इस बीच बैठक में लिये गये निर्णयों की जानकारी पत्रकारों को आंशिक रूप से मिलती रहती है, जबकि इस स्टोरी में कोई विजुअल परिवर्तन नहीं होता। ऐसे अवसर पर रिपोर्टर फोनो रिपोर्ट की सहायता से दर्शकों को जानकारी उपलब्ध कर सकते हैं।

जब कोई व्यक्ति दूरस्थ स्थान पर हो तो उससे साक्षात्कार फोन द्वारा किया जा सकता है। जहां केवल एक बाईट के लिए रिपोर्टर का जाना काफी महंगा साबित हो। ऐसे मौकों पर फोन से ही उसकी बाईट ली जाती है।

प्रेस कान्फ्रेस बुलाकर किसी महत्वपूर्ण व्यक्ति का फोन द्वारा साक्षात्कार लेना ज्यादा लाभदायक होता है। सीधे प्रसारण के लिए ओ.बी.वैन का उपयोग किया जाता है जिसमें आडियो और विजुअल दोनों सुविधायें उपलब्ध होती हैं। जबकि मोबाइल फोन से बिना अधिक झंझट के केवल आडियो लाईव किया जा सकता है।

फोनो समाचार के नियम—कभी-कभी कतिपय पत्रकार रिपोर्ट भेजने से पहले रिपोर्ट को पहले से ही लिख लेते हैं एवं उस रिपोर्ट को पढ़कर बताते हैं। लाख कोशिशों के बावजूद दर्शक समझ ही जाता है कि रिपोर्टर कहीं से पढ़कर बोल रहा है। इस प्रकार पढ़कर बोलना सुनने में सहज भी नहीं लगता। बेहतर होगा कि रिपोर्टर सारी घटना को समझकर उसके बारे में स्वतः स्फूर्त बोले। रिपोर्ट में अत्यधिक आंकड़े हों तो मदद के लिए उन्हें एक नोट बुक में लिखा जा सकता है। प्रायः रिपोर्टर समाचार से जुड़ी हुई तिथियाँ, संख्यायें, नाम आदि नोट करके अपने सामने रखता है। एक जीवन्त फोनो रिपोर्ट के लिए आवश्यक है कि रिपोर्टर के पास घटना संबंधी पूरी जानकारी हो। प्रायः स्टूडियो से विश्लेषणात्मक या वैचारिक प्रश्न भी पूछे जाते हैं, उसके लिए भी रिपोर्टर को तैयार रहना चाहिए।

बेहतर फोनो रिपोर्ट की विशेषता होती है कि वह संक्षिप्त होती है। गैर जरूरी जानकारियों को अपनी रिपोर्ट में शामिल नहीं करना चाहिए। अन्यथा आप दर्शकों को बोर करेंगे। स्टूडियो से जो भी सवाल पूछे जायें उनका सीधा और साफ उत्तर दिया जाना चाहिए। कुछ रिपोर्टर बोलते समय अटकते हैं या कुछ विशेष शब्दों और अभिव्यक्तियों का प्रयोग बार-बार करते हैं, जो दर्शकों को काफी अखरता है।

बाईट चयन—अधिकांश टी.वी. समाचारों में बाईट अत्यन्त महत्वपूर्ण होते हैं। टेलीविजन पत्रकार अक्सर एक छोटी बाईट की तलाश में रहते हैं। ऐसी बाईट कुछ नया बोला गया हो और जो एक्सक्लूजिव हो। एक बार उपयोगी सिद्ध बाईट मिल जाए कि टेलीविजन समाचार तैयार समझो क्योंकि विजुअल तो पुराने भी लगाये जा सकते हैं। कीमती बाईट हासिल करने के साथ-साथ यह भी आवश्यक है कि पत्रकार को उसका सही रूप में उपयुक्त स्थान पर प्रयोग भी करना आता हो। समुचित विषयों में उपयुक्त बाईट के इस्तेमाल के लिए आवश्यक है कि पत्रकार को बाईट का सही चुनाव करना आता हो।

बाईट का अर्थ

किसी घटना की जानकारी लेने के लिए किसी व्यक्ति का साक्षात्कार लिया जाए तो उसे बाईट कहते हैं। सामान्यतः इसमें पत्रकार चार-पांच सवाल पूछता है और इसके लिए ज्यादा औपचारिक तैयारी नहीं की जाती। इसमें पत्रकार का उद्देश्य उस व्यक्ति के विचारों से अवगत होना होता है। जैसे एक रेल दुर्घटना के बाद पत्रकार रेल मंत्री से दो-तीन सवाल करता है कि दुर्घटना के पीछे क्या कारण हो सकते हैं या फिर मृतकों के परिवारजनों और घायलों को कितना मुआवजा दिया जाएगा आदि।

न्यूज पैकेज टी.वी. समाचार चैनल बाईट के माध्यम से बनाते हैं। अगर इस संदर्भ में प्रिंट मीडिया से तुलना की जाए तो इसका काम थोड़ा आसान होता है। वे अनेक बार फोन पर भी संबंधित व्यक्ति से उनके विचार या प्रतिक्रिया लेकर छाप देते हैं। लेकिन टेलीविजन के पत्रकार को उस समय आदमी से समय लेना पड़ता है और फिर कैमरा टीम लेकर उसकी बाईट लेने जाना पड़ता है। टी.वी. में हम समाचार पत्र की तरह ये नहीं कह सकते हैं कि उन्होंने कहा या बताया ....। बल्कि हमें उन्हें कैमरे पर बोलते हुए दिखाना पड़ता है। कुल मिलाकर टेलीविजन रिपोर्टिंग बाईट लेने के इर्द-गिर्द घूमती रहती है। इसलिये बाकी-कभी इसे बाईट भी कहा जाता है किसी नेता या व्यक्ति की एक्सक्लूसिव बाईट जुटा लेना रिपोर्टर के लिए बहुत ही उपयोगी तथ्य है।

बाईट का महत्व—बाईट किसी भी समाचार की विश्वसनीयता को बढ़ाता है। किसी व्यक्ति ने क्या कहा है ये केवल वॉट्स ओवर में बताने के स्थान पर उक्त व्यक्ति को कैमरे के सामने वह सब बोलते हुये दिखाया जाना चाहिए। अनेकों बार ऐसा होता है कि संबंधित व्यक्ति उपलब्ध नहीं होता तो उससे फोन पर बाईट ले ली जाती है और दर्शकों को सामने सीधा प्रसारण कर दिया जाता है। फिर उसकी कही हुई बात वाइस ओवर में बता दी जाती है। किंतु कई अवसरों पर व्यक्ति बाईट देने से मना कर देता है। ऐसी स्थिति में रिपोर्टर अपनी रिपोर्ट में ही इस बात का उल्लेख कर देता है। मना करने के बारे में रिपोर्टर को अगर पहले से ही अनुमान हो जाये तो रिपोर्टर छुपे हुए कैमरे या पहले से कैमरे का रिकार्डिंग बटन ऑन करके संबंधित व्यक्ति से मिलने चले जाते हैं और उसका मना करना या झुंझलाना भी दर्शकों के सामने प्रस्तुत कर देते हैं।

टेलीविजन समाचारों में दृश्यों के अतिरिक्त बाईट भी संतुलन बनाने का एक प्रमुख माध्यम होती है। एक समाचार से जुड़े सभी पक्षों को सामने लाने के लिए पत्रकार सभी पक्षों की बाईट को अपनी रिपोर्ट में शामिल करता है। जैसे एक डॉक्टर के अपहरण के विरोध में शहर भर के डॉक्टर हड़ताल पर चले जाते हैं। अब इस खबर में अपहृत डॉक्टर के परिवारजन, हड़ताली डॉक्टरों के अलावा हड़ताल से बेहाल मरीजों और सरकार के पक्ष को भी बाईट के रूप में दिखाना जरूरी होता है।

टेलीविजन समाचार चैनल किसी घटना को दिखाते हुए उस घटना के संदर्भ में अपना दृष्टिकोण अवश्य देते हैं। इस संदर्भ में दो बातें अति महत्वपूर्ण हैं—पहली, बाईट के लिए किस व्यक्ति का चयन किया जाता है और दूसरी उसकी कही हुई बातों में से किस कथन को पत्रकार अपनी खबर में किस क्रम एवं अर्थ में प्रयोग करता है। उदाहरणस्वरूप आरक्षण विरोधी आन्दोलन के कवरेज के दौरान यह देखा गया कि कुछ चैनलों ने इस विषय पर आन्दोलनकारी डॉक्टरों की तो बाईट ली लेकिन मरीजों, आरक्षण के पक्षधर डॉक्टरों और संगठनों की बाईट लेना उन्होंने जरूरी नहीं समझा या फिर दूसरे पक्ष को उतनी तरजीह नहीं दी गयी जितनी कि हड़ताली डॉक्टरों को। और इस प्रकार उन्होंने अपने आरक्षण विरोध के पूर्वाग्रह को खबरों की कवरेज का एक छुपा हुआ एजेंडा बना दिया।

प्रायः समाचार चैनलों पर उंगली उठायी जाती है कि उन्होंने बाईट विशेष को अपनी स्टोरी लाईन के मुताबिक संपादित करके दिखा दिया और जिससे अर्थ का अनर्थ हो गया। ऐसा इसलिये होता है क्योंकि रिपोर्टर खबर की कवरेज से पहले ही अपने मन में समाचार का स्वरूप निर्धारित कर लेता है और फिर उसी के अनुरूप वह शूटिंग और इंटरव्यू भी लेता है। कई बार बाईट लेने के दौरान वही सवाल पूछे जाते हैं जिस प्रकार के उत्तर पत्रकार चाहते हैं। पत्रकारों की इच्छा रहती है कि कोई भी साहित्यकार, कलाकार, खिलाड़ी नेता हो उसकी भड़काऊ, गर्मागर्म, सनसनीखेज, रोचक और आरोप-प्रत्यारोप से लबालब बाईट दे ताकि उसकी स्टोरी जानदार बन जाये। पत्रकारों की इसी जरूरत का कुछ लाभ बाईट देने वाले भी उठा लेते हैं। इस परिप्रेक्ष्य में लालू प्रसाद यादव एक अच्छे नमूने हैं। वे राजनेता के रूप में यह भली प्रकार जानते हैं कि टेलीविजन

चैनल तो हर गर्मागर्म बाईट को बेचेंगे। अतएव टी.वी. पत्रकारों से अपेक्षा रखी जाती है कि वे मीडिया का प्रयोग जनसाधारण को ध्यान में रखते हुए करें।

अच्छे बाईट चुनाव के नियम

अच्छी बाईट सटीक एवं संक्षिप्त होनी चाहिए। हालांकि संक्षिप्तता का कोई पैमाना निर्धारित नहीं किया जा सकता फिर भी सामान्यतः दस से पन्द्रह सेकेंड की बाईट एक आदर्श बाईट कहलाती है। अभूमन दर्शक इस अवधि में किसी व्यक्ति को बोलते हुए देखकर बोर नहीं होता। लेकिन महत्वपूर्ण मुद्दों पर अनेक बार लंबी बाईट भी दिखायी जा सकती है। ऐसा अक्सर कम ही होता है कि बोलने वाला रिपोर्टर की आवश्यकता का ध्यान रखे। अधिकांश बाईट देने वाले अपनी ही धुन में या तो खूब सारा बोलना चाहते हैं या फिर ऐसा बोलते हैं जो कि बाईट लायक नहीं होता। राजनैतिक दल अब अपने प्रवक्ताओं को किसी भी मुद्दे पर अच्छी बाईट देने का प्रशिक्षण दिलवा रहे हैं ताकि चैनल में उनका पक्ष अच्छी तरह कवर किया जाये।

अगर बाईट बहुत बड़ी है तो उसके काम के हिस्से की कटिंग प्वांइट खोजना बहुत जरूरी हो जाता है। कई बार लंबी बात में से दो अलग-अलग उपयोगी हिस्सों को निकालकर आपस में जोड़ दिया जाता है और उनके बीच में कटअवे शॉट या फ्लेश का प्रयोग करके एडिटिंग जर्क को दूर किया जाता है।

बाइट लेते समय यह बात हमेशा ध्यान में रखनी चाहिए कि उसके कथन को मूल संदर्भ से हटाकर एडिट न की जाए। जैसे यदि सारे देश में गरीब-अमीर के लिए एक समान शिक्षा व्यवस्था लागू कर दी जाये तो उस हालत में मेरे विचार से आरक्षण को समाप्त कर दिया जाना चाहिए।

उपरोक्त कथन में से यदि मात्र दूसरे हिस्से को एडिट करके दिखाया जाये तो वह अनैतिक होगी क्योंकि दूसरी लाईन का अर्थ दरअसल पहले हिस्से के विशेष संदर्भ में ही पूर्ण होता है। मेरे विचार से आरक्षण को समाप्त कर दिया जाना चाहिए।

9

ग्लोबल टेलीविजन रिपोर्टिंग की विभिन्न विधाएँ

राजनैतिक रिपोर्टिंग

प्रेस कान्फ्रेंस

प्रेस कान्फ्रेंस का तात्पर्य संवाददाता एवं दूसरी पार्टी के बीच विचारों का आदान-प्रदान विशेषकर राजनीतिक क्षेत्र में प्रेस कान्फ्रेंस का अत्यधिक महत्व है, क्योंकि टेलीविजन खबरों में राजनीतिक खबरों का हिस्सा बहुत ज्यादा होता है। राजनैतिक खबरें अधिक बिकने के साथ-साथ कम समय और संसाधनों से तैयार होती हैं। इसीलिए समाचार प्रोड्यूसर राजनैतिक खबरों को अपने बुलेटिन में अधिक महत्व देते हैं। राजनैतिक समाचारों का टेलीविजन समाचारों में कितना फीसदी हिस्सा है ये तो शोध का विषय हो सकता है किन्तु अनेक प्रबुद्ध लोग इस बात पर विचार कर चुके हैं कि आखिर राजनीति ही इतना अधिक खबर क्यों बनती है। ये प्रश्न टेलीविजन पत्रकारों के समाचार बोध से जुड़ा है तो आम दर्शकों की पसंद का भी मसला है।

प्रेस ब्रीफिंग एवम् प्रेस कान्फ्रेंस में भेद

भारत के प्रत्येक राज्य की राजधानियों में सभी प्रमुख राजनीतिक पार्टियों के कार्यालय होते हैं। इसी कारणवश अनेक प्रेस ब्रीफिंग एवम् समय-समय पर

नेता प्रेस कान्फ्रेंस के माध्यम से पत्रकारों को अपने विचारों या फिर नये तथ्यों से अवगत कराते हैं। ये खबर प्रेस तक पहुंचाने का शायद सबसे व्यवस्थित तरीका है। प्रेस कान्फ्रेंस और प्रेस ब्रीफिंग में मुख्य अंतर उसके आकार और समय में है। लगातार राजनैतिक उठा-पठक के दौरान नेताओं को अक्सर हर दिन किसी ना किसी मसले पर पत्रकारों से रूबरू होने की आवश्यकता पड़ती है। जैसे संसद या विधानसभा का सत्र यदि चल रहा है तो रोज़ाना कोई समाचार बन सकता है। इसी प्रकार चुनाव के दौरान हर दिन कोई नयी सूचना प्रेस तक पहुंचानी होती है। ऐसी स्थिति में नेता लोग रोज़ाना नियमित समय पर प्रेस ब्रीफिंग आयोजित करते हैं। संबंधित पत्रकारों को इस बारे में बता दिया जाता है और वो निर्धारित समय पर ब्रीफिंग के लिए उपस्थित होते हैं। प्रायः प्रेस कान्फ्रेंस कुछ महत्वपूर्ण अवसरों पर ही किए जाते हैं। इसके लिए पहले से पार्टी का प्रेस सचिव सभी टेलीविजन चैनलों में फैक्स, फोन और मेल के जरिये आमंत्रण पत्र भेजता है। इसके अतिरिक्त हम प्रेस कान्फ्रेंस और प्रेस ब्रीफिंग में इनके आकार के आधार पर भी अंतर कर सकते हैं। पहली बड़ी और दूसरी अपेक्षाकृत छोटी होती है। प्रेस कान्फ्रेंस में अक्सर प्रवक्ता के अलावा पार्टी के एक-दो वरिष्ठ नेता भी उपस्थित रहते हैं तो प्रेस ब्रीफिंग में केवल पार्टी प्रवक्ता ही पत्रकारों से रूबरू होते हैं।

प्रेस कान्फ्रेंस की प्रणाली—प्रत्येक प्रेस कान्फ्रेंस के लिए यह आवश्यक है कि उसे निश्चित प्रणाली से आयोजित किया जाए। पहले संबंधित प्रवक्ता आकर अपनी बात रखता है। ये वक्तव्य पांच से पन्द्रह मिनट तक हो सकता है। बड़ी प्रेस कान्फ्रेंस में एक से अधिक प्रवक्ता भी अपनी बात रख सकते हैं। उसके बाद पत्रकारों को सवाल पूछने का मौका दिया जाता है। प्रेस कान्फ्रेंस में क्योंकि ढेर सारे पत्रकार मौजूद होते हैं। इसलिए सभी को प्रश्न पूछने का मौका नहीं मिल पाता। पहले वरिष्ठ और बड़े चैनलों और अखबारों से जुड़े पत्रकारों को मौका मिलता है। पत्रकारों को एक प्रश्न पूछने के अतिरिक्त पूरक प्रश्न भी पूछने पड़ते हैं। पत्रकारों के लिए ये सवाल पूछना इसलिए भी काफी चुनौतीपूर्ण होता है कि कम समय में सटीक सवाल पूछना होता है। दोबारा मौका अक्सर कम ही मिल पाता है। प्रेस कान्फ्रेंस के दौरान अक्सर पत्रकारों को वक्तव्य की छपी हुई एक प्रति भी उपलब्ध कराई जाती है।

महत्वपूर्ण बातें—किसी भी प्रेस कान्फ्रेंस के लिए आवश्यक है कि वह एक विशिष्ट प्रकार की पृष्ठभूमि की तैयारी पूर्ण कर ले। उदाहरणस्वरूप 1999 के संसदीय चुनाव के दौरान बीजेपी ने अपने घोषणापत्र जारी करने के लिए एक बड़ी प्रेस कान्फ्रेंस का आयोजन किया था। उस दौरान ये एक महत्वपूर्ण घटना इसलिए थी क्योंकि सब ये जानने को उत्सुक थे कि बीजेपी किन मुद्दों पर चुनाव लड़ने जा रही है। क्या वो राममंदिर, अनुच्छेद 370 और समान आचार संहिता जैसे विवादास्पद मुद्दों को अपने घोषणापत्र में शामिल करती है। यदि पत्रकार को इन सबके बारे में मालूम ही नहीं है तो वो उस प्रेस कान्फ्रेंस को व्यापक नजरिये से कवर करने के स्थान पर उसकी एकांगी खबर ही पेश कर पायेगा।

समय से पहले पहुंचना—किसी भी समाचार चैनल पत्रकार के लिए आवश्यक है कि प्रेस कान्फ्रेंस आयोजित होने से पहले पहुंच जाए। क्योंकि उन्हें अखबारी पत्रकारों की तरह केवल पैन और नोटबुक की मदद से ही रिपोर्ट नहीं करना बल्कि कैमरा भी सही स्थान पर लगाना होता है। टेलीविजन समाचार चैनलों की इस भीड़ में ये काफी महत्वपूर्ण हो गया है कि समय से कुछ पहले पहुंचकर ऐसे स्थान पर कैमरा पोजिशन किया जाये जहां से सभी तरह के विजुअल अच्छी तरह से लिए जा सकें। समय से न पहुंचने के कारण विजुअल ले पाना कठिन होता है। इसके अलावा माईक भी सही स्थान पर लगाकर उसका ऑडियो चेक कर लेना बहुत जरूरी है। अनेक बार अपना माईक ऊपर करने के चक्कर में पत्रकारों में थोड़ी बहुत झड़प भी हो जाती है क्योंकि सभी को चैनलों से निर्देश होते हैं कि उनका लोगो माईक विजुअल में दिखना चाहिए।

कैमरा पर्सन को ब्रीफिंग—प्रेस कान्फ्रेंस प्रारम्भ होने से पूर्व यह जरूरी है कि टेलीविजन पत्रकार को कैमरा पर्सन को अपनी विजुअल जरूरत और महत्वपूर्ण व्यक्तियों के बारे में संक्षिप्त विवरण दे देना चाहिए, ताकि उसे शूटिंग में आसानी हो। प्रेस कान्फ्रेंस के दौरान कैमरा पर्सन के सामने सबसे बड़ी समस्या तब आती है जब नेता अपना वक्तव्य लंबा खींचता है या फिर सवाल जवाब का सिलसिला लंबा चलता है, ऐसे में वो ये फैसला नहीं कर पाता कि कौनसा हिस्सा शूट किया जाए और कौनसा नहीं। इसके लिए पत्रकार को इशारे की मदद से उसे समय पर आगाह करते रहना होता है। टेलीविजन पत्रकारों को

कैमरे के बावजूद नोटबुक पर भी नोटिस करना नहीं भूलना चाहिए, ये उन्हें स्क्रिप्ट लिखने में मदद करता है।

प्रवक्ता से प्रश्न—टेलीविजन पत्रकारों को सदैव ध्यान रखना चाहिये कि उनके सवाल ना केवल उनकी समझ के स्तर और तैयारी को दिखाते हैं बल्कि ये उसके चैनल की छवि को भी प्रभावित करते हैं। अगर होमवर्क न किया जाए तो यह संभव है कि बेहूदा एवम् गैरजरूरी सवाल आपके मजाक का पात्र बना सकते हैं। क्योंकि आखिरकार ये पूछने वाले की छवि को धूमिल ही करते हैं। प्रश्न छोटे, स्पष्ट, सीधे, साफ और गंभीर हों तो ही अच्छा है। हो सके तो पूरक सवाल भी पूछें।

प्रेस कान्फ्रेंस के बाद—प्रायः कान्फ्रेंस के पश्चात् भोजन या अल्पाहार की व्यवस्था होती है। लेकिन टेलीविजन समाचार चैनलों पर सबसे पहले समाचार दर्शक तक पहुंचाने का दबाव होता है। ऐसे में टेलीविजन पत्रकार को भोजन करने में समय बर्बाद करने के स्थान पर जल्दी से ऑफिस पहुंचना चाहिए। किन्तु इससे पहले उसे छपा हुआ प्रेस वक्तव्य और संबंधित सामग्री इकट्ठा करना नहीं भूलना चाहिए। प्रेस कान्फ्रेंस को सभी चैनल कवर करते हैं। इसलिए इसमें कुछ भी नया नहीं होता। सभी चैनल उसी को अपने ढंग से दिखाते हैं, प्रायः टेलीविजन पत्रकारों के ऊपर सदैव एक्सक्लूसिव खबर लाने के लिए दबाव बना रहता है। ऐसे में यदि संभव हो तो प्रवक्ता या नेता से अलग से कोई बाईट लेने की कोशिश करनी चाहिए।

राजनैतिक आयोजन

राजनैतिक आयोजनों की प्रकृति एवं प्रकार—प्रत्येक जनतांत्रिक समाज में राजनीतिक पार्टियाँ विभिन्न मुद्दों को उठाने के लिए भिन्न प्रकार के आयोजन करती हैं। दरअसल, इस प्रकार के आयोजन राजनैतिक प्रक्रिया के अभिन्न अंग होने के अलावा लोकतंत्र की सफलता के लिए आवश्यक हैं। टेलीविजन समाचार चैनलों के लिए इस प्रकार के आयोजन महत्वपूर्ण खबर बनते हैं। ये आयोजन न केवल आम जनता के हित से सीधे जुड़े होते हैं बल्कि देश का भविष्य तय करने में भी विशेष भूमिका निभाते हैं। इसलिए टेलीविजन पत्रकारों को इस प्रकार के आयोजन कवर करते वक्त गंभीरता से अपने दायित्वों को निभाना चाहिए। राजनीतिक पार्टियाँ समय-समय पर अपने प्रभाव का प्रदर्शन

करने के लिए अथवा सरकार या प्रशासन पर दबाव बनाने और अपने पक्ष में माहौल बनाने के लिए रैली, प्रदर्शन, जुलूस आदि निकालती रहती हैं, एक लोकतांत्रिक समाज में ये आयोजन विचार मंथन या विरोध जताने के ताकतवर औजार होते हैं। एक टेलीविजन पत्रकार को सबसे पहले ऐसे आयोजनों के नामों और उनके बीच फर्क को समझना चाहिए।

जुलूस—माँग पट्टिकाओं, बैनर के साथ कतारबद्ध या जत्थे के रूप में नारेबाजी के साथ प्रदर्शन करना जुलूस है। जुलूस मौन भी हो सकता है।

धरना—एक जगह बैठकर अपनी मांगों के समर्थन में किये गये प्रदर्शन का आयोजन धरना है। धरना सांकेतिक, एक दिन के लिए या फिर बेमियादी भी हो सकता है।

रैली—राजनैतिक दलों द्वारा बड़े पैमाने पर अलग-अलग जगहों पर जुलूस से निकाले गये। जब एक निश्चित स्थान पर जुलूस पहुँचकर जनसभा का रूप ले लेते हैं तो वह रैली कहलाती है। अक्सर नेता लोग रैली को अलग नाम देते हैं। जैसे धिक्कार रैली, बहिष्कार रैली, संकल्प रैली, स्वाभिमान रैली, लाठी रैली आदि। नेता रैली की विशालता को दिखाने के लिए उसके आगे विशाल, विराट जैसे शब्द भी लगा देते हैं। लालू यादव ने तो अपनी रैली की विशालता दिखाने हेतु उसके लिए रैली का पुरूषवाचक शब्द बनाकर "रैला" शब्द का इस्तेमाल किया।

जनसभा—एक खुले स्थान पर काफी लोग श्रोता के रूप में कुछ वक्ताओं को किसी विशेष मुद्दे पर सुनने के लिए जुटते हैं तो वो जनसभा बन जाती है।

हड़ताल—कर्मचारियों द्वारा अपने काम को रोक देना या निर्धारित से अधिक करना हड़ताल है। हड़ताल सांकेतिक हो सकती है यानी एक दिन की, जिससे कि सरकार या प्रशासन को संकेत मिल जाए। इसके अलावा इसके अनेक रूप हो सकते हैं—भूख हड़ताल, अनिश्चितकालीन हड़ताल आदि। भूख हड़ताल में आन्दोलनकारी अनशन पर बैठ जाते हैं। ये क्रमिक हो सकती है जिसमें बारी-बारी से अनेक लोग अनशन करते हैं। अनशन आमरण भी हो सकता है। कर्मचारी अक्सर पैन डाऊन स्ट्राइक भी करते हैं जिसमें वे ऑफिस तो आते हैं लेकिन काम नहीं करते।

घेराव—घेराव के अंतर्गत आंदोलनकारी अपनी मांगों के समर्थन में अधिकारी तथा नेता के ऊपर दबाव डालने का प्रयास करते हैं। मांगों के समर्थन में दबाव

बनाने के लिए किसी अफसर या नेता को घेर लेते हैं या उसे बंधक बना लेते हैं।

बंद और चक्काजाम—आंदोलनकारियों द्वारा बस सेवा, रेल सेवा, स्कूल सेवा, बाजार सेवाओं इत्यादि को बंद कराने के लिए किया जाता है ताकि उनकी मांगें सरकार मान ले।

विरोध के अन्य तरीके—आन्दोलनकारी विरोध करने के रोचक व विचित्र तरीके अपना रहे हैं। जैसे बाजू में काली पट्टी बांधना, प्रशासन या सरकार की सद्‌बुद्धि के लिए यज्ञ करना, पुतला दहन करना, पानी की किल्लत के विरोध में मटके फोड़ना, तेल की कीमतों के विरोध में बैलगाड़ी पर कार-स्कूटर लाद कर जुलूस निकालना। सिर मुंडवा कर किसी का श्राद्ध करना, जूता पॉलिश करना, नग्न प्रदर्शन करना आदि।

वास्तव में देखा जाए तो आन्दोलनकारी, विरोध के नए तरीके खबर बनने के लिए अपना रहे हैं। विदेशों में पर्यावरण प्रेमी संगठन 'पेटा' के कार्यकर्त्ता जीवों पर अत्याचार के खिलाफ सार्वजनिक स्थानों पर पूर्णतया नग्नावस्था में प्रदर्शन करते है। वहां चर्चित समाचार बनने के लिये ये एक लोकप्रिय तरीका बन चुका है।

महत्वपूर्ण तथ्य

राजनैतिक कार्यक्रमों के आयोजन में निम्नलिखित तथ्यों पर विशेष रूप से ध्यान देना चाहिए—

आयोजन की रूपरेखा—प्रत्येक राजनैतिक आयोजन अचानक न होकर बल्कि श्रेणीबद्ध घटनाओं की देन होता है। ठीक इसी प्रकार ऐसे आयोजनों के दूरगामी परिणाम भी निकलते हैं। रिपोर्टिंग से पहले अगर हमें पृष्ठभूमि का पता नहीं है तो संभव है कि रिपोर्टिंग एकांगी और पूर्वाग्रह लिए हुए हो।

आयोजन का विषय—प्रत्येक कार्यक्रम को आयोजित करते समय यह जानना जरूरी है कि आयोजन में क्या विषय है? उसके लक्ष्य क्या हैं क्योंकि कई बार ऊपरी मुद्दे दिखावे के होते हैं और छिपा हुआ एजेंडा कुछ और ही होता है। पत्रकार राजनैतिक घटनाक्रम को विश्लेषित करके असली खबर को पकड़ पाने में सक्षम होना चाहिए। रैली की पृष्ठभूमि क्या है और रैली के बाद राजनीति

में क्या बदलाव आने वाले हैं। रैली की सफलता से किस नेता का कद बढ़ जाएगा या किस पार्टी की जीत सुनिश्चित हो जाएगी, ये सब टेलीविजन रिपोर्टर में अंदाजा लगाने का गुण होना चाहिए।

शूटिंग में सतर्कता—प्रायः ऐसा होता है कि इस आयोजन से प्रभावी एवं आकर्षक दृश्य उपलब्ध होते अत्यधिक संख्या में लोगों के चेहरे - वो भी अलग-अलग जगह से आये लोग-कैमरा पर्सन को शूटिंग की पूरी संभावना उपलब्ध कराते हैं। ऐसे आयोजनों में चेहरों के अलावा मांग पट्टी, बैनर और नारे भी अच्छी खबर बनते हैं। समस्या नेताओं के भाषण रिकॉर्ड करने में आती है। अनेक नेता और उनके लंबे-लंबे भाषण। कैमरा पर्सन को उपयोगी हिस्सा चुनने में काफी दिक्कत आती है। ऐसा भी सम्भव नहीं है कि वह सारे भाषणों को हू-बहू कैमरे में कैद कर ले। रिपोर्टर इस मसले पर कैमरा पर्सन की मदद कर सकता है। अधिक शूट करना एडिटिंग की मुश्किलें भी बढ़ाता है और संसाधन भी व्यर्थ जाते हैं।

जनता की आवाज़—अक्सर बड़ी रैलियों की कवरेज के दौरान रिपोर्टर शहरी पूर्वाग्रह से ग्रसित होकर या तो केवल नेताओं की ही बाईट लेते हैं या फिर दूरदराज से आये ऐसे कम जानकार लोगों की बाईट दिखाकर साबित करना चाहते हैं कि रैली में आये लोग अनपढ़-गंवार हैं और उनको यूं ही बहका कर इकट्ठा कर लिया गया है। रिपोर्टर को यह सदैव याद रखना चाहिए कि राजनैतिक आयोजन लाख खामियों के बावजूद लोकतांत्रिक समाज में जन भावना के प्रतीक होते हैं और आम लोगों की सही बाईट के बिना ऐसे आयोजनों की रिपोर्ट को पूरा और संतुलित नहीं माना जा सकता।

मानवीय रुचि का कोण—पत्रकार चाहें तो मात्र एक ही आयोजन से अनेकों स्टोरियाँ निकाल सकते हैं। अक्सर बड़ी रैलियाँ राजनैतिक खबर के अलावा मानवीय रुचि की खबर भी बनती हैं। बशर्ते रिपोर्टर के पास ऐसी दृष्टि हो। हरेक बड़ी रैली में हिस्सा लेने वाले लोगों को पानी और भोजन की समस्या से जूझना पड़ता है।

सांस्कृतिक समाचार

हमारे देश की सांस्कृतिक विरासत बहुत ही प्राचीन है अलग-अलग

भौगोलिक विशेषताओं वाले राज्य, उनमें विभिन्न संस्कृतियों, धर्मों और भाषाओं वाले लोग भारत को एक विविधता से परिपूर्ण देश बनाते हैं। भारत जितने त्योहार शायद ही किसी दूसरे देश में आयोजित होते होंगे। ऐसे में टेलीविजन पत्रकारों के लिए सांस्कृतिक रिपोर्टिंग एक महत्वपूर्ण मुद्दा बन जाती है। संस्कृति सदा ही मानवीय रुचि और मनोरंजन का विषय रही है। आकर्षक विजुअल से परिपूर्ण सांस्कृतिक गतिविधियाँ टेलीविजन के लिए निहायत उपयोगी विषयवस्तु बन जाती हैं। सही मायने में संस्कृति को कवर करने का उन्हीं लोगों को हक है जिनकी न केवल संस्कृति में रुचि है बल्कि संस्कृति की गहरी समझ भी है। कला के विभिन्न रूपों और उनके सौन्दर्य शास्त्र से भी वे परिचित हों।

सांस्कृतिक आयोजनों के प्रकार एवं प्रकृति

विद्वानों के अनुसार संस्कृति मनुष्य के जीवन जीने का एक ढंग है। यानि जीवन के वे सभी पहलू संस्कृति की परिधि में आते हैं जिनमें मनुष्य अपनी कलात्मकता और जीवन के उत्सव को उद्घाटित करता है। भारत में सांस्कृतिक रिपोर्टिंग या समाचारों के लिए निम्न तथ्य अत्यधिक महत्वपूर्ण हैं–

1. **शास्त्रीय संगीत**–देश के विभिन्न संगीत घराने, संगीत के विभिन्न रूपों जैसे ठुमरी, खयाल, ध्रुपद, टप्पा आदि प्रमुख हैं।

2. **परम्परागत कला**–जात्रा, यक्षगान, तमाशा, नौटंकी, रासलीला, स्वांग, पांडवानी आदि प्रमुख हैं।

3. **फाइन आर्ट**–भारत की विभिन्न पेंटिंग परम्पराएँ जैसे तंजोर पेंटिंग, मधुबनी पेंटिंग, राजस्थानी पेंटिंग के अलावा आधुनिक कला परम्पराएँ।

4. **आधुनिक नाटक**–अनेक थियेटरों में आयोजित किये जाने वाले नाटक एवं स्टेज शो।

5. **मेले**–कुंभ मेला, सिंहस्थ मेला, पुष्कर मेला, कुल्लू मेला, सोनपुर मेला, सूरजकुंड मेला आदि प्रमुख हैं।

6. **राष्ट्रीय सम्मान**–साहित्य अकादमी पुरस्कार, राष्ट्रीय फिल्म पुरस्कार ललित कला अकादमी पुरस्कार, संगीत एवं नाटक अकादमी पुरस्कार आदि प्रमुख हैं।

7. **प्राचीन त्योहार**–होली, दीवाली, ईद, क्रिसमस, ओणम, गणेश पूजा, बैसाखी, बिहू, दुर्गा पूजा, दशहरा, तीज आदि प्रमुख प्राचीन त्योहार हैं।

8. आधुनिक उत्सव—गणतंत्र दिवस, स्वतंत्रता दिवस, खजुराहो उत्सव, मरु उत्सव, आगरा उत्सव, संगीत समारोह, फिल्मोत्सव, ट्रेडफेयर, प्रदर्शनियाँ आदि प्रमुख है।

महत्वपूर्ण तथ्य

विश्व के लगभग सभी राष्ट्रों की एक अपनी-अपनी संस्कृति होती है जो आकर्षक दृश्यों से भरपूर होती है। ये दृश्य न केवल विविधता लिये होते हैं बल्कि रंग-बिरंगे और मनोरम होते हैं। इसीलिए आकर्षक दृश्यों से लवरेज सांस्कृतिक खबरें दर्शकों को हमेशा भाती हैं। नयी विषयवस्तु लिये हुए सांस्कृतिक खबरों को कवर करते समय रिपोर्टर को हमेशा ध्यान रखना चाहिए कि वो किसी भी सांस्कृतिक आयोजन से बेहतर और रोचक दृश्यों को शूट करें। सांस्कृतिक खबरों को शूट करने में कैमरे की कलात्मकता आवश्यक है। यहां समय का दबाव कम रहता है और गीत-संगीत से भरपूर पृष्ठभूमि आवाजें भी उपलब्ध होती हैं। अतः रिपोर्टर को एम्बीयंस का भी दृश्यों जितना ही ध्यान रखना चाहिए। जैसे नृत्य आयोजन में नर्तक के दृश्य के साथ-साथ संगीत का भी उतना ही महत्व है।

पत्रकारों को सांस्कृतिक खबरों की एडिटिंग करते हुए उसके सौन्दर्य पक्ष का खास रूप से ध्यान रखना होता है। एडिटिंग के दौरान पृष्ठभूमि संगीत का उपयोग किया जाता है। उदाहरण के लिए पेंटिंग प्रदर्शनी की खबरों में रिपोर्टर एक-एक पेंटिंग के क्लोजअप को दिखाते हुए दर्शक को कला दीर्घा की सैर कराता है। इस प्रकार की खबरों में अक्सर रिपोर्टर हल्का संगीत पृष्ठभूमि में डाल देता है। एडिटिंग के साथ ही कट टू कट के स्थान पर डिजोल्व और स्लो मोशन इफेक्ट का भी प्रयोग खबर को मनोरंजक बनाने के लिए किया जाता है। वैसे तो इस तरह की खबर सूचनापरक ही नहीं होती अपितु यह संगीत एवम् मनोरंजन से भी भरपूर होती है। इसलिए इनमें स्क्रिप्ट का उतना महत्व नहीं रहता जितना कि संगीत और दृश्यों का। अनेक बार शब्दों को विराम दिया जाता है और आकर्षक दृश्यों से ही खबर को आगे बढ़ाया जाता है। रोचकता के कारण ही सांस्कृतिक रिपोर्ट को अन्य विषयों की रिपोर्ट के मुकाबले अधिक समय दिया जाता है।

आर्थिक समाचार

आर्थिक समाचारों की रिपोर्टिंग का प्रत्येक टेलीविजन के लिए अत्यन्त महत्व है। समाचार चैनलों के लिए आर्थिक समाचारों की रिपोर्टिंग करना अत्यन्त दुरूह होता है। यह जटिल विषय है जिस पर महारत हासिल करने के लिए विशेष अध्ययन का सतत प्रयास आवश्यक है। आर्थिक खबरों का इसलिए भी अधिक महत्व है क्योंकि किसी भी देश के विकास में आर्थिक गतिविधियाँ महत्वपूर्ण भूमिका निभाती हैं। देश की राजनैतिक उठापटक भी दिनों-दिन आर्थिक मुद्दों से संचालित होने लगी है। समाज की अधिकांश समस्याएं जैसे बेरोजगारी, महंगाई, भुखमरी मूलतः आर्थिक हैं। अगर हम यह कहें कि सम्पूर्ण मानव लीला का रहस्य किसी न किसी रूप में अर्थव्यवस्था में ही छिपा होता है तो बिल्कुल गलत न होगा। भारत में अनेक समाचार चैनल केवल बिजनेस और बाजार पर केंद्रित हैं। जबकि दूसरे चैनल भी आर्थिक समाचारों पर केन्द्रित विशेष समाचार बुलेटिन प्रसारित करते हैं। ऐसे में बड़ी तादाद में आर्थिक मसलों की समझ रखने वाले रिपोर्टरों की आवश्यकता होती है। लेकिन बहुत कम लोग बिजनेस में रुचि रखते हैं और नतीजा यह निकलता है कि अर्थशास्त्र या व्यावसायिक प्रबंधन में स्नातकोत्तर उपाधि प्राप्त छात्रों को इस तरीके के काम के लिए जुटाया जाता है।

आर्थिक समाचारों की सीमाएँ

आर्थिक रिपोर्टिंग या समाचारों की विभिन्न सीमाएँ हैं जिनमें से कुछ प्रमुख सीमाओं को निम्न बिंदुओं के तहत स्पष्ट किया गया है—

1. सरकारी नीतियाँ—केन्द्रीय एवं राज्य सरकारों के सालाना बजट सबसे बड़ी आर्थिक खबरें होती हैं जब चैनल दूसरी खबरों को छोड़ पूरी तरह से इन पर केन्द्रित हो जाते हैं। इनके अतिरिक्त राष्ट्रीय आर्थिक सर्वेक्षण, रिजर्व बैंक की नीतियाँ, सिक्यूरिटीज एंड बोर्ड आफ इंडिया जैसे संगठनों की घोषणाएँ आर्थिक खबरों के दायरे में आती हैं।

2. उपभोक्ता बाजार—वैश्वीकरण के नियमों के लागू होने के पश्चात् भारत में उपभोक्ता बाजार का प्रादुर्भाव हुआ है। नये शॉपिंग मॉल हर शहर में बन गये हैं और समाचार चैनल उपभोक्ताओं को नये उत्पादों, स्कीमों,

प्रदर्शनियों की जानकारी उपलब्ध कराता है। इस प्रकार की खबरें जीवन शैली के समाचारों के साथ मिलाकर दिखाई जाती हैं।

3. कॉरपोरेट सेक्टर—पिछले बीते कुछ वर्षों से पूरे विश्व में कारपोरेट सेक्टर का प्रभाव बाजारों में बढ़ता ही जा रहा है। अब नये उत्पाद को बाजार में उतारना, बाजार के नये चलन, प्रतिस्पर्धा, कंपनियों की खरीद-बेच ये सब भी आर्थिक खबरें बनती हैं। भारतीय उद्योग संगठनों जैसे C.I.I., F.I.C.C.I., P.H.D. आदि की गतिविधियाँ भी खबरों में छाई रहती हैं।

4. आयात-निर्यात—वैश्वीकरण एवं उदारीकरण की नीतियों के प्रभावी होने के पश्चात् आयात-निर्यात में तेजी आई है, साथ ही अंतर्राष्ट्रीय संगठनों (W.T.O., F.A.O., I.B.R.D., W.B., I.M.F., E.U.) के कार्यक्रम एवं नीतियाँ भी खूब खबरें बनती हैं। अनेक विशिष्ट कम्पनियों की वार्षिक एवं छमाही व्यवसाय तथा कार्य संबंधित समाचार प्रसारित किये जाते हैं।

5. सर्विस सेक्टर—आजकल सर्विस सेक्टर में बहुत ज्यादा कारोबार हो रहा है। बैंकिंग, होटल व्यवसाय, अस्पताल, शिक्षा, इंश्योरेंस, हाऊसिंग यातायात आदि क्षेत्रों में हर दिन कुछ न कुछ नया होता रहता है। इन क्षेत्रों से सम्बन्धित सरकार की नई नीतियाँ भी खबरों में छायी रहती हैं।

6. शेयर बाजार—ज्यादातर समाचार चैनल अपने बुलेटिनों में शेयर बाजार के उतार-चढ़ाव के समाचार निरंतर दिखाते रहते हैं। देश की दो प्रतिशत आबादी शेयरों में निवेश करती है, लेकिन फिर भी चैनलों के लिए शेयर बाजार से संबंधित समाचार काफी विशिष्ट होते हैं। यहां तक कि शेयर बाजार के सूचकांक से सरकार की नीतियों या अर्थव्यवस्था की सेहत का अनुमान लगाया जाता है। शेयर बाजार की अत्यधिक रिपोर्टिंग का एक कारण शायद B.S.E. & N.S.E. से सरल और सुलभ खबरें उपलब्ध होना है और दूसरा कारण चैनल मालिकों का ये पूर्वाग्रह है कि उनके दर्शक केवल शहरी मध्यम वर्ग के हैं।

7. कृषि—भारत एक कृषि प्रधान देश है। यहाँ की अर्थव्यवस्था में कृषि का महत्वपूर्ण स्थान है। भारत की अधिकांश जनसंख्या कृषि कार्यों में संलग्न है परंतु सबसे दुख की बात यह है कि आर्थिक खबरों में कृषि को उतना महत्व नहीं दिया जाता जितना दिया जाना चाहिए। हालांकि क्षेत्रीय समाचार चैनल इस दिशा में अच्छा काम कर रहे हैं। खाद्यान्नों एवं अन्य कृषि उत्पादों के बाजार मूल्य कुछ चैनल नियमित रूप से दिखाते हैं। नये बीज और उर्वरक, किसानों

की समस्याएँ, मौसम का कृषि पर अच्छा या बुरा असर, कृषि सम्बन्धी सरकार की योजनाएँ सफल किसानों की कहानियां अकसर समाचार चैनलों में खबर बनती हैं। किन्तु कृषि सम्बन्धी मुद्दों पर गंभीर चर्चा विमर्श और चिंता टेलीविजन समाचार चैनलों पर नहीं दिखाई देती है। बीते ढाई दशक के दौरान उदारीकरण के परिणामस्वरूप भारतीय किसान किस प्रकार कर्ज तले दब गये हैं, अपनी जमीन और कृषि विक्रय करने तथा आत्महत्या करने को मजबूर हो रहे हैं, इन सब मुद्‌दों पर टेलीविजन खबरों में सनसनीखेज समाचारों का अभाव रहता है।

महत्वपूर्ण तथ्य

1. आर्थिक रिपोर्टिंग के दौरान प्रायः यह देखा जाता है कि पत्रकार सभी खबरों को कंपनियों, उद्योगपतियों और देश के सुविधा सम्पन्न तबके के दृष्टिकोण से ही रिपोर्ट करते हैं। जबकि आर्थिक समाचारों का आम लोगों पर क्या असर पड़ेगा या उनकी क्या जरूरत है, ये सब बातें पीछे छूट जाती हैं। सम्पन्न तबके के प्रति पूर्वाग्रह इस कदर देखने में आता है कि ज्यादातर मामलों में ग्रामीण जनता तथा गरीब जनता से कोई राय नहीं ली जाती है।
2. आर्थिक समाचारों की यह विशेषता है कि इनमें आंकड़े बहुतायत संख्या में होते हैं जिन्हें प्रसारित करने के पूर्व कई बार जांचना पड़ता है। अधिक आंकड़े या संख्याएँ देने से खबर की रोचकता कम होती है इसलिए बेहतर संचार के लिए आंकड़ों को ग्राफिक्स की मदद से समझाना बेहतर होता है।
3. आर्थिक रिपोर्टिंग अथवा समाचारों के अंतर्गत भाषा संबंधी दोष भी विकसित होते हैं क्योंकि आर्थिक समाचारों की शब्दावली का बड़ा हिस्सा अंग्रेजी में होता है जिसे या तो सरल हिन्दी में अनुवाद करना होता है या फिर ज्यों का त्यों अंग्रेजी से उठा लिया जाता है, क्योंकि ये एक तकनीकी विषय हैं इसलिए अर्थ जगत से जुड़ी हुई महत्वपूर्ण अवधारणाओं एवं शब्दों को पूर्व में ही बेहतर ढंग से समझ लेना जरूरी है।
4. किसी भी दूरदर्शन चैनल या अखबारों के लिए आर्थिक विषयों पर

लिखना एवं बोलना एक चुनौती भरा कार्य होता है। इसलिए सबसे जरूरी है कि पत्रकार पहले अर्थव्यवस्था की एक बुनियादी समझ विकसित करें। ऐसा वो अर्थशास्त्र के विधिवत् अध्ययन के अलावा समय-समय पर इस विषय से जुड़े समाचारों, लेखों एवं पुस्तकों को पढ़कर कर सकते हैं।

5. दिनानुदिन समाचार एवम् विज्ञापन के बीच भेद मिटते जा रहे हैं। कुछ चैनल कंपनियों से धन लेकर उनके उत्पादों का प्रचार अपने समाचार बुलेटिनों में सूचना के रूप में प्रसारित करते हैं। ये चलन भारतीय बिजनेस चैनलों में इस कदर स्थापित हो गया है कि नये उत्पाद की खूबियाँ बताने वाले अनेक विशेष कार्यक्रम भी दिखाये जाने लगे हैं, जहाँ दर्शक के सामने यह तय कर पाना मुश्किल होता है कि वह विज्ञापन है या समाचार। अनेक चैनलों का मानना है कि वे दर्शकों को जरूरी सूचनाएँ उपलब्ध कराता है। टेलीविजन पत्रकारों को अपनी खबरों के विजुअल में बेवजह कंपनियों के उत्पाद, लोगो और ब्रांड नाम का प्रसारण करने से बचाना चाहिए।

6. अधिकतर आर्थिक खबरें बड़ी-बड़ी फर्मों तथा पूंजीपतियों की परिधि में घूमती हैं। पत्रकार की एक रिपोर्ट से किसी कम्पनी का सीधा हित और अहित जुड़ा हो सकता है। ऐसे में रिपोर्टर के सामने निष्पक्ष एवं संतुलित रहने की चुनौती आती है क्योंकि औद्योगिक समूह अपने हितों के लिए मीडिया को प्रभावित करने या खरीदने से बाज नहीं आता। कंपनियों के जनसम्पर्क अधिकारी पत्रकारों को समय-समय पर कीमती तोहफे देते हैं। ये पत्रकार के स्वविवेक पर निर्भर करता है कि वो रिपोर्टिंग के दौरान किसी कंपनी का पी.आर.ओ. बन जाए या एक निष्पक्ष पत्रकार बना रहे।

अपराध संबंधित समाचार

1980 के दशक में दूरदर्शन समाचारों में अपराध समाचारों को कभी-कभी केवल तभी दिखाया जाता था जब वे किसी बड़ी हस्ती से जुड़े हों। लेकिन निजी चैनलों ने अपराध समाचारों को अपनी लोकप्रियता बढ़ाने का एक सस्ता एवं आसान जरिया बना लिया। अपराध समाचारों पर चैनलों की निर्भरता सन् 2003 के बाद से अधिक बढ़ गई क्योंकि इस दौरान चैनल संख्या बढ़ने के साथ-साथ प्रतिस्पर्द्धा भी पहले से अधिक तीखी हो गयी।

अपराध समाचारों का विकास

समूचे विश्व का ठीक से अध्ययन किया जाए तो अनुभव होगा कि अपराध की वारदातें वेदना, करुणा, दया, भय, ईर्ष्या, सेक्स, वीभत्सता, खौफ और दहशत का भाव लिए होती हैं इसलिए आसानी से मानवीय संवेदनाओं को गहरे तक छू जाती हैं। यही कारण है कि चैनल सनसनीखेज खबरों की खोज में बार-बार अपराध की तलाश से निकल पड़ते हैं। सन 1995 में नैना साहनी हत्याकांड ने सारे देश को झकझोर दिया था। तंदूर कांड सदा वीभत्सता के लिए याद किया जाएगा। दिल्ली में युवक कांग्रेस के एक कार्यकर्त्ता ने अपने मित्र के साथ मिलकर कथित रूप से पहले नैना साहनी की हत्या की, फिर उसके शरीर के टुकड़े तंदूर में डालकर जलाने लगे। लेकिन तंदूर रेस्त्रां के पास से गुजरते दिल्ली पुलिस के एक जवान ने उनके इस कृत्य को भांप लिया और वे पकड़े गये। जी टीवी ने इस घटना के शॉट्स दिखाए तो दर्शक चौंक गए।

भारत में सुहेब इलियासी ने अपराध केन्द्रित समूचे कार्यक्रम की सर्वप्रथम शुरुआत की थी। सन् 1995 में जी टी.वी. पर प्रसारित इंडियाज मोस्ट वांटेड नामक ये कार्यक्रम वैसे तो विदेशी कार्यक्रमों की नकल थी लेकिन भारतीय दर्शकों ने इसे खूब पसन्द किया। सुहेब इलियासी की प्रस्तुति का अंदाज और अपराधियों को पकड़वाने का उनका तरीका जल्दी ही घर-घर की चर्चा बन गया। हालांकि बाद में स्वयं सुहेब इलियासी भी अपनी पत्नी की मौत के मामले में विवादों में घिर गये थे। परन्तु इस कार्यक्रम ने पूरे भारत में अपराध रिपोर्टिंग में क्रान्ति ला दी।

सन् 2000 में दिल्ली में मंकी मैन की अफवाह को चैनलों ने खूब हवा दी। अजीबोगरीब खबर को दिखाने की होड़ में चैनलों ने हास्यास्पद रिपोर्टिंग शुरू कर दी थी। आज के दौर में अपराध समाचारों में आतंकवादी गतिविधियों को भी शामिल किया जाता है। लगभग सभी चैनलों ने छोटा राजन, छोटा शकील और दाऊद इब्राहिम की डी कंपनी को विस्तार से बार-बार अपनी खबर बनाया। डी कंपनी से जुड़ी छोटी से छोटी सूचनाओं को भी चैनल पूरे विश्लेषण के साथ विशेष कार्यक्रमों में पेश करते रहे। दरअसल, सन 1993 के मुम्बई धमाकों के तार डी कंपनी से जुड़ने के बाद देश की सुरक्षा एजेंसियाँ इनके पीछे लग गयी थीं। इस घटना के उपरांत लोगों में जागृत तथा उत्सुकता उत्पन्न होना

स्वाभाविक था। 22 दिसम्बर 2000 की रात को लश्कर-ए-तैयबा के दो आतंकवादी लालकिले में प्रवेश कर गये और तीन सुरक्षा बलों को जान से मार दिया।

13 दिसम्बर 2001 को संसद पर आंतकवादियों ने हमला कर दिया जिसका समाचार भारतीय टेलीविजन पत्रकारिता के इतिहास में एक यादगार घटना बन गयी। एक घंटे तक चली गोलाबारी को टी.वी. पत्रकारों ने ज्यों-का-त्यों कैमरे में कैद कर लिया, क्योंकि उस समय सभी चैनलों के रिपोर्टर वहां मौजूद थे।

सन् 2004 में दिल्ली के एक प्रतिष्ठित स्कूल के बच्चे ने अपनी ही क्लासमेट छात्रा का अश्लील एमएमएस बनाकर दूसरे लोगों को भेज दिया, जिसकी सीडी तैयार करके बाजार में उतार दिया गया। इस संपूर्ण मुद्दे को विभिन्न टी.वी. चैनलों द्वारा जन-सामान्य के समक्ष प्रस्तुत किया गया। स्वाभाविक है कि नए जमाने में अपराधों का स्वरूप भी बदल रहा है। जम्मू में अनारा की सीडी को भी चैनलों ने खूब दिखाया। उससे जुड़े अन्य विषयों पर गंभीर चर्चा करने के स्थान पर चैनल कोई भी अश्लील व सनसनीखेज दृश्य दिखाने में अत्यधिक रुचि दिखाते थे।

प्रमोद महाजन (भा.ज.पा.) की हत्या से सम्बन्धित खबरों को विभिन्न टी. वी. चैनलों ने बड़े जोर-शोर से प्रसारित किया। उससे भी अधिक सनसनीखेज रहा उनके बेटे राहुल महाजन का नशीला दवाओं के सेवन में लिप्त पाया जाना और प्रमोद महाजन के निजी सचिव विवेक मोइत्रा की नशीली दवाओं के अत्यधिक सेवन से मौत होना। इस केस के एक आरोपी ने जब दिल्ली से भागकर जम्मू स्थित आजतक के स्टूडियो में आत्मसमर्पण किया तो ये एक ऐतिहासिक घटना बन गयी। दरअसल, इस पूरे घटनाक्रम का आज तक ने सीधा प्रसारण किया और टी.वी. देखकर पुलिस आजतक स्टूडियो में आई और आरोपी को गिरफ्तार कर लिया।

मई 2011 में ओसामा बिन लादेन को अमरीकी सेनाओं द्वारा मान गिराए जाने की खबर सभी चैनलों द्वारा पूरे एक सप्ताह दिखायी गयी।

महत्वपूर्ण तथ्य

अपराध सम्बन्धित समाचारों को कवर करने के लिए आवश्यक है कि

रिपोर्टर को विधि की मूलभूत जानकारी हो। इसके अलावा उसे ये भी मालूम होना चाहिए कि देश की पुलिस और कानून व्यवस्था कैसे काम करती है। पुलिस विभाग का ढांचा अधिकारियों के पदनाम, उनके अधिकार और कार्यप्रणाली क्या है। सीबीआई, रॉ, आई.बी. आदि विभिन्न जांच एजेंसियों की बनावट, कार्यक्षेत्र और कार्यप्रणाली क्या है। अपराध रिपोर्टरों के लिए आवश्यक है कि पुलिस विभाग से सम्बन्धित समस्त ज़ानकारी के प्रति उत्सक रहें। इसके अलावा अस्पताल, अग्निशमन विभाग, पीड़ित पक्ष, समाचार पत्र और समाचार एजेंसियां भी अपराध अपराधों की जानकारी जुटाने में मदद करते हैं। लम्बे समय तक कुछ केसों की रिपोर्टिंग करते-करते रिपोर्टर के पुलिस और अपराध जगत से जुड़े लोगों से नजदीकी सम्बन्ध बन जाती है। ऐसे में उसे सतत ये ध्यान रखना पड़ेगा कि उसका काम केवल अपराध की रिपोर्ट करना है। रिपोर्टर एवम् चैनल का अपराध में किसी भी रूप में शामिल होना दोनों के लिए बड़ा घातक होता है। निष्पक्ष, निर्लिप्त और संतुलित बने रहना अनेक बार पुलिस और अपराधियों के दबाव में कठिन लगने लगता है, जबकि कई बार कुछ रिपोर्टर लालच में आकर अपराध की एकतरफा रिपोर्टिंग करने के लिए बहक जाते हैं।

अपराध समाचारों में विजुअल को प्राप्त करना बहुत कठिन होता है। जाहिर है रिपोर्टर अपराध घटित होने के बाद ही उसे कवर करने के लिए घटनास्थल पर पहुंचता है। ऐसे में उसे अन्य तस्वीरों से ही काम चलाना पड़ता है। जैसे घटना स्थल की बारीकियाँ, जांच करते पुलिस अधिकारी, मृतक के पुराने फोटो या फिर घटना का नाट्य रूपान्तरण।

टी.वी. चैनलों को वीभत्स दृश्यों को दिखाने से बचना चाहिए। कत्ल के बाद खून से लथपथ शव, क्षत-विक्षत शरीर के अंग, कटा हुआ सिर, रोते-बिलखते परिवारजन, दर्शकों विशेषकर बच्चों के लिए बुरा असर डालने वाले हो सकते हैं। ऐसे दृश्यों को ब्लेक एंड व्हाइट, नेगेटिव फिल्टर या डिफोकस रूप में दिखाया जाना चाहिए।

बलात्कार के समाचारों में पीड़ित का नाम और पहचान, उसकी सामाजिक प्रतिष्ठा बचाने के लिए छुपाया जाता है। यदि पीड़ित की बाईट का उपयोग करना है तो उसे भी मोज़ैक करके दिखाया जाना चाहिए। इसके अतिरिक्त अपराधों, जिसमें पीड़ित की प्रतिष्ठा दांव पर लगी हो, में भी पत्रकारों को ध्यानपूर्वक रिपोर्टिंग करनी चाहिए। एक छात्रा के अश्लील एमएमएस मामले में

चैनलों की इस बात के लिए खूब आलोचना हुई थी। क्योंकि ना केवल उन्होंने स्कूल का नाम प्रसारित किया बल्कि छात्रा और आरोपी किशोरी की नाम-पहचान भी सार्वजनिक कर दी थी।

अपराध से संबंधित खबरों को आकर्षक बनाने हेतु उसका नाट्य रूपान्तरण काफी प्रचलित है, लेंकिन अक्सर देखने में ये आता है कि ये नाट्य रूपान्तरण असली अपराध से भी अधिक वीभत्स, सनसनीखेज और रोंगटे खड़े कर देने वाले होते हैं। पुनः निर्माण में काम करने वाले कलाकार अपराध को अधिक बिकाऊ बनाने में मदद करते हैं। प्रायः साऊंड और लाइट इफैक्ट की मदद से फिल्मी मसाला बना दिया जाता है। साथ ही इस प्रकार के कार्यक्रमों में कैमरा संचालन, वॉयस ओवर और स्क्रिप्ट में शब्दों का चयन विशेष किस्म का रहता है जो छोटी सी सामान्य घटना को भी रोचक बनाने में कामयाब हो जाता है।

घटना से सम्बन्धित नाट्य रूपान्तरण तैयार करते समय तथ्यों को नहीं छेड़ना चाहिए। सच्चाई को सामने लाने के लिए कलाकारों से स्वाभाविक भूमिका निभाने को कहें। ओवर एक्टिंग या डायलॉग के फिल्मी अंदाज से बचें। नाट्य रूपान्तरण का सुपर जरूर लगाएँ ताकि दर्शक सही जानकारी के साथ उसे, देखें और भ्रम में न पड़े।

जब कभी अपराध से संबंधित कार्यक्रम रिपोर्टर एवं एंकर प्रसारित करते है तब उनका व्यवहार एक पत्रकार का ना होकर पुलिस एवं जांच अधिकारी, जासूस, वकील, जज और अपराधी का हो जाता है। जबकि यह नहीं भूलना चाहिए कि मूलतः हमारा कार्य घटना की सही जानकारी निष्पक्ष व संतुलित रूप से दर्शकों तक पहुंचाना है। अत्यधिक नाटकीय अंदाज दर्शकों को कुछ दिनों तक भले ही लुभाए, लेकिन अंततः दर्शक भी घटनाओं को सही रूप में देखना ही पसन्द करते हैं। अगर अपराध की रिपोर्टिंग से सनसनी पैदा हो तो यह रिपोर्टिंग की ही विशेषता कही जाएगी। लेकिन पत्रकार प्रयास से छोटे अपराधों को भी खौफ पैदा करने वाला बनाकर पेश करें तो इसे नैतिक नहीं कहा जायेगा। वास्तव में इस प्रकार चैनल कुछ हद तक अपराध से दर्शकों में दहशत पैदा करते हैं। किशोरों को अपराध का सिलसिलेवार विवरण दिखाकर जुर्म करने की एक नयी विधि को बढ़ावा दे रहे हैं। जबकि चैनलों का तर्क है कि जो समाज में है उसी को वह दिखा रहा है। एक तरह से वे जनसाधारण को अपराध के प्रति सचेत करते हैं।

टेलीविजन पत्रकारिता के महत्वपूर्ण तथ्य

टेलीविजन पत्रकारिता के कुछ प्रमुख व महत्वपूर्ण तथ्यों को निम्न पंक्तियों में स्पष्ट किया गया है–

1. खोजी पत्रकारिता को बदला लेना, निजी दुश्मनी निकालना, दबाव बनाने का औजार न बनने दें। खोजी रिपोर्ट गहरी, पूर्वाग्रहरहित और तथ्यात्मक रूप से सही नहीं है तो चैनल कुछ समय के लिए तो चर्चित हो सकता है लेकिन अंततः सच उजागर होने के बाद उसकी किरकिरी भी होगी और साख पर बट्टा भी लगेगा।
2. छानबीन पर आधारित रिपोर्ट को प्रस्तुत करने पर कुछ लोगों और संगठनों के हित स्वाभाविक रूप से आहत होते हैं। जाहिर है वे प्रतिक्रिया स्वरूप कोर्ट का दरवाजा खटखटाएँ। ऐसे में न्यायिक उलझनों से बचने के लिए किसी भी खबर की सच्चाई के पुख्ता सबूत रिपोर्टर और चैनल को अपने पास ऑडियो-वीडियो या टैक्स्ट डाटा के रूप में अपने पास रखने चाहिएँ।
3. कुछ पत्रकार ऐसे हैं जो सनसनीखेज विजुअल उपलब्ध न होने के बाद उन्हें कृत्रिम रूप से बनाते हैं। जैसे अवैध वन कटाई के दृश्यों के लिए स्वयं पैसा देकर कुछ लोगों से कैमरे के सामने पेड़ कटवाना या फिर रहस्योद्घाटन करने वाली बाईट देने के लिए रिश्वत देना। ऐसे में बाईट में बोलने वाले के चेहरे को या तो ढक दिया जाता है या फिर उसे मोज़ैक कर दिया जाता है। एक पत्रकार ने बिहार के गांवों में घूंघट वाली महिलाओं को इकट्ठा कर उनके हाथ में बंदूकें थमा दीं और उन्हें कैमरे के सामने दौड़ने को कहा। ऐसा उस रिपोर्टर ने केवल अपनी रिपोर्ट को सनसनीखेज बनाने के लिए किया लेकिन रिपोर्ट वास्तविकता से दूर चली गयी और दृश्य बनावटी प्रतीत हो गए। दरअसल, ऐसे मामलों में दर्शकों की राय को किसी से कम नहीं आंकना चाहिए।
4. खोजी रिपोर्ट में कृत्रिम रूप से ऑडियो इफेक्ट डालना और अन्य स्टोरी के दृश्य का संदर्भ रहित उपयोग करना भी नैतिकता के खिलाफ है। जब बूथ की ध्वनि धीमी तथा दूर हो तो कैमरा भलीभांति रिकार्ड नहीं कर पाता, तो एडिटर ने अपने ऑडियो इफेक्ट के टेप से एक नहीं अनेक

गोलियों की दमदार ठांय-ठांय की आवाज पृष्ठभूमि में डाल दी। स्टोरी तो जानदार दिखने लगी, लेकिन सच का गला घोंट दिया गया। इसी प्रकार एक बार बीबीसी को सार्वजनिक रूप से माफी केवल इसलिए मांगना पड़ी थी क्योंकि कश्मीर सम्बन्धी एक रिपोर्ट में उसने अफगानिस्तान के गृह युद्ध के शॉट्स का प्रयोग कर दिया था। बहरहाल उन शॉट्स में आतंकवादी मोर्टार आदि भारी हथियारों का उपयोग कर रहे थे और रिपोर्ट इनके जरिए कश्मीर को एक गम्भीर अंतर्राष्ट्रीय मुद्दे के रूप में पेश कर रही थी।

5. प्रायः कुछ पत्रकार खोजी रिपोर्टिंग फटाफट चर्चित करने के लिए करते हैं। ये पत्रकार यदि कोई सनसनीखेज समाचार नहीं मिले तो खबर बनाने से भी नहीं हिचकते। ऐसी ही रिपोर्टर ने पुलिस के साथ सांठ-गांठ करके एक योजना बनाई। रिपोर्ट के अनुसार रिपोर्टर को रात दो बजे खेतों में स्थित एक कमरे में दो नक्सलियों के छुपे होने की खबर मिलती है। पुलिस के साथ रिपोर्टर भी घटनास्थल की तरफ कूच करते हैं। पुलिस जीप के पीछे सुनसान खेतों में रिपोर्टर कैमरा टीम के साथ एक कमरे की तरफ बढ़ते हैं। एक छोटे से ऑपरेशन के बाद पुलिस जवान दरवाज़ा तोड़ते हैं और अन्दर से दो युवकों को गिरफ्तार कर लेते हैं। वास्तव में गिरफ्तार किए गए व्यक्ति पुलिस के सिपाही ही थे। उनके चेहरे पर कपड़ा बांधा गया था और सारा घटनाक्रम उस रिपोर्टर और पुलिस की मिलीभगत का नतीजा था। प्रसिद्ध व्यक्तियों या असामाजिक ताकतों के गलत कार्यों को शूट करना काफी जोखिम भरा कार्य होता है। इस कार्य में जान का खतरा हो सकता है। इसके अलावा अपने कैमरे और अन्य सामान की सुरक्षा भी रिपोर्टर की अहम् चिंता होती है। इसलिए सब कुछ योजनाबद्ध होना चाहिए। इस तरह की शूटिंग के लिए आवश्यक है कि छोटे एवम् गोपनीय कैमरों का ही प्रयोग किया जाए। कई बार घटनाओं को इतनी दूरी से भी शूट किया जाता है कि दूसरे व्यक्ति का ध्यान उस पर ना जाए। ऐसे में टेली जूम लैंस उपयोग में लाए जाते हैं। एक तरीका किसी चलती हुई गाड़ी से शूट करने का भी है जिसमें खतरा भांपते ही बचकर निकला जा सके। कुछ कैमरा पर्सन कैमरे की रिकॉर्डिंग ऑन करके ऐसे हाव-भाव के साथ घटनास्थल पर चले जाते हैं जिससे कि किसी को पता ही ना चले कि

रिकॉर्डिंग ऑन है। ऐसी घटनाओं में कैमरे की लाईट को भी बंद कर दिया जाता है।

6. रिपोर्टर अगर संदेहास्पद मसले की तह में जाने की योजना बनाए जो सुरक्षा की दृष्टि से खतरनाक हो या जिसमें किसी प्रकार की जोखिम हो तो पहले अपने वरिष्ठ पत्रकार या संपादक को विश्वास में ले ले, ताकि संकट की घड़ी में वे उसकी मदद कर सकें। वैसे अधिकांश बड़े खोजी अभियान चैनल के वरिष्ठ लोग तय करके ही चलते हैं।

स्टिंग ऑपरेशन

आधुनिक प्रौद्योगिकी विकास से बाजार में नवीन तकनीक उपलब्ध हो गई है जिसका उपयोग पत्रकार धड़ल्ले से कर रहे हैं और स्टिंग ऑपरेशन को अंजाम दे रहे हैं। खुफिया कैमरे छोटे ऑडियो रिकार्डर की मदद से पत्रकार किसी भी भ्रष्टाचार को उजागर करने के लिए योजनाबद्ध तरीके से कार्य करते हैं। अमेरिकी बोलचाल से स्टिंग शब्द की उत्पत्ति हुई है। सत्तर के दशक में ये शब्द अमरीकी पुलिस द्वारा उन योजनाबद्ध कार्रवाइयों के लिए प्रयोग किया जाने लगा, जिनमें गुप्त रूप से अपराधियों को फंसाने के लिए जाल बिछाया जाता था। अनेक बार ऐसा होता है कि पुलिस अपराधियों को झांसा देकर जांच संस्थाओं में घसीट लेती है। विगत कुछ वर्षों में स्टिंग ऑपरेशन भारत में समाचार चैनलों द्वारा किया जाने लगा है। नशीली दवायें बेचने वालों से दवाएँ खरीदना, वेश्याओं और उनके दलालों का पर्दाफाश करने के लिए पत्रकारों द्वारा ग्राहक बनकर जाना या फिर कोई काल्पनिक कम्पनी बनाकर रिश्वत की पेशकश करना इस प्रकार के उदाहरण हैं जिनमें पत्रकारों ने सच को दुनिया के सामने लाया है। भारतीय पत्रकारिता के परिप्रेक्ष्य में इसे डंकमार पत्रकारिता भी कहा जाता है।

प्रमुख स्टिंग ऑपरेशन

1. रक्षा सौदों में दलाली (19 मार्च 2001)–तहलका डॉट कॉम वेबसाइट द्वारा भारत में पहली बार स्टिंग ऑपरेशन भारत समाचार चैनलों द्वारा किया जाने लगा है। तरुण तेजपाल के नेतृत्व में अनिरुद्ध बहल और सेम्युअल

ने ऑपरेशन वेस्ट एंड नामक इस काम को अंजाम दिया। इसमें एक काल्पनिक हथियार बेचने वाली कंपनी के प्रतिनिधि बनकर पत्रकार नेताओं और सैन्य अफसरों के पास गये और मनचाहे रक्षा सौदे के लिए उन्होंने रिश्वत और वेश्याओं की पेशकश की जिसे प्रमुख पदों पर बैठे लोगों ने मंजूर कर लिया। बाद में इस वीडियो फुटेज को वेबसाइट और टेलीविजन चैनल पर प्रसारित किया गया। भारत में इस आपरेशन से खलबली मच गई। अनेक नेताओं को अपने पदों से हाथ धोना पड़ा, सेना अधिकारियों के खिलाफ जांच बैठायी गयी। इस घटना के पश्चात् तरुण तेजपाल और उनकी कंपनी तहलका डाट कॉम पर मुकदमा दायर किया गया। कम्पनी के 133 में से केवल चार सदस्य ही जेल जाने से बच गये। आखिरकार कंपनी बन्द करनी पड़ी। तरुण तेजपाल ने बाद में जाकर तहलका नामक अंग्रेजी समाचार पत्र प्रारम्भ किया। इस प्रकरण के बाद पूरे देश में स्टिंग आपरेशन की नैतिकता को लेकर काफी चर्चा हुई। तरुण तेजपाल को पत्रकारों द्वारा वेश्याओं का इस्तेमाल करने के लिए सार्वजनिक रूप से माफी मांगनी पड़ी।

2. बिक्री कर विभाग की घूसखोरी (9 मार्च 2005)—इस स्टिंग ऑपरेशन में आज तक चैनल ने दिल्ली सरकार के बिक्री कर विभाग में बड़े पैमाने पर चल रही घूसखोरी का खुलासा किया। चैनल ने विभाग के 82 अधिकारियों को घूस लेते हुए टेलीविजन पर दिखाया। इस स्टिंग ऑपरेशन के प्रसारित होने के बाद भारत सरकार ने कुछ अफसरों को बर्खास्त कर दिया।

3. कास्टिंग काऊच मामला (14 मार्च 2005)—इस स्टिंग ऑपरेशन में इंडिया टीवी की एक रिपोर्टर फिल्म स्टार शक्ति कपूर के पास काम मांगने गयी और इस दौरान शक्ति कपूर ने काम के बदले शारीरिक सम्बन्ध बनाने की बात कही। अभिनेता शक्ति कपूर ने कैमरे के सामने कहा कि अभिनेत्री बनने के लिए प्रत्येक लड़की को फिल्मी दुनिया की बड़ी हस्तियों के साथ सोना पड़ता है। यही नहीं शक्ति कपूर ने कई मशहूर अभिनेत्रियों के बारे में जिक्र किया कि वे भी इसी मार्ग का अनुसरण कर आगे बढ़ी है।

4. कास्टिंग काऊच मामला (17 मार्च 2005)—शक्ति कपूर के स्टिंग ऑपरेशान के बाद इंडिया टी.वी. पर अमन वर्मा का वीडियो टेप प्रसारित किया गया जिसमें अमन वर्मा ने फिल्म में काम मांगने गई एक लड़की का यौन शोषण करना चाहा। पकड़े जाने पर इस महिला रिपोर्टर से अमन वर्मा ने पैर पकड़कर

माफी भी मांगी। परिणामस्वरूप इंडिया टीवी की टीआरपी सबसे अधिक हो गई। पूरे देश में इस मसले पर गर्मागर्म बहस हुई। चैनल के मालिक रजत शर्मा अपने पक्ष में अधिक लोगों को नहीं जुटा पाये।

5. तिहाड़ जेल में घूसखोरी (5 मई 2005)—इस ऑपरेशन में खुफिया कैमरे की मदद से खुलासा किया गया कि किस प्रकार तिहाड़ जेल में कैदी घूस देकर आराम से जीवन व्यतीत करते हैं। रिपोर्ट के प्रसारण के बाद सरकार ने तिहाड़ जेल के दो डिप्टी सुपरिन्टेन्डेंट, तीन असिस्टेंट सुपरिन्टेन्डेंट और एक वार्डन को बर्खास्त कर दिया।

6. ऑपरेशन दुर्योधन (12 दिसम्बर 2005)—समाचार चैनल 'आज तक' ने ऑपरेशन दुर्योधन के टेप प्रसारित किये। ये ऑपरेशन कोबरा कोस्ट डाट कॉम के अनिरुद्ध बहल और सुहासिनी राज द्वारा किया गया था। इन पत्रकारों ने नार्थ इंडियन स्माल मैन्युफैक्चर्स एसोसियेशन (निस्मा) नामक एक कल्पित संगठन बनाया और उसके प्रतिनिधि बनकर कुछ सांसदों से सम्पर्क किया। करीब आठ महीने तक की गई गहन छानबीन के दौरान छप्पन वीडियो टेप और 70 ऑडियो टेप रिकार्ड किये गये। इन पत्रकारों ने संसद में सवाल पूछने के एवज में सांसदों को रिश्वत की पेशकश की जिसे स्वीकार कर लिया गया। इन पत्रकारों द्वारा संसद में कुल साठ सवाल पूछे जाने थे जिनमें से लॉटरी सिस्टम के जरिए 25 सवालों का चयन कर लिया गया। टेप में खुले तौर पर अनेक सांसदों और उनके निजी सहायकों द्वारा रिश्वत लेना दिखाया गया। टेप दिखाने के बाद सांसदों के इस शर्मनाम आचरण के विरूद्ध बंसल समिति जांच के लिए बैठाई गई, जिसमें बाद में 11 सांसदों को सस्पेंड करने का प्रस्ताव और इतिहास में पहली बार पत्रकारों के भंडाफोड़ के बाद एक साथ 11 सांसदों की संसद सदस्यता सममाप्त कर दी गई। अनिरुद्ध बहल ने इससे पूर्व स्टिंग ऑपरेशन के जरिये पूर्व क्रिकेट खिलाड़ियों की मदद से मैच फिक्सिंग मामले का पर्दाफाश किया था।

7. ऑपरेशन चक्रव्यूह—ऑपरेशन चक्रव्यूह का प्रसारण ठीक कुछ दिनों बाद स्टार न्यूज द्वारा किया गया जिसमें सांसद निधि की राशि के दुरुपयोग का खुलासा किया गया। इस ऑपरेशन में एक काल्पनिक एनजीओ के प्रतिनिधि बनकर पत्रकार कुछ सांसदों के पास गये और उनके सामने उनके संसदीय क्षेत्र में प्रोजेक्ट शुरू करने का प्रस्ताव रखा जिसके एवज में एक निश्चित राशि

रिश्वत के रूप में दी गई। अनेक सांसदों ने इस प्रकार के प्रोजेक्ट को तुरन्त स्वीकार कर लिया। इन घटनाओं के पश्चात् भारतीय पत्रकारिता जगत में एक के बाद एक स्टिंग ऑपरेशन का तांता लग गया। खुफिया कैमरों को लेकर पत्रकार सामाजिक-राजनैतिक जीवन के हर हिस्से में भ्रष्टाचार को उजागर करने के लिए तत्पर हो उठे।

कई ऐसे मामले हैं जिसमें अन्य लोग भी वीडियो या ऑडियो टेप प्रसारित करवाने के लिए चैनलों से सम्पर्क साधने लगे हैं। जूदेव टेप कांड (16 नवम्बर 2003) में तत्कालीन सरकार में वन एवं पर्यावरण राज्य मंत्री दिलीप सिंह जूदेव को एक होटल के कमरे में रिश्वत लेते हुए दिखाया गया। जिसमें जूदेव ने कहा—"पैसा खुदा तो नहीं पर खुदा कसम खुदा से कम भी नहीं" टेप दिखाने के बाद उन्हें कैबिनेट से इस्तीफा देना पड़ा। लगभग तीन साल पूर्व शूट की गई एक सीडी को 11 अक्टूबर 2004 को दिखाया गया जिसमें स्वामी नारायण मंदिर के स्वामियों को एक कॉलगर्ल के साथ रंगरलियाँ मनाते हुए दिखाया गया था। बड़ोदरा के पास डाभौल मंदिर के इन स्वामियों की सीडी दिखाई जाने के बाद स्वामी नारायण समुदाय में हडकंप मच गया।

इंसी तरह छोटानागपुर (झारखंड) के आईजी पी.एस. नटराजन को एक आदिवासी महिला का दैहिक शोषण करते हुए इंडिया टी.वी. पर प्रसारित हुआ। नटराजन को इस महिला से जुड़े एक मामले की जांच का जिम्मा दिया गया था। महिला ने परिवारों से विद्रोह कर एक विजातीय युवक से शादी की थी और बाद में वह सामूहिक बलात्कार की शिकार हुई थी। 2005 विधानसभा चुनाव के समय इंडिया टीवी ने विभिन्न नेताओं के सेक्स टेपों का प्रसारण किया। इसी प्रकार चुनावों से पहले भारतीय जनता पार्टी के महासचिव संजय जोशी की अश्लील सीडी सार्वजनिक रूप से जारी की गई। स्वतंत्रता सेनानियों द्वारा रेल यात्रा की मुफ्त सुविधा के दुरुपयोग का भी स्टिंग आपरेशन के जरिये खुलासा किया गया। एनडीटीवी पर दिल्ली पुलिस को मृतकों के शव देने के बदले पैसा लेते दिखाया गया। कुछ मामलों में आपसी रंजिश निकालने के लिए दूसरों के खिलाफ सीडी जारी किये जाने लगे। अनेक लोग अपने विरोधियों के फोन भी टेप करने लगे।

स्टिंग ऑपरेशन की नैतिकता

इसके बारे में कहा जाता है कि इसने नैतिकता के सभी नियमों को ताक पर

रख दिया है। यानी पहले हम किसी को गलती के लिए उकसाते हैं और जब लालच के कारण कोई व्यक्ति अपराध करने के लिए तैयार हो जाता है तो उसे कैमरे में कैद कर लेते हैं। स्टिंग ऑपरेशन के आलोचकों के अनुसार स्टिंग ऑपरेशन असली घटनाओं पर ही होना चाहिए। एक आलोचना यह भी थी कि सभी चैनल इस प्रकार के ऑपरेशन प्रतिस्पर्द्धा और टीआरपी की होड़ में कर रहे हैं। अतएव इस तरह के सनसनीखेज कार्यक्रमों के द्वारा किसी के निजी जीवन में हस्तक्षेप डालना पत्रकारिता के उसूलों के खिलाफ है। निश्चित तौर पर पत्रकारिता का उद्देश्य समाज हित है और स्वस्थ पत्रकारिता व्यापक जन सरोकारों से जुड़ी होती है। सार्वजनिक हस्तियों के निजी और सार्वजनिक जीवन के मध्य बहुत कम अंतर होता है। ऐसी स्थिति में अपने पदों एवं जनता के पैसे के दुरुपयोग को रोकने के लिए स्टिंग ऑपरेशन करना जायज कहा जायेगा। जहां तक सनसनी फैलाने का मामला है तो किसी भी पर्दाफाश के बाद उसकी व्यापक चर्चा तो होती ही है। किन्तु कोई चैनल केवल अपनी टीआरपी बढ़ाने या सुर्खियों में छा जाने के लिए इस प्रकार के हथकंडों का सहारा लेता है तो वह बहुत दिन तक ऐसा नहीं कर सकता है क्योंकि दर्शक शीघ्र ही समझ जाते हैं कि सब टीआरपी का खेल है।

10

ग्लोबल मीडिया और टेलीविज़न साक्षात्कार

वर्तमान युग सूचना क्रांति का युग है। मनुष्य जिज्ञासु प्रवृत्ति का होता है। इसी कारण से मानव ने अपनी वाणी से एक भाषा को जन्म दिया। सामान्य तौर पर किसी के बारे में जानने की इच्छा का समाधान संवादात्मक शैली में होता है। इसमें अधिकांशतः प्रश्नावली होती है। उदहारण के लिए—"आप कहां जा रहे हैं?" "संभवतः आप दिल्ली जायेंगे।" "आपका नाम क्या है?" "मुझे कृष्णकांत से मिलना था।" आदि सीधे वाक्य भी उच्चारण विधि से प्रश्नवाचक बन जाते हैं। वर्तमान समय में साक्षात्कार बहुत प्रचलित विधा बन गई है। "साक्षात्कार" शब्द अंग्रेजी "इन्टरव्यू" के शब्दार्थ के रूप में प्रयोग किया जाता है। हिन्दी हिन्दी में 'साक्षात्कार' शब्द का तात्पर्य—साक्षात् कराना अथवा करना अर्थात् वह प्रक्रिया जो साक्षात् करा दे। अब सवाल आता है कि किसको और क्यों? इस संदर्भ में आगे विचार करेंगे। इस सम्बन्ध में एक और बात उल्लेखनीय है कि 'साक्षात्कार' का अंग्रेजी शब्दार्थ 'इन्टरव्यू' से कम संवेदनशील से ज्यादा है। उसके आधार पर साक्षात्कार से अभिप्राय है किसी के अन्त के अन्तस् का अवलोकन करना अर्थात् जो बाहरी रूप में दिखाई नहीं देता हो और जिस प्रक्रिया द्वारा वह अदृश्य मूर्तिमान हो जाये, उसी को "इन्टरव्यू" या साक्षात्कार कहते हैं। किसी भी मनुष्य को पहचानने किसी कृतित्व को उभारने या किसी

व्यक्ति अथवा कृति/ कार्य के अंतस् को टटोलने हेतु प्रयुक्त प्राश्निक विधि "साक्षात्कार" अथवा "इंटरव्यू" कही जा सकती है।

वर्तमान सन्दर्भों में साक्षात्कार से सम्बन्धित दो प्रकार की लोकप्रिय अवधारणाएँ हैं—माध्यमोपयोगी तथा प्रतियोगात्मक अवधारणा। हमारा अभीष्ट माध्यमोपयोगी साक्षात्कार है, परन्तु सम्प्रति सामान्य जनजीवन में, जीविकोपार्जन और शिक्षा के क्षेत्र में प्रतियोगितापरक लिखित परीक्षा के बाद अभ्यर्थी के व्यक्तित्व, योग्यता, उपयोगिता, विश्वास, जीवन-शैली, हाजिरजवाबी इत्यादि को जांचने हेतु आयोजित साक्षात्कार प्रणाली अधिक विख्यात है। इसलिए अन्त में इसकी बात भी कर लेना निरर्थक न होगा।

यह सदैव ध्यान रहे कि साक्षात्कार का प्रयोजन योग्य अभ्यर्थियों का चयन करने के लिए होता है। इसमें असफलता अभ्यर्थी के भविष्य को अंधकार में धकेल देती है, इसलिए अभ्यर्थी को इसमें खरा उतरने की कला से अच्छी तरह परिचित होना चाहिये। इन्टरव्यू देने वाले अभ्यर्थी को इस बात की पूरी जानकारी होनी चाहिए कि उसे किस प्रकार अभिवादन करना है। प्रश्नों के उत्तर किस प्रकार देने हैं? किस तरह के वस्त्र पहनने हैं? भाव-भंगिमाएँ बनानी हैं—यानी अभ्यर्थी किस प्रकार श्रेष्ठतम ढंग से अपने व्यक्तित्व को साक्षात्कार बोर्ड के समक्ष प्रस्तुत करता है इसकी जानकारी आवश्यक है।

अभ्यर्थी को इन्टरव्यू की तैयारी करने से पूर्व यह कथ्य भलीभांति प्रकार से समझ लेना चाहिये कि वह व्यवसाय, पद या प्रतियोगिता हेतु साक्षात्कार दे रहा है, चूंकि व्यवसाय तथा पदानुरूप साक्षात्कार प्रविधि परिवर्तित हो जाती है। जैसे कि संघ लोक सेवा आयोग के साक्षात्कार में प्रश्न ज्यादा विचारात्मक होते हैं। इसलिए अभ्यर्थी को विश्लेषणात्मक उत्तर देने हेतु अपने ऐच्छिक विषय, देश-विदेश की सामाजिक गतिविधियों की पूरी जानकारी होनी चाहिये। इसके प्रतिकूल लिपिकीय या अन्य सामान्य परीक्षाओं में तथ्यपरक सवाल ज्यादा पूछे जाते हैं। इसके अलावा भी कतिपय ऐसी बातें हैं जो सामान्य तौर पर हर एक साक्षात्कारदाता के लिए आवश्यक हैं कि वे इन निम्नलिखित बातों पर ध्यान दें—

1. वेशभूषा स्वच्छ और सुरुचिपूर्ण हो।
2. साक्षात्कार कक्ष में प्रवेश करते समय शरीर सीधा रखते हुए। (अनावश्यक तना हुआ नहीं) मुस्कराते हुए प्रवेश करना चाहिये।

3. इन्टरव्यू लेने वाले व्यक्तियों के समक्ष उपस्थित होते ही स्वागत करें।
4. आज्ञा मिलने पर कुर्सी पर बैठना चाहिये, झुक कर बैठना, सुसंगत नहीं लगता। जल्दी-जल्दी पहलू बदलना भी ठीक नहीं, पैरों को फंसाकर नहीं बैठना चाहिये।
5. सिर खुजलाना, पेन खोलना-बन्द करना, मेज थपथपाना, पैर हिलाना, बिना जरूरत के हाथ नचाना, चेहरे की भाव-भंगिमाएँ बदलना इत्यादि आपके क्षीण आत्मविश्वास की सूचना देते हैं।
6. साक्षात्कार से जुड़े व्यवसाय, उसके कार्य-क्षेत्र उसके उत्पादन, उसके कार्य, बाजार, सामाजिक स्थिति इत्यादि का पूर्वाभास तथा ज्ञान।
7. अभ्यर्थी को अपने सम्बन्ध में पूरी जानकारी होनी चाहिये यानी जन्म, निवास, शैक्षिक योग्यता, विशेष उपलब्धियाँ, अभिरुचियाँ तथा सम्बन्धित साक्षात्कार का रूप अर्थात् व्यवसाय तथा पद की गरिमा तथा कार्य।
8. सवालों को ठीक प्रकार से सुनने के बाद ही जवाब अति शांत भाव से सुविचारित, विषयानुकूल एवं स्पष्ट उच्चारण के साथ देना चाहिये।
9. "अगर आपका चयन नहीं हुआ है" जैसे नकारात्मक शैली के प्रश्न से घबराना नहीं चाहिये वरन् विश्वास के साथ आत्मविश्लेषण पुनः प्रयास, अन्य रास्ता खोजने का करना चाहिये। इस तरह के प्रश्न अभ्यर्थी के धैर्य की परीक्षा है।
10. देश-विदेश की घटनाओं से सम्बन्धित समस्याओं के बारे में क्रमबद्ध विचार होने चाहिएँ।
11. प्रश्न का जवाब देते समय प्रश्न के प्रति नकारात्मक रवैया अपनाते समय आत्मविश्वास होना चाहिये जहां तक संभव हो "शायद" या "हो सकता है" जैसे संदेहास्पद वाक्यों के उपयोग से बचना चाहिये।
12. साक्षात्कार खत्म होते ही मुस्कराते हुए साक्षात्कारकर्त्ता को धन्यवाद देकर यदि हाथ बढ़ाएँ तो हाथ मिलाकर बिना पीछे मुड़कर देखे कमरे से बाहर जाना चाहिये।

अब बारी आती है माध्यमोयोगी साक्षात्कार की जो आकाशवाणी दूरदर्शन या प्रिन्ट माध्यम (समाचार पत्र-पत्रिकाएँ) इत्यादि में किए जाते रहते हैं।

साक्षात्कार एक प्रकार का ऐसा महत्त्वपूर्ण माध्यम है जिसके द्वारा किसी भी व्यक्ति के व्यक्तित्व को जांचा-परखा एवं सार-संकलन किया जा सकता है। प्रश्न यह उठता है कि माध्यमों द्वारा किसी व्यक्ति का साक्षात्कार क्यों लिया जाए, किस तरह परिस्थिति में लिया जाये? क्योंकि जिन साधनों की जनता के प्रति प्रतिबद्धता होती है और उनका लक्ष्य समूहगत हित को देखना है। किसी व्यक्ति को ऐसी परिस्थिति में उसके व्यक्तित्व उसके विचार, उसकी जीवन शैली इत्यादि को जनता पर थोपना कहाँ तक उचित है? वास्तव में यह प्रश्न छोड़े गए प्रश्न कि "साक्षात्कार किसका और क्यों"? को दोहराता है। किसी भी व्यक्ति का जनसंचार माध्यमों द्वारा साक्षात्कार नहीं करना चाहिए। आवश्यकता है—साक्षात्कार की प्रासंगिकता को जानने की, समझने की। इसमें सबसे महत्त्वपूर्ण तथ्य है—जन प्रतिनिधित्व यानी व्यक्ति नहीं, समूह अभिरुचि जरूरी है यानी जब कोई व्यक्ति आम जीवन से हटकर कोई ऐसा कार्य करता है जिसके पीछे सांगठनिक हित है या उसकी संभावना है तो वह आम आदमियों में चर्चित हो जाता है, मीडिया के लिए उसका साक्षात्कार करना जरूरी हो जाता है।

मदर टेरेसा ने अपनी पूरी जिंदगी दूसरों की सेवा में निःस्वार्थ बिता दी जिसके लिए उन्हें भारत रत्न और शांति का नोबल पुरस्कार भी मिला। इसका अर्थ यह है कि जनता के बीच लोकप्रिय होना, जनता की रुचि, व्यक्ति विशेष में होना, उसे मीडिया हेतु लोकप्रिय होना, जनता की रुचि, व्यक्ति विशेष में होना, उसे मीडिया हेतु विशेष बना देता है। अर्थात् साक्षात्कार उसका लिया जाये जो विशेष हो।

किसी विशेष व्यक्ति का साक्षात्कार अनुपयुक्त समय में न लें। यह विशेष अवसर आता है—उसके जीवन की किसी खास उपलब्धि से। जैसे कि "मदर टेरेसा" को जब नोबेल या भारत रत्न पुरस्कार प्रदान किया गया तो उनका साक्षात्कार आवश्यक हो गया। उसी प्रकार "द सेटेनिक वर्सेज", "लज्जा" "द स्युटेबिल बॉय", पुस्तकों के लोकप्रिय होने पर क्रमशः सलमान रश्दी, तसलीमा नसरीन, विक्रम सेठ के साक्षात्कार जरूरी थे। उदाहरण के लिए राष्ट्रपति बनने के बाद प्रतिभा देवी सिंह पाटिल का साक्षात्कार प्रासंगिक है, वहीं राष्ट्र की संवेदना तथा अर्थव्यवस्था से जुड़े घोटालों विविध प्रकरणों में चर्चित लालू यादव, आडवाणी, पवार इत्यादि का भी, चूंकि ये सभी जनप्रतिनिधि हैं और उनकी

जवाबदेही जनता के प्रति है। इसलिए जनता हेतु, जनता के समक्ष इनके व्यक्तित्व, विचारों को उजागर करना मीडिया का दायित्व है।

ऐसे सुनहरे अवसरों पर साक्षात्कार की महत्ता बहुत ज्यादा है। जैसे कि साहित्यकार, राजनेता, कलाकार, खिलाड़ी इत्यादि के जन्मदिन, षष्ठीपूर्ति, पुण्यतिथि अथवा उपलब्धियों में वृद्धि वजह से होने पर, सम्बन्धित व्यक्ति या उन व्यक्तियों के सम्बन्धियों, आलोचकों मित्रों इत्यादि से साक्षात्कार उपयुक्त होता है। उदाहरणस्वरूप 2 अक्टूबर के दिन महात्मा गांधी के जन्म दिवस पर उनको श्रद्धांजलि देने के लक्ष्य से तथा नई पीढ़ी को उनके व्यक्तित्व से परिचित कराने हेतु गांधी जी के वंशजों, सहयोगियों इत्यादि का साक्षात्कार प्रासंगिक होगा। तुलसीदास के जन्म दिवस पर किसी प्रख्यात तुलसी समालोचक से साक्षात्कार प्रासंगिक दिखायी पड़ता है या सचिन तेंदुलकर के कम उम्र में कप्तान बन जाने पर टीम पर पड़ने वाले प्रभाव इत्यादि के सम्बन्ध में गावस्कर, कपिलदेव इत्यादि सीनियर एवं विशेषज्ञों की प्रतिक्रिया तथा विचार जानना उचित होगा।

इसके अतिरिक्त ऐसे भी लोग हैं जो एकाएक असाधारण सफलता अर्जित कर जनता के हीरो बन जाते हैं। जैसे कि जादूगर बी. एन. सरकार, विश्वनाथन आनन्द या टेनिस स्टार सानिया मिर्जा, इंग्लिश चैनल पार करने वाली आरती साहा इत्यादि। यहां तक कि समाज हेतु और घातक होते हुए भी कई व्यक्ति, साक्षात्कार के योग्य बन जाते हैं। जैसे- पूर्व चन्दन तस्कर वीरप्पन, माफिया डान-दाऊद इब्राहिम इत्यादि।

कहने का तात्पर्य यह है कि माध्यमों द्वारा किसी विशेष लोकप्रिय व्यक्ति का विशेष मौके पर उपलब्धियाँ, योग्यता, परिचय इत्यादि जानने हेतु साक्षात्कार आयोजित किया जाता है।

कब और क्यों के बाद आता है कि साक्षात्कार कैसे लिया जाए, या दिया जायें? अच्छे साक्षात्कारकर्ता या दाता के अन्दर कौन-कौन से गुण होने चाहियें इत्यादि?

अब इसके पश्चात् सवाल आता है कि साक्षात्कार कैसे लिया जाए। मालूम है कि प्रत्येक साधन की अपनी-अपनी सीमाएँ हैं, उपकरण हैं। इसलिए हमें सबसे पहले यह विचार करना पड़ता है कि हमारा साधन क्या है—प्रिन्ट रेडियो, या दूरदर्शन। यह जानना इसलिए अनिवार्य है क्योंकि रेडियो ध्वनि-बिम्बों का

साधन है तो समाचार पत्र छपे अक्षरों का और दूरदर्शन दृश्य-श्रव्य दोनों का। हमें रेडियो हेतु साक्षात्कार लेना है तो हमें टेपांकन विधि के विषय में जानकारी जरूर होनी चाहिए। ज्यादातर अखबार, पत्रिकाओं इत्यादि के साक्षात्कार हेतु भी टेपरिकार्डर का उपयोग किया जाता है, जिससे बातचीत की प्रामाणिकता तथा स्थायित्व बना रहे। खबरों को बहुत तेजी से लिखना होता है जिसके लिए खास विधि का प्रयोग किया जाता है। इस पद्धति का यह फायदा है कि अनुपयोगी, बेकार, अनुपयुक्त अथवा अकथनीय तथ्यों की काट-छाँट की जा सके। हालांकि रेडियो हेतु टेपांकित साक्षात्कार में भी सम्पादन सम्भव है, परंतु उसमें वाक्यों को काटने-छांटने में परेशानी होती है, चूंकि वाक्य को काटने-छांटने से वक्ता के बोलने की लय, गति में बदलाव आ जाता है जो कि स्पष्ट सम्पादन की सूचना देता है। टेलीविजन साक्षात्कार में जो कहा जा रहा है, जिस अवसर की चर्चा है, जिस उपलब्धि की बात है, उसको दिखा कर और अधिक समीक्षा पैदा कर दी जाती है। इसके साथ ही यह भी जान लेना चाहिये कि रेडियो और प्रिन्ट मीडिया हेतु होने वाली बातचीत तो दो लोगों के मध्य होती है, लेकिन टेलीविजन साक्षात्कार का तीसर दृष्टा भी होता है, कैमरामैन। इसके बिना टेलीविजन साक्षात्कार सम्भव नहीं है। इसलिए टेलीविजन साक्षात्कार टीम वर्क है—बाकी एकल।

साक्षात्कार में सामान्य तौर पर प्रश्नोत्तर शैली का प्रयोग किया जाता है। रेडियो और दूरदर्शन पर तो यह अत्यंत जरूरी है, परंतु समाचार पत्र-पत्रिकाओं में प्रश्नोत्तर के अतिरिक्त वर्णनात्मक ढंग से भी साक्षात्कार लेख के जैसा दिखाई पड़ता है, परंतु उसके कन्टेन्ट को पढ़कर बातचीत का अहसास होने लगता है। थोड़े-थोड़े अन्तराल पर सवालों का वर्णन भी करना पड़ता है। इस तरह के साक्षात्कार प्रस्तुत करने हेतु साक्षात्कारकर्ता को खास शैली अपनानी पड़ती है, जैसे विशेष विषय पर अपने मन्तव्य को स्पष्ट करते हुए बोले खास स्थिति पर उनके विचारों को सुनकर लगा कि.......” उपवाक्य एवं वाक्यांश को उपयोग में लाना पड़ता है। लेकिन अगर इस विधि का प्रयोग रेडियो एवं दूरदर्शन पर किया जाए तो साक्षात्कार का रूप बदलकर वार्ता एवं डाम्यूमेन्ट्री का रूप धारण कर लेगा। इसलिए माध्यमों के अनुसार साक्षात्कार करना चाहिए। वास्तविकता यह है कि साक्षात्कार हेतु प्रश्नोत्तर शैली सबसे उत्तम माध्यम है। माध्यम के

आधार पर प्रस्तुति के प्रारूप अलग-अलग होने पर भी कई ऐसे कथ्य हैं जो कि समान रूप से पाए जाते हैं।

साक्षात्कार द्विपक्षीय विधा है यानी साक्षात्कार के दो घटक होते हैं—प्रथम साक्षात्कारकर्ता द्वितीय, साक्षात्कारदाता।

सर्वप्रथम साक्षात्कारदाता के सम्बन्ध में विचार इस प्रकार हैं—

1. चयन- साक्षात्कार का यह सबसे महत्त्वपूर्ण चरण होता है। साक्षात्कारदाता का, परिस्थिति का, मौका का विषय का है, यहाँ तक कि साक्षात्कारकर्ता का चयन। साक्षात्कारकर्ता का चयन परिस्थिति तथा व्यक्ति के अनुसार किया जाता है।

रेडियो, दूरदर्शन, सरकारी तंत्र से संबंधित होने के कारण सरकार से प्रतिबद्ध होता है जबकि स्वतंत्रत समाचार माध्यमों में कार्यरत पत्रकार निष्पक्ष होते हैं। इसके परिणामस्वरूप पत्र-पत्रिकाओं हेतु साक्षात्कार लेने वाला व्यक्ति स्वयं के विचारानुसार व्यक्ति, परिस्थिति का चयन कर सकता है, लेकिन रेडियो-दूरदर्शन पर यह असंभव है। ऐसी स्थिति में कार्यक्रम निर्देशक अपने विवेक से परिस्थिति तथा अवसर को देखकर साक्षात्कार का विषय निश्चित करता है। इसके पश्चात् उपयुक्त साक्षात्कारदाता की खोज करता है और फिर उसके व्यक्तित्वानुसार, विषयानुसार साक्षात्कारकर्ता की। समाचार पत्र -पत्रिकाओं हेतु स्वतंत्र साक्षात्कारकर्ता भी होते हैं।

साक्षात्कारकर्ता का चयन साक्षात्कारदाता के चयन के बाद किया जाता है। उदाहरणस्वरूप, अगर राजनीतिक घटनाक्रम के बारे में साक्षात्कार करना है तो राजनीतिक हस्ती साक्षात्कारदाता हो सकता है और साक्षात्कारकर्ता कोई प्रसिद्ध चुनाव समालोचक इत्यादि।

2. सम्पर्क—व्यक्ति तथा विषय के चयन के पश्चात् ही साक्षात्कारकर्ता द्वारा दाता से सम्पर्क करके समय, तिथि, स्थान इत्यादि का निर्धारण किया जाता है।

3. व्यक्ति/विषय का विधिवत् अध्ययन—उपर्युक्त के पश्चात् साक्षात्कारकर्ता को दाता के संबंध में सभी प्रकार की जानकारी जुटानी होती है। यह ऐसी अवधि होती है जिसमें आप जितना चाहें अध्ययन एवं जानकारी प्राप्त कर सकते हैं। जितना ज्यादा साक्षात्कारकर्ता विषय या व्यक्ति से

तादाम्त्य स्थापित करेगा, उतना ही उसके अन्तः को जनसाधारण के समक्ष उकेरने में सफल रहेगा। साथ ही अगर हो सके तो कर्ता को दाता या विषय से जुड़े पूर्व इन्टरव्यू देख-पढ़ लेने चाहियें, परंतु उनका अध्ययन पुनरावृत्ति के रूप में नहीं करके कतिपय उनसे हटकर कुछ नया करने के लिए किया जाना चाहिये।

4. प्रश्नावली तैयार करना—विषय का बेहतर ढंग से अध्ययन करने के पश्चात् महत्त्वपूर्ण प्रश्नों को लिख लेना चाहिए।

गौरतलब है कि पत्र-पत्रिकाओं में पत्राचार द्वारा भी साक्षात्कार लिया जाता है, परंतु एकपक्षीय हो जाने की वजह से कतिपय बात निकल कर नहीं आती। फिर कहा भी गया है कि बात से बात निकलकर सामने है। अतएव आपको जितना प्रयास बन पड़े दाता के समक्ष अपनी बात रखें। अधिकांशतः देखा गया है कि रेडियो-दूरदर्शन के साक्षात्कार कार्यक्रमों में प्रश्नावली पहले तैयार करके दाता को प्रश्नों से परिचित करा दिया जाता है, जिसके पीछे तर्क होता है कि माध्यमों में जीवंत प्रसारण की स्थिति में सुधार की संभावना नहीं होती। इसलिए कर्ता-दाता के साथ-साथ टेक्निकल गड़बड़ी या कमजोरी न दिखाई पड़े इसलिए प्रश्नोत्तर का अभ्यास कर लिया जाये। लेकिन मुझे ऐसा प्रतीत होता है कि साक्षात्कारकर्ता को दाता के साथ बैठ कर केवल विषय पर चर्चा करके कंटेन्ट का परिचय देना चाहिये और जहाँ तक सम्भव हो कर्ता को अपने प्रश्नों को उसी पर केन्द्रित करना चाहिये, लेकिन सभी प्रश्नों को शब्दशः दाता को नहीं बताना चाहिये चूंकि इस स्थिति में यदि साक्षात्कारदाता पूर्वाग्रहों से प्रेरित होकर सवालों का जबाव दे तो उस तथ्य की असलियत लुप्त हो जाती है। परंतु साक्षात्कारकर्ता को अपने मन में प्रश्नावली पहले से जरूर बना लेनी चाहिये। प्रश्नावली तैयार करते समय इस बात से पूरी प्रकार आश्वस्त हो जाना चाहिये कि कोई भीतरी पहलू छूटा तो नहीं है और फिर अपने प्रश्नों के क्रमबद्ध होने पर साक्षात्कार ट्रैक से या पकड़ से बाहर नहीं जा पाएगा।

साक्षात्कारकर्ता को प्रश्नावली तैयार करते समय सतर्क रहना आवश्यक है। क्योंकि अगर प्रयोजन, विषय स्थिति, व्यक्ति का यथोचित परिचय पाठक/श्रोता/ दर्शक को नहीं मिला तो प्रयोजन असफल हो जायेगा। उदाहरणतः यदि किसी साहित्यकार का साक्षात्कार करना हो तो कर्ता को प्रश्नावली तैयार करते समय एक-दो प्रश्न परिचयात्मक रखने चाहियें। इसके पश्चात् रचनाओं

पर बात करनी चाहिए। कृत्य की प्रेरणा पर ध्यान केन्द्रित करना चाहिये, पारिवारिक सामाजिक परिस्थिति का व्यक्तित्त्व, कार्य पर प्रभाव जांचना चाहिये तथा अंततः कार्य की प्रासंगिकता, उपादेयता के संदर्भ में लेखक की मूल दृष्टि भी मालूम कर लेना सर्वोत्तम होगा। अगर लेखक या उसके कृतित्व के संदर्भ में, पाठकों की राय मालूम हो, तो उसके संदर्भ में लेखक से जरूर प्रश्न पूछना चाहिये जिससे बात स्पष्ट हो जायेगी। अगर मौका विशेष पर साक्षात्कार है तो उस अवसर से तादात्म्य स्थापित करना चाहिये। जहाँ तक सम्भव हो प्रारंभ में आसान प्रश्न पूछने चाहिये तथा फिर धीरे-धीरे गंभीर प्रश्नों की तरफ अग्रसर होना चाहिए।

साक्षात्कारकर्ता जब प्रश्नावली बना ले तो फिर उसे अच्छी तरह देख लेना चाहिए और साक्षात्कारदाता को दिन, समय, विषय आदि को याद दिला देना चाहिये।

जब साक्षात्कारकर्ता एवं साक्षात्कारदाता आमने सामने हों तो साक्षात्कार हेतु कुछ बातों पर ध्यान देना आवश्यक है, जो निम्न हैं—

(i) प्रस्तुति के प्रारम्भिक अनुच्छेद में व्यक्ति/परिस्थिति का परिचय दें।

(ii) दर्शक/श्रोताओं का परिचय साक्षात्कारदाता से अभिवादन के बाद कराएँ। रेडियो में कर्ता का अभिवादन दिखाई नहीं देता है, अतः कर्ता का यह कर्त्तव्य है कि श्रोताओं को इशारा कर कि दाता अभिवादन कर रहा है। जैसे-अच्छा तो श्रोताओं आपको मेरा नमस्कार तथा मेरे साथ पधारे.... को नमस्कार।

(iii) स्पष्ट उच्चारण के साथ सवाल पूछें जाएँ।

(iv) साक्षात्कार के प्रारम्भ में सरल प्रश्नों को पूछे ताकि साक्षात्कारदाता सहज हो जाए।

(v) प्रश्नों के उत्तर अत्यन्त धैर्य के साथ सुनें एवं जरूरत होने पर दाता से प्रति प्रश्न करके या स्वयं समीक्षा करके श्रोताओं, दर्शकों की समीक्षा विश्लेषित कर दें।

(vi) प्रश्नोत्तर निर्धारित विषय से हटकर न हो, यदि दाता विषय से विचलित होने लगे तो बहुत शिष्टता के साथ अपने वाक्‌चातुर्य एवं प्रत्युत्पन्नमति से उसे विषय पर केन्द्रित करें।

(vii) साक्षात्कारदाता के संवाद में अनावश्यक हस्तक्षेप न करें।

(viii) दूरदर्शन साक्षात्कार की स्थिति में बगैर जरूरत हाथ-पैर, आंख, मुंह आदि न नचाएँ।

(ix) अगर सम्भव हो तो दूरदर्शन पर साक्षात्कार लेते हुए। साक्ष्य/पुरस्कार/कृति आदि को दर्शकों के सामने प्रस्तुत करें, रेडियो पर भी यह संभव है, यथा– "अच्छा...। आप अपनी यह कृति लाए हैं। ... अच्छा, यही वीणावादिनी की मूर्ति आपको पुरस्कार में प्राप्त हुई थी। ...अरे, यह तो आपके गुरु जी की तस्वीर है। .....लगता है कि आप अपनी पुस्तकें सब जगह साथ ले जाते हैं।" आदि वाक्य सहायक होंगे।

(x) निष्कर्ष को सम्पूर्ण साक्षात्कार कह संक्षिप्त समीक्षा करते हुए साक्षात्कारकर्ता को दाता और दर्शकों/ श्रोताओं का अभिवादन करके बात खत्म करनी चाहिए।

टेलीविजन साक्षात्कार का वर्गीकरण–समाचार और तकनीकी आवश्यकाओं के अनुसार टेलीविजन पत्रकारों ने अनेक प्रकार के साक्षात्कार फॉर्मेट बना लिये हैं।

1. बाईट साक्षात्कार–टेलीविजन पत्रकारिता जगत में बाईट साक्षात्कार का सबसे ज्यादा इस्तेमाल किया जा रहा है। किसी भी व्यक्ति से खबर की जरूरत के लिए उसकी राय जानी जाती है। अक्सर दो-तीन सवालों वाले इस साक्षात्कार का उद्देश्य बहुत ही सीमित और सधा हुआ होता है।

2. स्टूडियो साक्षात्कार–समाचारों के बीच में ही किसी खबर विशेष से संबंधित विद्वानों या विरोधी पक्षों को स्टूडियो में आमंत्रित करके उनका छोटा सा इंटरव्यू लेना चैनलों में आम हो गया है। ये एक प्रकार से समाचारों के साथ-साथ विचार भी प्रस्तुत करना हुआ। इस प्रकार के इंटरव्यू में एंकर दो-तीन सधे हुए सवाल करता है और फिर बातचीत को विराम देते हुए अगली खबरों की तरफ बढ़ जाता है।

3. लाईव वीडियो साक्षात्कार–वर्तमान समय में सैटेलाइट की मदद से सुदूर पत्रकारों ओर अन्य लोगों से लाईव इंटरव्यू लेते हैं। ओबी वैन से सीधे लाईव वीडियो साक्षात्कार लेना सरल हो गया है और सभी राजधानी ब्यूरो तो हेड ऑफिस से सैटेलाइट के जरिए जुड़ गये हैं। ऐसे में कई बार स्टेट ब्यूरो मेहमान को स्टूडियो में बुला लेते हैं तो कई बार घटनास्थल से वार्तालापों का सीधा प्रसारण किया जाता है।

4. फोन साक्षात्कार– अनेक पत्रकार टेलीफोन द्वारा दूर बैठे लोगों के भी इंटरव्यू ले लेते हैं। स्टूडियो में एंकर फोन से न केवल घटनास्थल पर मौजूद अपने रिपोर्टर से बातचीत करते हैं बल्कि किसी अन्य व्यक्ति का भी घटना के बारे में इंटरव्यू ले लेते हैं। जैसे आतंकवादी हमले के बाद तुरंत जम्मू के पुलिस अधिकारी से फोन पर बातचीत करना। इस प्रकार के इंटरव्यू लाईव और रिकार्डिड दोनों हो सकते हैं।

5. वॉक्स पॉप साक्षात्कार–किसी मुद्दे विशेष पर जनसाधारण की राय जानने के लिए पत्रकार उनसे एक ही सवाल करते हैं। इस प्रकार के इंटरव्यू एक साथ ऐडिट करके वॉक्स पॉप के रूप में समाचारों में दिखाये जाते हैं। जैसे बजट पर आम लोगों की प्रतिक्रिया या फिल्म देख कर निकलते हुए दर्शकों की राय को दिखाना।

6. अन्य साक्षात्कार–पत्रकार द्वारा इन्टरव्यू किस वातावरण में लिया जा रहा है इसका सीधा-सीधा प्रभाव साक्षात्कार पर पड़ता है। तथा इसी प्रभाव के आधार पर साक्षात्कार का वर्गीकरण किया जाता है। जैसे एनडी टी.वी. चैनल पर शेखर गुप्ता 'वॉक द ऑक' कार्बक्रम में अपने मेहमान से लगातार चलते हुए बातचीत करते हैं। इसी प्रकार कुछ लोग कार की पिछली सीट पर बैठकर इंटरव्यू लेते हैं। किसी पेंटिंग बनाने वाले कलाकार का इन्टरव्यू करना हो तो आर्ट गैलरी में चलते इन्टरव्यू करना सबसे बेहतर है। इस प्रकार से लंबी बातचीज ऊबाऊ भी नहीं होगी और दर्शकों को बांधे रखेगी। डॉक्यूमेन्ट्री चैनल अक्सर इस फॉर्मेट का उपयोग करते हैं।

टेलीविजन चैनल वर्तमान समय में नये-नये प्रयोग कर साक्षात्कार को अत्यधिक रोचक बना रहे हैं। उदाहरण के लिए इंडिया टीवी पर प्रसारित होने वाले कार्यक्रम आपकी अदालत भी एक नया और मिला-जुला इंटरव्यू फॉर्मेट है जिसमें किसी मेहमान को स्टूडियो में बुलाकर उस पर केस चलाया जाता है। पहले सूचनामूलक प्रश्न पूछे जाते हैं फिर आरोप लगाये जाते हैं। मेहमान से आरोपों पर सफाई और सबूत मांगे जाते हैं और अन्त में कोर्ट में बैठा न्यायाधीश अपना निर्णय सुनाता है। इस दौरान स्टूडियो में मौजूद दर्शकों को भी सवाल पूछने का मौका दिया जाता है। वास्तव में इस फॉर्मेट में अक्सर समकालीन विवादास्पद मुद्दे पर ऐसे व्यक्ति को आमंत्रित किया

जाता है जो स्वयं विवादों से घिरा हो और एंकर जनता और आरोपी के बीच एक कड़ी का काम करता है। जबकि जी. टी.वी. के "जीना इसी का नाम" कार्यक्रम में मेहमान का साक्षात्कार अलग ही अंदाज में लिया जाता है। सिनेमा के प्रसिद्ध कलाकार फारूख शेख हल्के-फुल्के प्रश्नों के माध्यम से मेहमानों का बेहतर साक्षात्कार लेते हैं। कार्यक्रम में मेहमान के पुराने दोस्तों, रिश्तेदारों को स्टूडियो में आमंत्रित किया जाता है या फिर उनको वीडियो क्लिप दिखाई जाती है और फोन से प्रश्न पूछे जाते हैं।

साक्षात्कारकर्त्ता की विशेषताएँ

1. **आकर्षक व्यक्तित्व**- कौन ऐसा व्यक्ति होगा जो आकर्षक व्यक्तित्व से प्रभावित न होता हो। व्यक्तित्व में आकर्षण से अभिप्राय मात्र बाहरी अथवा शारीरिक सौन्दर्य से नहीं है बल्कि साक्षात्कारकर्ता के चलने-फिरने, पहनने-ओढ़ने, बोलने-चालने आदि की गतिविधियाँ इसमें समाहित होती हैं। उत्तम व्यक्तित्व में निम्नलिखित गुण देखे जा सकते हैं–

(i) अच्छे नयन नक्श–साक्षात्कार के लिए यह बहुत जरूरी होता है। अगर साक्षात्कारकर्ता का चेहरा अच्छा होगा तो सहज रूप से कार्यक्रम अधिकारी साक्षात्कार दाता, आम व्यक्ति उससे मिलकर खुशी अनुभव करेंगे। दृश्य माध्यमों में आकर्षक व्यक्तित्व अभिन्न अंग है क्योंकि दूरदर्शन आदि के साक्षात्कारकर्ता को एक सीमा तक अभिनेता भी बनना पड़ता है।

(ii) वेशभूषा–परिस्थिति के अनुसार साक्षात्कार के लिए वेशभूषा अपनानी चाहिये। जैसे कि यदि खेलकूद के मैदान में किसी खिलाड़ी का साक्षात्कार लेना है तो साक्षात्कारकर्ता भी अगर खिलाड़ियों वाले कपड़े पहने तो साक्षात्कारदाता और वातावरण बिल्कुल सहज एवं स्वाभाविक दिखाई पड़ते हैं। वहीं राजनीतिज्ञों के साक्षात्कार में कुर्ता-पाजामा तथा धार्मिक व्यक्ति से मिलने पर धार्मिक वेशभूषा उचित लगेगी।

(iii) मृदुभाषी– साक्षात्कारकर्ता के लिए आवश्यक है कि वह मृदभाषी वाणी बोलता हो। मृदभाषी वचन वाले प्राणी सामान्यतः किसी भी व्यक्ति को जल्द ही आकर्षित कर लेते हैं।

(iv) भाव-भंगिमा–साक्षात्कार के दौरान साक्षात्कारकर्ता की भाव-भंगिमाएँ

साक्षात्कारदाता पर महत्त्वपूर्ण प्रभाव डालती हैं। अतएव साक्षात्कारकर्ता को चाहिए, बगैर जरूरत के हाथ-पैर हिलाना, आँख नचाना, हुँकार भरना आदि सही नहीं। विशेषतः दृश्यमाध्यम पर कैमरे पर कैमरे की आँख आपके एक-एक भाव दर्शक के सामने रख देती है, कभी-कभी भंगिमाएँ शब्द के अर्थ को विश्लेषित करती हैं तो कभी हास्यास्पद भी बना देती हैं।

(v) मिलनसारिता—साक्षात्कारकर्ता मिलनसार प्रवृत्ति का हो, यदि साक्षात्कारदाता से साक्षात्कार कर्ता अपनापन स्थापित कर ले तो उसके व्यक्तित्व में निखार आएगा और उसका काम आसान हो जायेगा।

2. **स्पष्ट उच्चारण**—साक्षात्कार के सम्बन्ध में यह महत्वपूर्ण है कि यदि उच्चारण करने में थोड़ी सी गड़बड़ी हुई तो आपकी पूरी अधूरी रह जायेगी एवं सारी मेहनत पर पानी फिर जाएगा और साक्षात्कारदाता और श्रोतागण आपकी बात पर ध्यान नहीं देंगे। अतः साक्षात्कारकर्ता को अपनी शंकाएँ, विश्लेषण अत्यन्त स्पष्ट उच्चारण के साथ प्रस्तुत करना चाहिये। मुख्यतः रेडियो और दूरदर्शन हेतु कार्य करने वालों में यह गुण माध्यम की अनिवार्य मांग है।

निष्पक्ष दृष्टि—साक्षात्कारकर्ता को किसी पूर्वाग्रहं से ग्रसित होने से बचते हुए विषयानुकूल, व्यक्तित्वानुकूल प्रश्नों सवालों को पूछना चाहिये। कर्ता को इस बात का आभास होना चाहिये कि उसकी प्रतिबद्धता पाठक/श्रोता/दर्शक से उचित बात प्रस्तुत करनी है न कि साक्षात्कारदाता से अर्थात् कर्ता को साक्षात्कार लेते समय जन अभिरुचियों के सवाल को जरूर पूछना चाहये। जैसे कि विनोद दुआ, दीपक बोहरा दूरदर्शन पर साक्षात्कार लेते समय अक्सर ध्यान रखते हैं जिस कारण उनके कार्यक्रम जन प्रिय साबित हुए हैं। इसके साथ ही इस बात पर ध्यान देना चाहिए कि दाता कर्ता का मेहमान है अतः उसे देवता के रूप में सम्मान देना चाहिए।

अच्छा श्रोता- साक्षात्कारकर्ता को एक श्रोता होना भी जरूरी है अर्थात् साक्षात्कारकर्ता की विशेषता यह है कि वह कम बोले एवं दाता से अधिक से अधिक बुलवाये, तभी उसका ध्येय पूरा होगा, किन्तु इस बात का ध्यान रखना चाहिये कि दाता उस पर हावी होकर फालतू बातें न कह पाए अर्थात् दाता का प्रभुत्व इतना स्वीकार न किया जाये कि साक्षात्कार का ट्रैक ही परिवर्तित हो जाये।

3. **साक्षात्कारकर्ता व साक्षत्कार दाता में समन्वय**–साक्षात्कारकर्ता और साक्षात्कारदाता में जितना अधिक सामंजस्य होगा प्रस्तुति उतनी ही अधिक प्रभावी बनेगी अतः अच्छे साक्षात्कारकर्ता हेतु जरूरी है कि वह साक्षात्कार दाता के सम्बन्ध में ज्यादा से ज्यादा जानकारियाँ संगृहीत करके उससे अपनापन स्थापित करने का प्रयत्न करे। दोनों के मध्य जितना बढ़िया समन्वय होगा, उतना ही संतोषजनक साक्षात्कार संभव हो सकेगा।

साक्षात्कार दाता के सम्बन्ध में–साक्षात्कारदाता, साक्षात्कार का वह दूसरा एवं महत्त्वपूर्ण घटक है, जिसके बगैर साक्षात्कार का कोई महत्व नहीं। साक्षात्कारकर्ता अगर साक्षात्कार का नियामक है तो साक्षात्कार दाता उसका आधार। अतः साक्षात्कारदाता के सम्बन्ध में भी बातचीत जरूर होनी चाहिये।

बहरहाल कुछ ऐसी बातें साक्षात्कार से जुड़ी हुई हैं जो साक्षात्कारकर्ता एवं साक्षात्कारदाता में समान रूप से पाई जाती हैं। उदाहरण के लिए आकर्षक व्यक्तित्व, आत्मविश्वास, तार्किक शक्ति, धैर्य, प्रत्युत्पन्नमति आदि लेकिन कुछ बातें ऐसी भी हैं जिनका प्रत्यक्ष सम्बन्ध साक्षात्कार दाता और उसके व्यक्तित्व से होता है। इनमें निम्नलिखित बिन्दु वर्णनीय हैं–

4. **प्रत्युत्पन्नमति**- साक्षात्कार के दौरान कभी-कभी कुछ बातें महत्त्वपूर्ण रूप से परत-दर-परत उभरती चली जाती हैं। यदा– कदा अप्रत्याशित अवसर आ जाते हैं जबकि साक्षात्कारकर्ता को बात सम्हालनी होती है। यदि साक्षात्कार लिखवा कर प्रस्तुत किया जा रहा है तो वहां काट-छांट सम्भव है, लेकिन रेडियो, दूरदर्शन पर सवाल को पूछते, बूझते, उत्तरों को परिष्कृत करके साक्षात्कार का लक्ष्य प्राप्त करना कौशल का कार्य है चूंकि इनके द्वारा सब कुछ एक ही साथ सामने आता है। कोई रिहर्सल अथवा कट आदि नहीं होता और फिर अगर जीवन्त प्रसारण हो तो स्थिति और चुनौतीपूर्ण हो जाती है। इसलिए किसी अनचाही असामाजिक बात के मुंह से निकल जाने पर साक्षात्कारकर्ता की जिम्मेदारी बनती है कि वह परिस्थिति को अनुकूल बनाए, जिस हेतु प्रत्युत्पन्नमति का होना अनिवार्य हैं।

(i) आत्मविश्वास–आधुनिकता के इस दौर में जिसके पास आत्मविश्वास

न हो तो उसकी जिन्दगी नरक के समान होती है। खासकर यह बात साक्षात्कार के संबंध में मुख्य रूप से लागू होती है। अतएव साक्षात्कारकर्ता को चाहिए कि वह माइक्रोफोन के सामने बोलते हुए अथवा कैमरे का सामना करते हुए या किसी बड़े व्यक्ति से आमने-सामने होते हुए साक्षात्कारकर्ता को अपना आत्मविश्वास सुरक्षित रखना चाहियें। उसके भीतर आई हीन भावना लक्ष्य-प्राप्ति में बाधक होगी एवं प्रस्तुति फीकी पड़ जायेगी।

(ii) तार्किक शक्ति—साक्षात्कारकर्ता के लिए आवश्यक है कि उसकी विचार पद्धति तर्क पर आधारित हो। तभी वह सही बात दाता से उगलवा पाने में सफल होगा एवं दर्शकों/श्रोताओं/पाठकों के सामने सही कथ्य रख पायेगा, किन्तु तर्क सकारात्मक होने चाहिये, नकारात्मक नहीं।

1. **स्पष्टवादिता**—साक्षात्कारकर्ता स्पष्टवादी हो। अतः साक्षात्कारदाता स्पष्टवादी होगा तो एक तरफ जहाँ वह अपने व्यक्तित्व को आकर्षक बनाएगा, वहीं दूसरी तरफ जनता में, मित्रों में विख्यात होगा। सवालों को समझ-बूझकर बिना उलझाये सामाजिक प्रतिबद्धता तथा आवश्यकता को ध्यान में रखकर, साक्षात्कारदाता द्वारा स्पष्ट उत्तर देना साक्षात्कार की सार्थकता के साथ-साथ व्यक्तिगत रूप से प्रभाव डालता है।
2. **सुविचारकता**—साक्षात्कारदाता भिन्न-भिन्न विषयों पर चिन्तन मनन करता हो। क्योंकि कर्ता द्वारा पूछे गए सवाल के उत्तर में दिये गये उत्तर उसके व्यक्तित्व ज्ञान एवं मानसिकता को दर्शाते हैं। अतः उत्तर देते समय त्वरित गति से प्रश्नों पर विचार करना जरूरी है।
3. **शांत चित्तता**—साक्षात्कारकर्ता शांत स्वभाव का हो क्योंकि इस गुण के कारण दाता तटस्थ होकर पाठक/श्रोता/दर्शक की सहानुभूति प्राप्त कर लेते हैं। यदा-कदा साक्षात्कारकर्ता ऐसे सवाल पूछता है जो कि दाता की कमजोरियों, व्यक्तिगत जीवन तथा अति कटु सत्य से जुड़े होते हैं। इन सवालों से साक्षात्कार दाता घबरा जाता है और अपना आपा खो देता है। अतः शांत भाव से हर परिस्थिति प्रश्न का सामना करके दाता अपने व्यक्तित्व को उभार सकता है।
4. **साफ-सुथरी भाषा**—साक्षात्कारकर्ता को हमेशा साफ-सुथरी भाषा का प्रयोग करना चाहिए। बड़ी से बड़ी कटु बात को सुन्दर शब्दावली में

अभिव्यक्त किया जा सकता है। अच्छी भाषा साक्षात्कार दाता की वाकपटुता को निखारेगी।

5. हाजिरजवाबी—अगर साक्षात्कारदाता के अन्दर यह गुण विद्यमान है तो वह बड़े से बड़े मसलों का काफी स्वाभाविक ढंग से अपनी प्रत्युत्पन्नमति मदद से सामना कर लेगा एवं गंभीर से गंभीर सवाल को स्वयं की इच्छा होने पर हल्का बना देगा जिसके कारण मानसिक दवाब से मुक्त हो जाएगा।